2024-25年版

イチから身につく

FP3級

合格のトリセツ

速習テキスト

FP3級は
ここからスタート！

はじめに

『FP3級 合格のトリセツ 速習テキスト 2024-25年版』をご購入いただきありがとうございます。

本書は、FP3級試験合格のための"トリセツ"です。LEC東京リーガルマインドの講師陣が、あなたを合格に導くために、FP3級合格のための必要な情報と知識を詰め込みました。いわば本の形をしたFP資格スクールです。

FP3級は、ファイナンシャルプランナーを目指す人が初めて受ける試験です。そのため、初心者にもわかりやすく、独学でもくじけないような工夫をあちらこちらにちりばめています。

それは、 ①図解でパッとみてわかるようにする
②項目ごとの過去問で理解度を常に把握できる
③補足するべき情報は注釈で伝える …… という点です。

また、各論点の冒頭には、「この項目で学ぶこと」を要約していますから、目標を定めて読み進められるようになっています。

「今日はキャッシュフロー表の見方を学んだ！」
「明日は生命保険について学ぼう！」

と、自分の到達点を確認しながら学んでいけます。日々の学びを振り返れるよう、何度も読み返してください。余白に書き込みしたり、気になるところにマーカーを引いたり、赤ペンで囲んだり、線を引いたり……。きれいに読んでもらうより、どこまで汚してもらえるかを念頭に置いてこの本を作りました。合格の暁に、ボロボロになった本書を"記念品"のように見てもらえたら、これに勝る喜びはありません。

2024年度より、FP3級はすべて「CBT方式」の試験となります。本書は購入者の方への特典として「CBT体験模試」を付けました。CBT試験は、当日に合否が判明します。

次のFP2級にチャレンジする気持ちが生まれますことを願っています。

2024年・初夏
レック先生
こと、LEC東京リーガルマインドFP講座講師陣

教えて！ レック先生

Q1. そもそもFPって何ですか？

FPとは
ファイナンシャル
プランナーの略

ひとことで言うと
お金の専門家です！

☆ 10年後には
マイホームがほしい！

☆ 子どもの教育資金は
いくら必要？

☆ 老後は安定した生活を
おくりたい！

…などの
人生の夢や
希望を叶え
理想の生活を
するために

一番大事な
お金の面から
アドバイスする人
です！

Q2. FPの勉強をするとどんないいことがあるの？

いいこと…その①

企業内FPとして
キャリアに役立てることが
できます！

CASE：1
ウサギさん（♀）

都内在住
金融会社勤務
営業職

キャリアアップに
命をかけています！

金融系で営業を
しているウサギさんは
FP の資格を
持つことを強く
オススメします！

どうして？

FP の知識があることで
お客様への
トータルアドバイスが
可能になるし

資格があることで
信頼を得ることが
できます

なる
ほど

それに
昇進する時に
資格取得が
必要な場合も
あるんですよ

えっ！！

それは
大変！！

資格取得に
向けて
今から
勉強します！！

いいこと…その②

独立系 FP として
一人立ちすることが
できます！

CASE：2
クマさん（♂）

独立系
FP って
何ですか？

関西在住
不動産会社勤務

？

文字通り
FP として起業して
いる人のことです

会社に所属しないので
より中立の立場で
お客様に
アドバイスすることが
できますよ

教育資金は
ライフプランニングで

保険は
リスク管理で

投資は
金融資産運用で
医療費は
タックス
プランニングで

マイホームのことは
ライフプランニング、
不動産の項目で

相続税は相続・
事業承継等で
解決できるのです

わかり
ました！

早速
FP資格の
勉強を
します！

FPの資格を
持っていれば

自分の生活にも
キャリアにも
役立つし
学生であれば
就職にも有利です！

また FP の
守備範囲は
とても広いので

他の資格取得の
入り口にも
なりやすく
ステップアップも
望めるんです！

☆　宅地建物取引士
☆　税理士
☆　簿記
☆　社労士

などなど沢山！

資格をどのように
活用するかは
人それぞれ

まずは
3級合格を
目指して

ウサギさん
クマさん
ネズミさんと
一緒に勉強して
いきましょう！！

取得すれば
きっと新しい世界への
扉が開くはず！

みんなでがんばろうね！！

FP資格を取ると、どんなよいことがあるの？

FP資格のQ＆A

FP資格を取ることによるメリットはたくさんありますが、
ここでは、これから資格取得を目指す初心者の方に、
よくある疑問をQ&A形式でまとめました。

就職・転職編！

FP資格は仕事にどれだけ役立つ？

Q 一般企業でも
FPの資格は役に立つ？

A

FP資格は、金融機関以外の就職や転職にも役に立ちます。「ライフプランニング」で学ぶ社会保険の知識は人事部門で、また「タックスプランニング」で学ぶ税金の知識は、総務・経理部門で必須の知識になります。FPはお金に関わる資格ですから、必要とされる場面はたくさんあります。一般企業内でも活躍できる部門や部署は多いのです。希望している仕事で、FP資格が必要とされているかもしれませんよ。

Q 金融機関に就職をしたい場合、FPの資格は有利？

A
FPの資格は銀行や証券会社の業務に直結するため、金融機関の就職に有利になります。また、不動産会社や会計事務所の場合、「不動産」や「タックスプランニング」の知識は必須ですし、一般企業の経理でも、税務の基礎が身についていると判断されやすいため就職に有利に働くはずです。

FP資格持ってます！

Q 金融機関に転職する際、FPの資格は必須？

A
個人顧客に、株式や投資信託などの販売をするリテール営業の場合、FPの資格は必須になりつつあります。リテール営業を行っている多くの証券会社や銀行では、支店長や課長などの管理職や担当者に最低FP2級の資格を取ることを求めており、FPの資格がないと営業業務が難しくなっているのが現状です。

2級まで
必要らしい
…

えっ
!?!?

会社編！

会社員としてFPを取得した場合は？

Q 仕事の範囲が広くなる？

ステップ
アップ…♥

いい
ひびき…

A

FP資格は、暮らしとお金に関する様々な分野と関わりがありますから、FP資格をベースに他の資格にチャレンジする人も多くいます。「不動産」から宅建、「タックスプランニング」から簿記、あるいは税理士など将来的な資格のステップアップのための第一歩となることも多いのです。

Q 金融機関では、FP2級は必須になりつつある！

2級の
勉強も
しよう!!

ステップ
アップ…♥

A

証券会社や銀行、保険会社などの金融機関では、FP2級を取ることは必須になりつつあります。

金融商品を扱う従業員はもちろんですが、本部で企画や業務推進を行う従業員にも多くの金融機関では最低FP2級まで取ることを求めています。

Q FPを保有していると、顧客に信用される?

A FPの資格は名刺に記載することができるため、FP資格を保有していると顧客に安心感を与えることができ、信頼されやすくなります。
一定の専門知識を持った人物であることが保証されるわけですから、第一印象も良いはずです。顧客に信頼されやすいことはFPを持っていることの大きなメリットでしょう。

資格持ってます！

ファイナンシャル
プランニング技能士
ウサギ

Q FPを持っていると社内での信用が増す?

A 総務課や人事課などでお勤めの方には信頼度が仕事と直結することもあり、プラスに働くはず。しっかりと継続的に勉強をして資格を取ったという事実は、多くの会社で評価されることでしょう。特にFPはお金にまつわる資格であり、社会的にも求められている資格なので信用度は抜群です。

自信
評価・信用度

独立編！
将来の独立を目指した場合は？

Q FPで独立するとは？

A

独立したょ！

フリーランスとして個人事務所を立ち上げる、あるいは数人で専門分野を分担して法人化するなど独立の形は様々。仕事の内容としては、顧客に「ライフプランニング」や「金融資産運用」のコンサルティングを行うことのほか、セミナーやスクールの講師、マネー系の本や記事の執筆・監修をするなど多岐にわたります。

Q プライベートバンカーとは？

A

何でも聞いてくれたまえ

エヘン

プライベートバンカーとは、10億円以上の資産を保有している超富裕層の顧客の資産管理を担当する仕事です。
富裕層が求めるレベルは非常に高く、「金融資産運用」の知識だけではなく「相続・事業承継」の知識や「不動産」の知識など、ありとあらゆる金融関連の知識が求められます。

Q IFAとは?

いろいろあるよ！

A

IFAとは、銀行や証券会社から独立した独立系投資アドバイザーのことをいいます。

IFAの仕事内容は、独立系FPに似ていて「ライフプランニング」の相談なども行いますが、独立系FPに比べて株式や投資信託などの金融商品を販売することが主になっています。

Q フリーのFP講師、企業研修の講師とは?

ボクが教えるよ！

A

FPの資格を活かし、FP試験対策を行う学校の講師をしたり、企業研修の講師をすることもできます。お金に関する知識の必要性は今まで以上に高まっており、従業員にお金の知識を身につけさせたいと考える企業は増加傾向にあるため、今後ますますの活躍が期待されます。

生活編！

FPの知識は仕事以外にも役立つ？

Q 経済や保険の知識が
身につく？

いろいろ
比べてみよう

資産運用を成功させるためには、金融
商品に関する知識が必要になりますし、
保険に加入する時や見直しをする際に
は、保険の知識が必要になります。
投資や保険に加入する際には、「金融資
産運用」と「リスク管理」の知識が役
に立つでしょう。

Q 子どもの教育資金、
かなりかかるんですよねえ？

教育費は計画的に！

子どもの教育費は一般的に1,000～
2,000万円かかるといわれています。
このため学資保険（こども保険）や、
奨学金、教育ローンなどに明るく、さ
らに計画的に資金を準備できる知識が
あると後が楽ですよ。

Q 税金について詳しくなれる？

確定申告も
まかせて！

計算中…

A 税金は、生きていく上で必ず関わって
きます。税金に対する正しい知識がな
ければ、確定申告や年末調整の時に
困ってしまうでしょう。
また、独立開業する際も税金の知識は
必ず必要になりますし、一般企業の総
務や経理でも税金の知識は必須になり
ます。FPで勉強する「タックスプラン
ニング」の知識は、日常生活でも必ず
役に立つでしょう。

Q 大きなライフイベントで
役に立つ？

ベストな
選択を
しよう！

A 家を買う時には、不動産の知識が必要
です。不動産には、様々な税金や費用
がかかります。不動産の知識がないと
満足いく取引ができなくなってしまい
ます。また、結婚をするには、ある程
度のお金を貯める必要がありますし、
独身時代よりも幅広い保障が必要にな
りますので保険の見直しも必要です。
FPで勉強する「リスク管理」や「不動
産」の知識が役に立ちますよ。

人生編！
FPの知識は末永く役に立つ？

 人生設計がしやすくなる？

A

←ネズミの人生設計→

人生を豊かに過ごすためには、ライフプランを作ることが非常に重要です。あらかじめ、一生のうちどのタイミングでどのくらいのお金がかかるか把握することができれば、不安なく人生を楽しむことができます。FPで勉強する「ライフプランニング」がきっと役に立ちます！

 相続の時に役に立つ？

A

勉強したから
大丈夫だね！

自分の親や親族が万が一亡くなった時は、相続の知識が必要になります。
相続の際に行わなければいけない手続きは非常に複雑です。
円滑に手続きを進めるためには相続の知識は必ず必要です。FPで学ぶ「相続・事業承継」の知識があれば、いざという時でも慌てずにすみますね。

Q 豊かな老後を過ごす計画が
立てられる？

A

いわゆる老後2,000万円問題に代表
されるように、豊かなセカンドライフ
を送るためには計画的にお金を貯め
ていく必要があります。
しかし、現在の銀行預金だけでは効率
的にお金を貯めることができません。
資産運用を行い、お金自身にも働いて
もらう必要があります。
資産運用を行う際には「金融資産運
用」が役に立ちます。

Q 一生モノの知識が身につく？

A

そもそもファイナンシャル・プラン
ナーとは、人生と生活にかかわるお金
の専門家です。子どもの教育資金か
ら親の相続まで、FPの知識は、仕事に
役立つだけでなく、あなたと家族、そ
して多くの人々にとっても助けにな
る知識の宝庫なのです！

FP資格のしくみと
ステップアップ

3級、2級、1級やAFP、CFP®などの
資格全体の構造について知っておきましょう。
FP3級を取得したら、さらに上位の資格にチャレンジできます！

2つの実施団体があります

FP資格の認定は、2つの機関が実施
しています。
金財（一般社団法人 金融財政事情研
究会）と日本FP協会（NPO法人 日
本ファイナンシャル・プランナーズ協
会）がそれで、両機関共通のFP3級〜
1級と、日本FP協会のみが認定して
いるAFP、CFP®があります。

FP3級は
スキルアップの登竜門

FP2級以降は、日本FP協会認定の
AFP、CFP®との"相互乗り入れ"が可
能です。もちろん上位になるほど試験
は難しくなりますが、だからこそ、や
りがいもあるというもの。まずはFP3
級取得を目指し、将来像を描きながら
ステップアップしていきましょう。

※AFP : Affiliated Financial Planner
　（アフィリエイテッド ファイナンシャル プランナー）

　CFP® : Certified Financial Planner
　（サーティファイド ファイナンシャル プランナー）

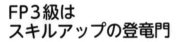

FP3級
技能士

3級はFPの登竜門的な資格。
受検資格は特にないので誰で
も受検することができます。
生活に直結するお金の知識が
身につきます。また、3級に合
格すると2級の受検資格を得
ることができます。

日本FP協会　認定資格

AFP（正式名称＝Affiliated Financial Planner）とは、日本FP協会が認定している資格です。FP2級に合格し日本FP協会が実施する所定の研修を受講することで、AFPを取得することができます。

CFP®（正式名称＝Certified Financial Planner）はFP1級同等の難易度の高い資格です。受検資格には、AFPの保有が必須になっていますので、CFP®試験を受けたい方はまずAFPを取得しましょう。

AFP

・CFP®資格審査試験
　6課目に合格
・CFP®エントリー研修
・一定の実務経験

CFP®

FP2級合格後、
AFP認定研修受講・修了

FP1級学科試験免除
実技試験のみ

金財＆日本FP協会実施　国家資格
（ファイナンシャル・プランニング技能検定）

FP2級技能士

FP1級技能士

2級は3級に比べ、より専門的になるため、一般企業の就職の際も有利に働きます。3級合格者が取得に進むことが多いですが、実務経験が2年以上あれば3級に合格していなくても受検することができます。

FP1級資格は難易度が非常に高く、合格率は10％前後です。その分、社会的な評価は抜群。FPとしての独立や、セミナー講師など活躍の場が広がります。もちろん会社員の方も社内評価や業務にプラスに働くことでしょう。

FP3級資格試験について

FP3級試験は、2024年度よりCBT方式（Computer Based Testing）へ全面移行されました。ほぼ毎日実施されることで受検しやすくなりました。
CBT試験とは、受検者がパソコン等から受検日時・場所（テストセンター）を予約し、テストセンターでパソコンを使用して受検するというものです。

FP技能検定は2つの団体で実施されています。

● 一般社団法人金融財政事情研究会（以下、金財）
　https://www.kinzai.or.jp

● NPO法人日本ファイナンシャル・プランナーズ協会（以下、日本FP協会）
　https://www.jafp.or.jp

試験科目

試験は、学科試験と実技試験で行われます。

学科試験	共通	
実技試験	日本FP協会	資産設計提案業務
	金財	個人資産相談業務 保険顧客資産相談業務

金財で受検する場合、2つの実技試験がありますが、どちらかを選択することになるので受検する実技試験は1つだけです。
このうち「保険顧客資産相談業務」の試験は、保険だけに特化したもので、保険業に携わっている方が受検することが多いです。このため「金融資産運用」と「不動産」の分野からは出題されないという特徴がありますが、その分、年金や保険、相続という分野の連携した知識を求められます。

試験は、学科と実技の両方に合格しなければなりません。

学科試験	学科試験は、実施団体である金財・日本FP協会とも共通です
試験時間 90分	**出題形式**：○×式30問・3択式30問の計60問 **合格基準**：6割以上（計60点満点で36点以上）

実技試験	実施団体である金財と日本FP協会で試験内容が異なります	
試験時間 共通/60分	金財	**出題形式**：事例形式5題 **出題科目**：個人資産相談業務、保険顧客資産相談業務から1つを選択 **合格基準**：6割以上（50点満点で30点以上）
	日本FP協会	**出題形式**：3択式20問 **出題科目**：資産設計提案業務 **合格基準**：6割以上（100点満点で60点以上）

〈試験問題と法令基準日〉

試験問題は、法令基準日に施行（法令の効力発効）されている法令に基づいて出題されます。
2024年6月～2025年5月実施試験　　法令基準日：2024年4月1日

試験日程

試験日	受検申請	合格発表
2024年　6月1日～　6月30日	2024年　3月1日～試験日3日前	7月12日（金）
2024年　7月1日～　7月31日	2024年　4月1日～試験日3日前	8月15日（木）
2024年　8月1日～　8月31日	2024年　5月1日～試験日3日前	9月13日（金）
2024年　9月1日～　9月30日	2024年　6月1日～試験日3日前	10月15日（火）
2024年10月1日～10月31日	2024年　7月1日～試験日3日前	11月15日（金）
2024年11月1日～11月30日	2024年　8月1日～試験日3日前	12月13日（金）
2024年12月1日～12月26日	2024年　9月1日～試験日3日前	1月17日（金）
2025年　1月7日～　1月31日	2024年10月1日～試験日3日前	2月14日（金）
2025年　2月1日～　2月28日	2024年11月1日～試験日3日前	3月14日（金）
2025年　3月1日～　3月31日	CBT試験 休止期間	
2025年4月1日～5月31日（予）	2025年1月～ 試験日3日前（予）	5・6月中旬（予）

※2024年5月1日現在で発表されている試験日程です。上記の日程は変更される場合がありますので、最新の情報は各試験団体の
ホームページをご確認ください。
※2025年4月以降の日程は未発表のため予定です。

FP3級 CBT試験 受検の流れ

1 事前準備

本試験は各試験団体のホームページから受検申請します。
スムーズに手続きできるよう以下の点を準備・確認しておきましょう。

- ☐ **試験科目（実技試験の受検科目）を決める**
- ☐ **受検場所と受検日・時間帯を決める**
  - →学科と実技は別日でも受検できます
- ☐ **連絡用メールアドレスを準備**
  - →「受検予約完了のお知らせ」メールなどが届きます
- ☐ **受検手数料の決済方法を確認**
  - →クレジットカード払い、コンビニ払い、Pay-easy決済など
    の場合は、手元にカードや収納機関番号などを準備しましょう

2 受検申請

① 試験団体のホームページにアクセスし、受検申請画面を開く

　▶一般社団法人金融財政事情研究会
　https://www.kinzai.or.jp/fp

　▶NPO法人日本ファイナンシャル・プランナーズ協会
　https://www.jafp.or.jp/exam/

② 受検者情報を登録（氏名や生年月日、メールアドレスなど）
③ 受検会場（テストセンター）、受検日時を指定し予約
④ 決済方法を選択

> 受検手数料の支払いが完了すると、登録した
> メールアドレス宛てに予約完了のメールが届きます

3 試験当日

①試験当日は、予約した時間の30分～15分前には試験会場に到着する

> **試験当日の持ち物**　　□ **顔写真入り本人確認書**
>
> ※メモ用紙・筆記用具はテストセンターで貸し出されます。
> 　計算問題は試験画面上に表示される電卓を使用します。

② 試験会場に入室し、指定されたパソコンで受検
　携帯電話、筆記用具、電卓、参考書などの私物の持込は認められていません。私物はテストセンターに設置されている鍵付きのロッカー等に保管します。

③ 試験終了後、受付にてスコアレポートを受け取る
　試験終了後、受付にて得点状況がわかるスコアレポートが配付されるので、受検当日に試験結果がわかります。

> 試験当日に得点状況がわかれば、合格発表日を待たずに
> 次の試験の勉強をスタートできますね！

2級の勉強を
始めちゃおう！

ステップ
アップ…♥

4 合格書の受け取り

合格発表日に、合格者には試験団体より合格証書、学科試験と実技試験の一部合格者には一部合格証が発送されます。

> 受検の流れはつかめましたか？
> **次は、CBT試験を体験してみましょう！**

CBT試験を体験する

本書では、CBT試験対策として「CBT体験模試」を、
学科試験及び実技試験（3種）について購入者特典として用意しています。
自宅のパソコンで実際の画面に近いイメージで試験を体験できます。
解答操作や画面に表示される電卓の使い方などを
本試験前に確認しておきましょう！

① 購入者特設ページにアクセス

https://lec.jp/fp/book/member/PD09782.html

※体験模試のご利用には、購入者様確認画面が表示されますので、手元に購入書籍をご用意ください。

> CBT体験模試　提供期限：2025年5月31日

② 問題を解答する

CBT体験模試 画面イメージと主な機能

解答状況
未解答の問題や後から見直したい問題を一覧で確認できます

後で見直す
後で見直したい問題にチェックが入れられます

制限時間
残り時間が表示されます

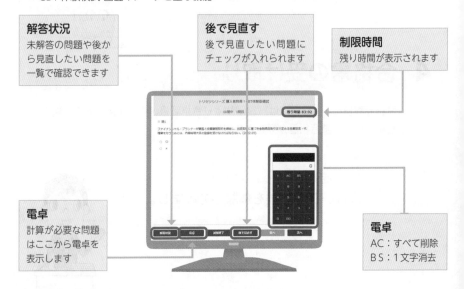

電卓
計算が必要な問題はここから電卓を表示します

電卓
AC：すべて削除
BS：1文字消去

ちょっと
気になる！

FP3級 受検者と合格者

FP資格の受検動向は、実施団体である日本FP協会と金財が
試験ごとにそれぞれ発表しています。

日本FP協会 受検者 （前年までの紙試験）

	受検月	受検 申請者数	受検者数	合格者数	合格率
[学科] （FP協会受検）	2023年5月	42,476	35,568	31,388	88.25%
	2023年9月	37,368	31,431	23,505	74.78%
	2024年1月	47,408	39,370	32,732	83.14%
[実技] 資産設計 提案業務	2023年5月	41,640	34,759	30,182	86.83%
	2023年9月	37,221	31,130	24,180	77.67%
	2024年1月	46,605	38,531	33,351	86.56%

金財 受検者 （前年までの紙試験）

科目	受検月	受検 申請者数	受検者数	合格者数	合格率
[学科] （金財受検）	2023年5月	23,415	17,297	9,364	54.13%
	2023年9月	24,489	18,314	6,812	37.19%
	2024年1月	22,526	17,185	7,974	46.40%
[実技] 個人資産 相談業務	2023年5月	7,054	5,984	3,685	61.58%
	2023年9月	7,726	6,562	4,088	62.29%
	2024年1月	6,001	5,082	2,828	55.64%
[実技] 保険顧客資産 相談業務	2023年5月	16,940	11,962	7,048	58.91%
	2023年9月	16,042	11,249	6,221	55.30%
	2024年1月	13,390	9,384	4,204	44.79%

本書の使い方と特徴

1 はじめのまとめ

本書は全部で6つの分野になっています。「それぞれの科目で何を勉強するか」をはじめにまとめていますから、学ぶ目的を持って勉強ができます。

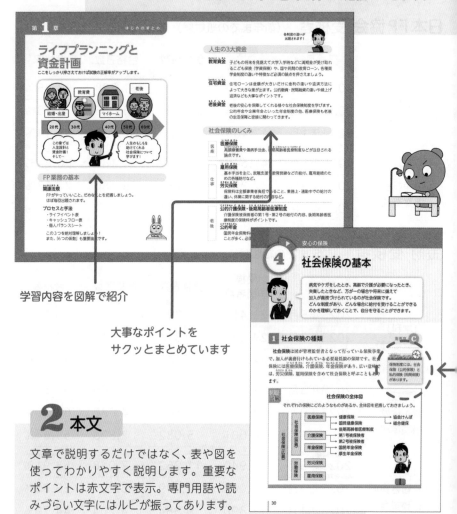

学習内容を図解で紹介

大事なポイントを
サクッとまとめています

2 本文

文章で説明するだけではなく、表や図を使ってわかりやすく説明します。重要なポイントは赤文字で表示。専門用語や読みづらい文字にはルビが振ってあります。

3 ステップアップ講座

「3級から2級へ！」ステップアップを目指す人に向けたページです。3級と2級の解き方の違いや問題の深さがわかります！

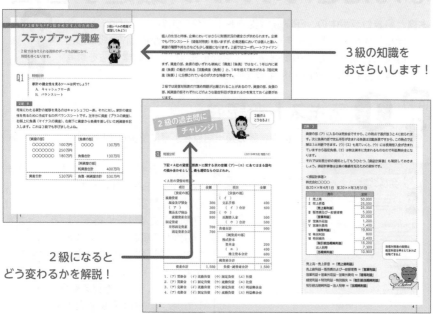

3級の知識を
おさらいします！

2級になると
どう変わるかを解説！

4 付属のお役立ちコーナー満載

学びを促す情報や、豆知識などを各種注釈でフォローします。学んだことを確認できる「過去問チャレンジ」もあります。

過去問チャレンジ

雇用保険の基本手当を受給するためには、倒産、解雇および雇止めなどの場合を除き、原則として、離職の日以前（ ① ）に被保険者期間が通算して（ ② ）以上あることなどの要件を満たす必要がある。
1) ①1年間　②6カ月
2) ①2年間　②6カ月
3) ①2年間　②12カ月　　　　　　　　　　　　　　　　　　　　〔21年1月・学科〕

3　雇用保険の対象者は、離職日以前の2年間に被保険者期間が通算して12カ月以上あること。

学習の助けになる情報は注釈で掲載

ワンポイント
公務員や私立学校教職員を対象とした社会保険の運営は、共済組合が担います。

ナビゲーション
保険制度には、社会保険（公的保険）と私的保険（民間保険）があります。

用語の意味
年金制度
強制加入の公的年金と、公的年金に上乗せする任意加入の私的年金があります。

レック先生のスパッと解説！
教育一般貸付と日本学生支援機構の奨学金は併用して利用できます。

合格のトリセツ × ほんださん／東大式 FP チャンネル

ほんださんオススメ最速学習法

本書と絶賛コラボ中の、FP試験解説でトップクラスのYouTubeチャンネル「ほんださん／東大式FPチャンネル」のほんださんから、FP3級に最速かつ確実に合格するための勉強法をご紹介します！ この学習法を参考に、勉強が苦手な方でも楽しく学習を始めていきましょう。

① テキストを読む

テキストでは本試験の頻出論点を丁寧に解説しています。

まずは本テキストを通して読んでいきましょう！ FP試験は6分野ありますので、必ずしも最初から読む必要はなく、自分の興味のある分野や知っていることが多い分野から読むのがオススメです。

なお、1周目に読む時は単語や数字を覚えようとしてはいけません。どんなことを学ぶのか、テーマを見るくらいのイメージで流して読むくらいで大丈夫です。

② 問題集で力試し

『速習問題集』を解いて、試験での問われ方を確認しましょう。

1つの分野のテキストを読み終えたら、その分野の問題集を解きましょう。はじめは間違いだらけでも全然大丈夫！ 間違えた問題は解説を読んで、テキストの該当ページに戻って、数字や単語を周辺知識と一緒に覚えていきましょう。

問題集は何冊も手を出すのではなく、1冊をやり込むことが大事です。すべての問題がしっかり解けるように、何度も解いて復習をしていきましょう。

③ 動画を活用する

動画の視聴でもっと知識をわかりやすく、身近に。

「テキストだけだと難しい…」「日常にも役立つお金の知識を学びたい」
「ほんださん／東大式FPチャンネル」では、FP受験生やお金の知識を学びたい人に
役立つ動画を好評配信しています！

ほんださん / 東大式FPチャンネル
「FP3級爆速講義」シリーズ 累計550万回再生！ ※1

この動画シリーズは、FP3級学習の決定版ともいえる講義動画。
FP3級の合格に必要な知識を**たった9時間**※2で最速インプットできます。
はじめてFP試験に挑戦する方でも挫折しないように、身近な生活に例えながら**基礎の基礎から**わかりやすく説明しています。

※1：2024年3月時点の再生回数
※2：2023年度版の総動画時間数

ほんださん / 東大式FPチャンネル 新シリーズ
「FPで学ぶ／わかりやすいお金の知識」 ※3

難しいお金の専門用語を実生活に結びつけながら解説！
生活に役立つお金の知識を身につけながら**自然とFP3級に合格する**知識をインプットできる動画シリーズです。試験学習中の気分転換のみならず、試験合格後にも知識の整理のために役立てることができます。

※3：シリーズ名は2024年3月時点の仮称。動画は2024年7月以降のリリースを予定しています。

ほんださん ／ 東大式FPチャンネル

https://www.youtube.com/@HondaFP

身近なお金の知識を得られるFP3級。せっかく試験勉強をするのであれば、楽しく学んでいきましょう！

※視聴の際の通信料はお客様ご負担となります。

Contents

章の最後に「復習のまとめ」があります。

「復習のまとめ」は、本試験で繰り返し出題される内容（頻出論点）など、何度も読み返してほしいポイントを挙げていますから、しっかり、重点的に復習しましょう。

第1章

ライフプランニングと資金計画

ライフプランを考える上では、様々な資金計画が必要です。日々の生活コストはもちろんのこと、マイホーム取得や子どもの教育費、そして老後の資金まで……。また、人生をサポートしてくれる各種社会保険も考慮しなければなりません。FPを目指すなら、まず攻略すべき論点がたくさんある章です。

この章で
学ぶ内容

- ●FP業務の基本
  FPはこんな仕事をする！

- ●人生の3大資金
  住宅、教育、老後の
  3大資金をどうする!?

- ●社会保険のしくみ
  助けになる制度がたくさん！

ライフプランニングと資金計画

ここをしっかり押さえておけば問題の正解率がアップします。

FP業務の基本

関連法規

FPがやっていいこと、だめなことを把握しましょう。
ほぼ毎回出題されます。

プロセスと手法

・ライフイベント表
・キャッシュフロー表
・個人バランスシート

この3つを絶対理解しましょう！
また、「6つの係数」も重要論点です。

各制度の違いが
出題されます！

人生の3大資金

教育資金 子どもの将来を見据えて大学入学時などに満期金が受け取れるこども保険（学資保険）や、国の教育ローン、各種奨学金制度の違いや特徴など必須の論点を押さえましょう。

住宅資金 住宅ローンは金額が大きいだけに金利の違いや返済方法によって大きな差が出ます。フラット35や繰上げ返済なども大事なポイントです。

老後資金 老後の安心を保障してくれる様々な社会保険制度を学びます。公的年金や企業年金といった年金制度の他、医療保険も老後の生活保障と密接に関わってきます。

社会保険のしくみ

医療	**医療保険** 高額療養費や傷病手当金、任意継続被保険者などが注目される論点です。

仕事	**雇用保険** 基本手当を主に、育児休業・介護休業や教育訓練などの給付制度。 **労災保険** 保険料は全額事業者負担であること、対象者、業務上、通勤中での給付の違い、休業に関する給付の内容など。

老後	**公的介護保険・後期高齢者医療制度** 介護保険被保険者の第1号・第2号の給付の内容、後期高齢者医療制度の年齢がポイントです。 **公的年金** 国民年金保険料の納付、老齢年金の繰上げ・繰下げが出題されることが多く、必須で押さえたいポイントです。

ファイナンシャル・プランナーとは?

FP（ファイナンシャル・プランナー）について、
まずは基本となる知識から身につけます。
FPとはいったいどのような仕事をする人なのでしょう？
その仕事内容と関連法規を含めた業務範囲やルールを
頭に入れておきましょう。

1 FPってどんな仕事？

重要度 **C**

　ファイナンシャル・プランナー(以下、FP) は、顧客である個人の夢や目標を叶えるため、**将来の資金計画のアドバイスを行う専門家**です。人生には何度か大きなお金が必要になる時期があります。例えば、結婚や出産、マイホームの購入、子どもの大学入学、老後など。これらの時期にお金に困らないよう、**ライフイベントに向けて、事前に綿密な資金計画を立てる**仕事です。

> **用語の意味**
>
> **FP**
> Financial Planner
> の頭文字を取って
> FPと呼んでいます。

2 FPが守るべきこと

重要度 **B**

1. **顧客の利益を優先**
   顧客の立場に立ち、顧客の利益を最優先にして提案を行います。

2. **守秘義務の遵守**
   一部の例外を除き顧客から得た個人情報を顧客の同意なく、第三者に漏らしてはいけません。

3. **顧客に対する説明義務（アカウンタビリティ）**
   顧客に提案を行う際は、顧客が理解できるよう、十分に説明する必要があります。

> **ナビゲーション**
>
> 顧客から得た個人情報は、FPの業務を行うにあたって必要な場合には、顧客の同意を得れば、第三者に伝えることができます。

3 FPの仕事の範囲と関連法規

重要度 **A**

　FPには幅広い領域の知識が必要なことから、税理士や弁護士、保険募集人など、**有資格者**しかできない業務範囲に抵触してしまう恐れがあります。知識があっても、**個別具体的な助言や行動は独占業務に違反する**可能性があります。FPの業務に関連する法令で、FPができることとできないことの具体例を見ていきましょう。

ナビゲーション

税理士や弁護士などの"士業"には、それぞれに独占業務があるので、その業務に抵触しないよう注意しましょう。

レック先生のズバッと解説

FPは、一般的な解説や仮の事例を用いた説明はできますが、有償無償を問わず、該当の資格がない限り、税理士の独占業務を行ってはいけません。

　　　　　　　　○ できること　　✕ できないこと

税理士法（ぜいりしほう）
税理士資格を持っていないFPは、個別具体的な税務相談や税務書類の作成を行ってはいけません

- ○　顧客に一般的な税法の解釈を伝える
- ○　仮定の数値で税計算を行う
- ✕　顧客の確定申告書を作成する
- ✕　顧客の税務申告を代理で行う
- ✕　無償で、具体的な税務相談を行う

弁護士法（べんごしほう）
弁護士資格を持っていないFPは、個別具体的な法律判断や法律事務を行ってはいけません

- ○　相続関連のセミナーを開催する
- ○　遺言書の種類やそのメリットについて一般的な説明をする
- ○　公正証書遺言作成時の証人となる
- ○　任意後見契約の受任者となる
- ✕　遺言書作成のアドバイスをする
- ✕　相続財産の分割案、相続問題の和解案を提示する

社会保険労務士法

社会保険労務士資格を持っていないFPは、労働社会保険諸法令に基づく申請書類の作成、提出手続の代行を行ってはいけません

- ○ 顧客の「ねんきん定期便」を参考に、公的年金の受給見込み額を試算する
- × 顧客の年金請求書を作成し、提出手続を代行する

保険業法

保険募集人・保険仲立人、金融サービス仲介業者の登録を受けていないFPは、保険の募集や勧誘を行ってはいけません

- ○ 保険の見直しの相談に応じる
- ○ 顧客からの相談を受け、顧客が死亡した場合における遺族の必要保障額の計算を有償で行う
- × 保険の募集や保険契約の締結を行う

金融商品取引法

金融商品取引業者としての登録をしていないFPは、投資判断の助言等を行ってはいけません

- ○ 金融商品取引業者として内閣総理大臣の登録を得て顧客資産の運用を行う
- × 登録を受けずに投資判断の助言を行う

FPはいろいろな士業と関わって仕事をするから領域を侵さないようにね!

著作権法

公表された他人の著作物について、自分の著作物への引用はできますが、著作権法違反とならないために要件を満たす必要があります

- ・引用が必要なものであり、引用の目的において正当な範囲内であること
- ・自分の作成部分が「主」、引用部分が「従」となっていること
- ・引用部分を区別できるようにすること
- ・出典、著作者名等を明記すること

過去問チャレンジ

弁護士の登録を受けていないファイナンシャル・プランナーが、資産管理の相談に来た顧客の求めに応じ、有償で、当該顧客を委任者とする任意後見契約の受任者となることは、弁護士法に抵触する。

［24年1月・学科］

✕　ファイナンシャル・プランナーが、任意後見契約の受任者となることは弁護士法に抵触しません。

　FPが**ライフプランニング**を行う際には、顧客から家族構成や資産情報、将来の夢や目標などをヒアリングし、分析資料や提案書などを作成します。FPの提案が顧客に受け入れられたとしても定期的に見直し、顧客の夢や目標に近づけるよう支援します。このようなFPの仕事は以下の6つのステップで行います。

FP業務の6つのステップ

ステップ1 **信頼関係**
　顧客との信頼関係を構築します。

ステップ2 **情報収集**
　顧客から収入や貯蓄、年金、保険など、多岐にわたる情報を収集。将来の夢や目標についても確認します。

ステップ3 **分析**
　顧客の資金面の現状と問題点を、ライフイベント表、キャッシュフロー表、個人バランスシートなどから分析します。

ステップ4 **プランの提示**
　プラン(提案書) を作成し、顧客に説明します。

ステップ5 **実行援助**
　プランを選択して実行を援助します。

ステップ6 **見直し**
　顧客の状況や経済状況などを踏まえて、プランを定期的に見直します。

用語の意味

ライフプランニングとは、「将来こうなりたい」「こういうことをしたい」など、ライフデザイン（個人の人生における価値観や生きがい）に応じて 生涯の生活設計を立てることです。

ワンポイント

ライフイベント表、キャッシュフロー表、個人バランスシートは、ライフプランニングを行うときの三種の神器です。

ナビゲーション

現状と将来の希望は変化していくもの。あわせて税制や保険などを取り巻く環境も変わるので定期的に軌道修正します。

5 ライフイベント表とは

重要度 **B**

ライフイベント表とは、顧客とその家族の将来設計を表に落とし込み、見える化したものです。子どもの進学やマイホームの購入、車の買い換えなど、将来、予定しているライフイベントを記入することで、将来像が明確になります。

ライフイベント表の例

経過年数（年）	現在	1	2	3	4	5	6	7	8	9	10
家族の年齢（歳） 所得多郎	35	36	37	38	39	40	41	42	43	44	45
所得貴子	30	31	32	33	34	35	36	37	38	39	40
所得高志	5	6	7	8	9	10	11	12	13	14	15
ライフイベント											
所得多郎		車買換え	マイホーム購入					家族旅行			
所得貴子			パート復帰								
所得高志	幼稚園入園		小学校入学						中学校入学		
必要資金		100万円	1,000万円					50万円			

現在価値を入れる！

講義図解 ライフイベント と ライフプラン

ライフイベント

結婚 ▶ する or しない
子ども ▶ 産む or 産まない
家 ▶ 購入 or 賃貸 …etc.

◀ **相 談** ▶

ライフプラン

25歳 ▶ 結婚：資金はいくら必要？
30歳 ▶ 第1子誕生：出産費用は？
37歳 ▶ マイホーム購入：頭金は？ …etc.

ワンポイント

ライフイベント表の必要資金に入れる金額は、現在価値（物価の上昇など変動率を考慮しない金額）を入れます。

9

キャッシュフロー表とは

　キャッシュフロー表とは、将来の**収支状況**と**貯蓄残高**の推移を表にまとめたもので、ライフイベント表や現在の収支状況から作成します。収入欄には年収ではなく、所得税や住民税、社会保険料などを差し引いた、**可処分所得**を記載します。

ワンポイント

可処分所得は支払義務のある税金などを差し引いた残額。生命保険料は任意で支払うものなので、マイナスしません。

公式

可処分所得＝
　額面の収入金額－（所得税＋住民税＋社会保険料）

キャッシュフロー表の例

経過年数（年）		現在	1	2	3	4	5	6	7	8	9	10
家族の年齢（歳）	所得多郎	35	36	37	38	39	40	41	42	43	44	45
	所得貴子	30	31	32	33	34	35	36	37	38	39	40
	所得高志	5	6	7	8	9	10	11	12	13	14	15
ライフイベント												
所得多郎			車買換え	マイホーム購入					家族旅行			
所得貴子				パート復帰								
所得高志		幼稚園入園		小学校入学					中学校入学			
必要資金			100万円	1,000万円					50万円			
収入（万円）												
	変動率	A										
給与収入	1%	500	505※1	510※2	515※3	520	526	531	536	541	547	552
その他の収入				100	100	100	100	100	100	100	100	100
収入合計		500	505	610	615	620	626	631	636	641	647	652
支出（万円）		B										
基本生活費	1%	200	202	204	206	208	210	212	214	217	219	221
住居費		120	120	120	150	150	150	150	150	150	150	150
教育費	1%	20	20	31	31	31	32	32	32	54	55	55
保険料		36	36	36	36	36	36	36	36	36	36	36
その他の支出	1%	20	20	20	21	21	21	21	21	22	22	22
一時的支出			100	1,000					50			
支出合計		396	498	1,411	444	446	449	451	503	479	482	484
年間収支		104 C	7	▲801	171	174	177	180	133	162	165	168
貯蓄残高	1%	1,000 D	1,017※4	226※5	399※6	577	760	948	1,090	1,263	1,441	1,623

Ⓐ 年間収入　Ⓑ 年間支出　Ⓒ 年間収支　Ⓓ 貯蓄残高　Ⓔ 変動率

キャッシュフロー表を理解しよう

年間収入：給与など、収入金額（可処分所得）のこと。複数ある場合は、分けて記入します。

B 年間支出：その年の総支出額のこと。支出欄の項目を合計します。

C 年間収支：収入合計から支出合計を差し引いた額のこと。マイナスの場合は赤字となります。

貯蓄残高：その時点での貯蓄額。マイナスの場合は貯蓄が底をついたということになります。

E 変動率：変化の割合のことで、給与であれば昇給率、基本生活費などの場合は物価上昇率を示します。住宅ローンや保険料など、支払額が一定の場合には変動率は考慮しません。

講義図解

変動率が設定されている項目の計算
キャッシュフロー表から計算してみよう

＜給与収入の計算方法＞

公式 → n年後の予想額＝現在の金額×(1＋変動率)^n

※1　1年後　500万円×(1＋0.01)＝505万円
※2　2年後　500万円×(1＋0.01)^2≒510万円
※3　3年後　500万円×(1＋0.01)^3≒515万円

＜貯蓄残高の計算方法＞

公式 → 当年の貯蓄残高＝前年の貯蓄残高×(1＋運用率)＋当年の年間収支

※4　1年後　1,000万円×(1＋0.01)＋7万円＝1,017万円
※5　2年後　1,017万円×(1＋0.01)－801万円≒226万円
※6　3年後　226万円×(1＋0.01)＋171万円≒399万円

7 個人バランスシートとは

重要度

個人バランスシートとは、ある時点での資産と負債のバランスを見るためのものです。**資産**には**時価**を入れ、**負債**にはその時点でまだ**返済していない残額（残債）**を入れます。資産から負債を差し引くことで純資産がわかり、その家計の健全性を分析することができます。

日本FP協会実技試験では純資産を計算させる問題が出ます。純資産＝資産－負債を覚えておきましょう。

 資産－負債＝純資産

個人バランスシートの例

20××年×月×日現在

❶【資産】		❷【負債】	
金融資産		住宅ローン	2,300万円
預貯金等	100万円	自動車ローン	50万円
株式	36万円	負債合計	2,350万円
投資信託	90万円	❸【純資産】	
保険（解約返戻金相当額）	100万円		536万円
自宅	2,500万円		
自動車	60万円		
資産合計	2,886万円	負債・純資産合計	2,886万円

この2つは必ず同額になります！

バランスシートは左右の合計額が一致します。

資産には「時価」を入れる

3年前に100万円で
買った自動車

→

今売却すると
60万円

この金額を
資産に入れます

同じように、株式/自宅/保険（解約返戻金
相当額）なども「今売る（解約する）といくら
か？」という時価を入れて計算します。

個人バランスシートに記入するもの

❶資産：現金、預貯金、株式、投資信託、生命保険、不動
産（土地・建物）、車など、資産価値のあるものを
項目別に記入します。株式や投資信託はその時
点の時価を記入し、**生命保険**は解約した場合の
返戻金相当額を記入します。

❷負債：住宅ローン、自動車ローンなどの残額を記入し
ます。

❸純資産：その時点での資産合計と負債合計の差がわかり
ます。純資産の割合が高いほど、その家計が健全
であることを表します。

購入時に高額だった資産も
個人バランスシートに入れるときは
時価になっちゃうんだな……

2 資産計算で使う6つの係数

将来の資金計画を立てるためには、様々な試算が必要になります。そんなときに活用したいのが6つの係数。
今からどれくらいの金額を準備すれば、
将来、必要になる金額を残せるの？
そんな計算を簡単に行うことができます。

1 6つの係数とその役割

重要度 **A**

　6つの係数は言葉自体に馴染みがなく、理解しづらいですが、おおまかには最初からまとまった金額を運用するのか、少しずつ積み立てていくのか、今あるまとまった資金を年金のように取り崩して受け取りたいのかの3つに分けられます。それぞれのケースによって計算で使用する係数が異なるので、まずはどんな係数があるのか確認しておきましょう。

6つの係数

一括で運用するもの

①終価係数

今ある金額を**複利運用**したときに、将来いくらになるのかを求める係数。

> 例）100万円を年利3％で複利運用した場合、10年後にいくらになる？

用語の意味

複利運用
資産運用には単利と複利があります。単利は元本のみに利息が付くのに対して、複利は利息を元本に組み入れ、合計金額に利息が付きます。

②現価係数

毎年、複利運用して**一定の金額を貯める**ために、今いくらあればいいのかを求める係数。

> 例）10年後に100万円にしたい場合、年利3％で複利運用するとして、今いくらあればいい？

積み立てて運用するもの

③年金終価係数

毎年、複利運用しながら**一定の金額**を**積み立てた**場合、将来いくらになるのかを求める係数。

> 例）毎年10万円を年利3％で複利運用しながら積み立てた場合、10年間でいくらになる？

④減債基金係数

毎年、複利運用して**一定金額を貯める**ために、毎年、いくら**積み立て**ればいいのかを求める係数。

> 例）10年後に100万円にしたい。年利3％で複利運用する場合、毎年いくら積み立てればいい？

取り崩して運用するもの

⑤資本回収係数

今ある金額を複利運用しながら一定の期間で**取り崩す**場合、毎年いくらずつ受け取れるのかを求める係数。

> 例）100万円を年利3％で複利運用しながら10年間で取り崩す場合、毎年いくらずつ受け取れる？

レック先生のズバッと解説

5年後に車を購入するために、毎月、いくら積み立てればいいのかを計算するには、積み立てで、将来の資産から現在の資産を計算するので、減債基金係数を使います。このようにどんなときにどの係数を使えばいいのかを覚えておきましょう。

6つの係数を
種類別に覚えよう！

⑥年金現価係数
（ねんきんげんかけいすう）

毎年、複利運用しながら一定の金額を**受け取る**ために、今いくらあればいいのかを求める係数。

例）年利3％で複利運用しながら毎年10万円ずつ
　　10年間受け取るには、今いくらあればいい？

形で覚えれば
いいんだ！

講義図解

どんな形で運用するの？
現在と将来、主体はどちら？で考える

現在の資産 から将来の資産を計算する。	将来の資産 から現在の資産を計算する。

①終価係数
一括で運用

資産 → ？

②現価係数
一括で運用

？ ← 資産

③年金終価係数
積み立てて運用

資産 → ？

④減債基金係数
積み立てて運用

？ ← 資産

⑤資本回収係数
取り崩して運用

資産 → ？

⑥年金現価係数
取り崩して運用

？ ← 資産

2 6つの係数を使った計算方法　　重要度 A

　どんなときに、どの係数を使えばいいのかが理解できれば、6つの係数を使った計算は難しいものではありません。

　以下の6つの係数表を使って具体的な例で見ていきましょう。

6つの係数表（利率3%の場合）

期間	終価係数	現価係数	年金終価係数	減債基金係数	資本回収係数	年金現価係数
1年	1.030	0.9709	1.000	1.00000	1.03000	0.971
5年	1.159	0.8626	5.309	0.18835	0.21835	4.580
10年	1.344	0.7441	11.464	0.08723	0.11723	8.530
15年	1.558	0.6419	18.599	0.05377	0.08377	11.938
20年	1.806	0.5537	26.870	0.03722	0.06722	14.877

①終価係数を使う場合

　100万円を年利3%で複利運用した場合、10年後にいくらになる？

　　＜計算方法＞
　　100万円×1.344＝134万4,000円

②現価係数を使う場合

　10年後に100万円にしたい場合、年利3%で複利運用するとして、今いくらあればいい？

　　＜計算方法＞
　　100万円×0.7441＝74万4,100円

> **ナビゲーション**
>
> 試験では係数表の値は与えられるので、それぞれの係数の数値を覚える必要はありません。

③年金終価係数を使う場合

毎年10万円を年利3％で複利運用しながら積み立てた場合、10年間でいくらになる？

＜計算方法＞
　10万円×11.464＝114万6,400円

---

④減債基金係数を使う場合

10年後に100万円にしたい。年利3％で複利運用する場合、毎年いくら積み立てればいい？

＜計算方法＞
　100万円×0.08723＝8万7,230円

---

⑤資本回収係数を使う場合

100万円を年利3％で複利運用しながら10年間で取り崩す場合、毎年いくらずつ受け取れる？

＜計算方法＞
　100万円×0.11723＝11万7,230円

---

⑥年金現価係数を使う場合

年利3％で複利運用しながら毎年10万円ずつ10年間受け取るには、今いくらあればいい？

＜計算方法＞
　10万円×8.530＝85万3,000円

過去問チャレンジ

900万円を準備するために、15年間、毎年均等に積み立て、利率（年率）1％で複利運用する場合、必要となる毎年の積立金額は、下記の＜資料＞の係数を使用して算出すると（　　）である。

＜資料＞利率（年率）　1％・期間15年の各種係数

現価係数	資本回収係数	減債基金係数
0.8613	0.0721	0.0621

1) 516,780円
2) 558,900円
3) 600,000円

[20年9月・学科]

2 積み立てで、将来の資産から毎年の積立金額を計算するのは、減債基金係数。
9,000,000円×0.0621＝558,900円

6つの係数は、
現在と将来のお金の関係を
求めるためのものなのです

「将来からみた現在」と
「現在からみた将来」の金額が
わかるようになるわけですね！

人生の3大資金

ライフプランを立てるときに、重要となるのが
子どもの教育資金と住宅資金、老後の資金です。
それぞれ何千万円という大きな資金が必要になりますが、
それらをサポートする様々な商品や制度が用意されています。

1 教育資金計画

重要度 A

　子ども1人につき、幼稚園から大学卒業までに必要となる教育資金の目安は1,000万円〜2,000万円とも言われています。子どもが生まれたらいつ、どれくらいの資金が必要になるのかを考えて、早めに準備しておくことが大切です。まずは教育資金を準備する方法を見ていきましょう。

教育資金を準備する方法

①こども保険（学資保険）

　生命保険会社などで販売されており、大学入学時など、設定した**契約満了時**に**満期金**が受け取れます。小学校、中学校、高校入学時にお祝金が受け取れる貯蓄機能があるものなど、様々なタイプがあります。

　特徴は契約者（親など）が死亡、または所定の高度障害や身体障害になった場合には、**以降の保険料の払込が免除になる**ことです。保険料払込免除後も満期金やお祝金は受け取れます。

ワンポイント

契約者の死亡後、保険の契約満了時まで、年金（育英年金）で受け取れる保険もあります。

②国の教育ローン（教育一般貸付）

国の教育ローンである**教育一般貸付**と、銀行などの金融機関が提供する民間ローンがあります。ここでは教育一般貸付の特徴について理解しておきましょう。

教育一般貸付の特徴

融資元	日本政策金融公庫
対象校	高等学校、大学など（中学校以下は対象外）
融資限度額	学生1人につき原則**350万円**（一部450万円まで）
返済期間	最長18年（在学中は利息のみの返済も可能）
金利	固定金利
資金使途	入学金、授業料、受験費用、家賃、通学定期券代、パソコン購入代、国民年金保険料など

レック先生のズバッと解説

教育一般貸付は経済的な理由で進学できない学生の救済措置なので、子の数に応じて世帯の所得制限があります。

③奨学金制度
1. 貸与型

大学や自治体など、様々な**奨学金**があります。中でも日本学生支援機構の奨学金制度が代表的です。

返済義務のある**第一種奨学金（無利子）**と、**第二種奨学金（有利子）**が現在、最も利用されています。

日本学生支援機構の奨学金（貸与型）の特徴

	第一種奨学金	第二種奨学金
利子	無利子	有利子（上限3％）※在学中は無利子
返済期間	卒業後最長20年	卒業後最長20年
対象者	学力基準や家計基準など、**選考基準が厳しい**	第一種奨学金より緩やかな基準

レック先生のズバッと解説

教育一般貸付と日本学生支援機構の奨学金は併用できます。

2.給付型
きゅう ふ がた

返済義務のない給付型の奨学金制度もあります。

過去問チャレンジ

日本政策金融公庫の教育一般貸付（国の教育ローン）は、返済期間が最長18年であり、在学期間中は利息のみの返済とすることができる。

[23年1月・学科]

○ 在学中は返済負担を抑えるために利息のみの返済も選択できます。

自分なら
どの奨学金を使う？

2 住宅資金計画

重要度 **A**

マイホームの購入は住宅ローンだけでなく、頭金や諸経費（登記費用、税金、引っ越し費用など）も必要で、物件価格の2〜3割程度を準備することが望ましいとされています。住宅ローンの組み方や自己資金の作り方を見ていきましょう。

住宅ローンの金利

住宅ローンを選ぶ際、一番のポイントとなるのが金利です。

住宅ローンの金利には、固定金利型、変動金利型、固定金利期間選択型の3つがあります。

住宅ローン金利の特徴

固定金利型
ローン当初の金利が返済終了まで適用されます。

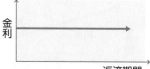

変動金利型
市場金利の変動に伴って半年ごとに金利が見直されます。

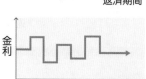

固定金利期間選択型
最初は固定金利ですが、一定期間後に固定金利か変動金利かを選択します。

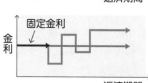

ワンポイント

固定金利期間選択型では、固定金利期間が長いほど、（固定金利期間の）金利は高くなります。

住宅ローンの返済方法

　住宅ローンの返済方法には、**元利均等返済**と**元金均等返済**があります。元利均等返済は毎回の返済額（元金と利息の合計額）が一定の返済方法です。一方、元金均等返済は毎回返済する元金部分が一定の返済方法です。

住宅ローンの返済方法の特徴

元利均等返済
当初は利息の返済割合が多いですが、返済が進むにつれ、元金の割合が多くなります。

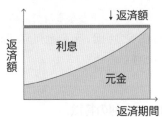

元金均等返済
当初は返済額が多いですが、返済が進むにつれ、返済額が少なくなります。

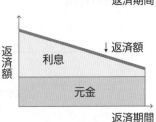

過去問チャレンジ

住宅ローンの総返済額は、借入額、金利、借入期間等の条件が同一であれば、通常、元金均等返済よりも元利均等返済のほうが多くなる。

[21年9月・学科]

○　返済額が一定の元利均等返済では、当初の返済額に元本の占める割合は少なく、なかなか元本が減らないため、利息は多くなります。よって、元利均等返済のほうが総返済額が多くなります。

住宅ローンの<ruby>繰<rt>くり</rt></ruby><ruby>上<rt>あ</rt></ruby>げ返済

住宅ローンの返済期間中に、毎月の返済以外に元金の一部または全部を返済することを**繰上げ返済**といいます。繰上げ返済をすることで、その分の利息を減らすことができます。繰上げ返済には、<ruby>期間短縮型<rt>きかんたんしゅくがた</rt></ruby>と<ruby>返済額軽減型<rt>へんさいがくけいげんがた</rt></ruby>の2つがあります。

住宅ローンの繰上げ返済の特徴

期間短縮型　返済期間を短縮します。

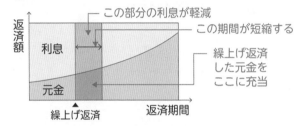

返済額軽減型　毎回の返済額を軽減します。

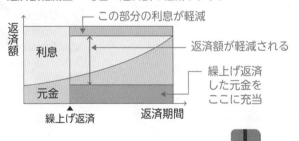

レック先生のズバッと解説

期間短縮型と返済額軽減型では、期間短縮型の方が利息軽減効果が高くなります。また、早い時期に繰上げ返済する方が、より利息軽減効果が高くなります。

どう返済すると
どこが減るか
よーく考えてね

住宅ローンの種類

　住宅ローンの種類には、**公的ローン**と**民間ローン**があります。公的融資の代表的なものが**財形住宅融資**。民間融資の代表的なものには、住宅金融支援機構が民間の金融機関と提携した**フラット35**があります。

財形住宅融資（公的ローン）

条件	財形貯蓄を1年以上継続して積み立て、貯蓄残高が50万円以上ある
融資額	財形貯蓄残高の10倍以内（最高4,000万円）で、住宅取得額の90％が限度
金利	5年固定金利（5年ごとに適用金利の見直し）

フラット35（民間ローン）

条件	申し込み日に70歳未満であること 本人や親族が住むための住宅である
融資額	購入価格や建設資金の100％まで （最高8,000万円）
返済期間	最長35年（完済時の年齢は80歳以下）
金利	**固定金利**（適用金利は**融資実行時点**） 利率は取扱金融機関がそれぞれ独自に決定
その他	保証人や保証料は**不要** 繰上げ返済の手数料は**無料**で、窓口は100万円以上、インターネットは10万円以上から行える

レック先生の**ズバッと解説**

フラット35の適用金利は融資実行時点のものになります。試験で問われることが多いので要注意です。

過去問チャレンジ

住宅金融支援機構と民間金融機関が提携した住宅ローンであるフラット35の融資金利は固定金利であり、その利率は取扱金融機関がそれぞれ独自に決定している。

[22年9月・学科]

○ フラット35は長期固定金利の住宅ローン。民間の金融機関が提供し、金利は金融機関によって異なります。

財形貯蓄制度
（ざいけいちょちくせいど）

　財形貯蓄とは、その制度を導入している企業の従業員が、給料から**天引き**して行う貯蓄です。財形貯蓄には、**一般財形貯蓄、財形住宅貯蓄、財形年金貯蓄**があり、いずれを利用している場合でも、財形住宅融資を受けることができます。

　中でも財形住宅貯蓄は、自己資金作りとして積み立てるものです。利用するには要件があるので、覚えておきましょう。

●財形住宅貯蓄の特徴
・契約申し込み時の年齢が**55歳未満**。
・積立期間は**5年以上**。
・財形住宅貯蓄と財形年金貯蓄を合わせて元利合計**550万円**までの利子が非課税。
・住宅購入や増改築で払い出しする際には、床面積や構造などの要件がある。

フラット35と団体信用生命保険
（だんたいしんようせいめいほけん）

　団体信用生命保険（団信）とは、住宅ローン返済中に契約者が死亡した場合、遺族が残りの住宅ローンの返済をする必要がなくなる保障制度のことです。毎月のフラット35の支払いには団信の費用が含まれています。

用語の意味

団信
団体信用生命保険の略称。団信特約料を支払うことで、この保障制度を利用できます。

住宅ローンの借り換え

　金利が高い時期に契約した住宅ローンを一括して返済し、金利の低い住宅ローンに借り換えることで、利息を軽減することができます。なお、財形住宅融資などの**公的ローンへの借り換えはできません。**

3 　老後資金（ろうごしきん）　　　　　　重要度 C

　退職後や老後の生活設計を、**リタイアメントプランニング**といいます。日本は世界でも有数の長寿国。今や100歳以上も珍しくないだけに、老後資金についてもどれくらい必要になるのか、シミュレーションしておくことが大切です。

老後に必要な資金

　主な老後資金の原資は、**働くことによる収入**のほか、**退職金**、**年金**（公的年金、企業年金）、**貯蓄**になります。これらの合計金額がシミュレーションした金額よりも少ない場合は、支出を見直したり、運用を検討するなどして、その不足分を準備する計画を立てていきます。

老後資金については
P48からの公的年金で
詳しく解説します

老後に必要な生活費の計算（参考）

老後に必要な生活費は、退職前の生活費を
ベースにして計算するとされています。

夫婦2人の場合 （月額）		退職前の生活費×0.7

1人の場合 （月額）		退職前の生活費×0.5

夫婦2人の最低老後生活費は月額23万2,000円。
ゆとりある老後生活費の場合は、月額37万9,000
円と考えられています（生命保険文化センター「生
活保障に関する調査」2022年度）。

余裕のある老後資金を貯めるため
早いうちからの
ライフプランニングが必要だねえ…

4 社会保険の基本

病気やケガをしたとき、高齢で介護が必要になったとき、
失業したときなど、万が一の場合や将来に備えて
加入が義務づけられているのが社会保険です。
どんな制度があり、どんな場合に給付を受けることができる
のかを理解しておくことで、自分を守ることができます。

1 社会保険の種類

重要度 C

社会保険は国が管理監督者となって行っている保険事業
で、加入が義務づけられている必要最低限の保障です。社会
保険には**医療保険**、**介護保険**、**年金保険**があり、広い意味で
は、**労災保険**、**雇用保険**を含めて社会保険と呼ぶこともあり
ます。

ナビゲーション

保険制度には、社会
保険（公的保険）と
私的保険（民間保険）
があります。

講義図解

社会保険の全体図

それぞれの保険にどのようなものがあるか、全体図を把握しておきましょう。

```
                    医療保険 ──→ 健康保険 ──────────→ 協会けんぽ
                            ├─→ 国民健康保険        └─→ 組合健保
社          社            └─→ 後期高齢者医療制度
会          会
保          保   介護保険
険          険
（          （   年金保険 ──→ 国民年金
広          狭            └─→ 厚生年金保険
義          義
）          ）   労災保険
            労
            働   雇用保険
            保
            険
```

2 公的医療保険　重要度 C

　日本は国民全員が公的医療保険に加入する**国民皆保険制度**を採用しています。そのため誰でもどんなときも安心して医療を受けることができます。公的医療保険には主に健康保険、国民健康保険、後期高齢者医療制度があります。

公的医療保険の種類

健康保険	国民健康保険
会社員とその家族が加入できる	健康保険や共済組合等の適用を受けない人が加入できる

75歳以上になると

後期高齢者医療制度

> **ワンポイント**
> 公務員や私立学校教職員を対象とした社会保険の運営は、共済組合が担います。

3 健康保険　重要度 A

　健康保険は75歳未満の人を対象として、**被保険者**と**被扶養者**（被保険者の家族）の病気やケガ、出産、死亡について保険が給付されます。

　健康保険事業を行う保険者には、全国健康保険協会の**協会けんぽ**と、健康保険組合の**組合健保**があります。

> **ワンポイント**
> 業務上や通勤途中のケガなどは、労災保険の給付対象となるため、健康保険の給付対象にはなりません。

健康保険の種類

健康保険の種類	保険者	被保険者
協会けんぽ（**全国健康保険協会管掌健康保険**）	全国健康保険協会	主に中小企業の会社員
組合健保（**組合管掌健康保険**）	健康保険組合	主に大企業の会社員

健康保険の被扶養者（原則）

年収などの条件に当てはまり、同一生計親族等
（原則、国内に住所がある人）であれば健康保険
料の支払いは原則不要になります。

被保険者
夫

被扶養者
妻
（扶養家族）

年収130万円未満※
夫の年収の1/2未満

※60歳以上または障害者については180万円未満

健康保険の保険料

　毎月の保険料は、標準報酬月額をもとに徴収され、賞与についても標準賞与額に同率の保険料率で徴収されます。保険料の支払いは、原則会社と被保険者が半分ずつ労使折半となります。

　協会けんぽの保険料率は**都道府県ごと**に異なります。組合健保の保険料率も組合によって異なり、一定の範囲内であれば、会社側が多く負担することもできます。

　なお、産前産後休業、育児休業の期間は、事業主が申出をすることで被保険者負担分及び事業主負担分の健康保険料（および厚生年金保険料）が免除となります。

従業員は給料明細を見ると
会社側が負担してくれているのが
わかるはず！

健康保険の主な給付内容

　健康保険では主に次のような内容に対して給付されます。
どのようなケースがあるのか把握しておきましょう。

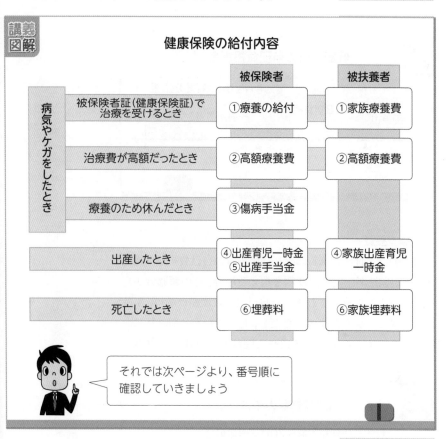

①療養の給付、家族療養費

　病気やケガをし、病院などで診察や投薬などの医療行為を受けたときに、医療費の一部を自己負担し、残りは健康保険でまかなうことができます。

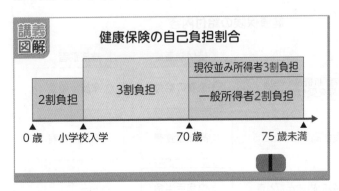

②高額療養費

　同一月（1日～月末）に支払う医療費の自己負担額（総医療費の3割）が一定の限度額を超える場合、その超過分が高額療養費として支給されます。自己負担限度額は所得、年齢などによって異なります。ただし、月をまたぐと別計算になります。なお、差額ベッド代や入院時の食事代は対象外です。

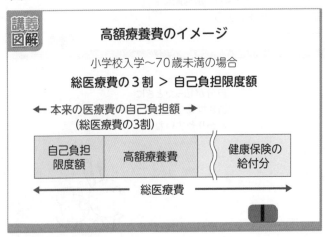

自己負担限度額の計算方法

70歳未満の自己負担限度額

所得区分	自己負担限度額
標準報酬月額　83万円以上	252,600円＋（総医療費−842,000円）×1%
標準報酬月額　53万円〜79万円	167,400円＋（総医療費−558,000円）×1%
標準報酬月額　28万円〜50万円	**80,100円＋（総医療費−267,000円）×1%**
標準報酬月額　26万円以下	57,600円
住民税非課税世帯（低所得者）	35,400円

＜高額療養費の計算＞

（例）次の場合に高額療養費として
支給される金額はいくらか。

計算式を
覚える必要なし

・病院の窓口で30万円支払った（自己負担3割）
・年齢は38歳（標準報酬月額44万円）

①総医療費
300,000円÷0.3＝1,000,000円

②自己負担限度額
80,100円＋（1,000,000円−267,000円）×1％＝87,430円

③高額療養費として支給される金額
300,000円−87,430円＝212,570円

③傷病手当金
しょうびょう て あてきん

被保険者が病気やケガで会社を**3日以上連続**してお休みし、**4日目以降**について給与が支払われない場合は、**標準報酬日額相当額**の**2/3**の金額が、**通算で1年6カ月間**を限度に支給されます。

用語の意味

標準報酬日額相当額
支給開始日以前の継続した12カ月間の各月の標準報酬月額を平均した額÷30日で計算します。

＜傷病手当金の計算＞

$$1日あたりの支給額 = 標準報酬日額相当額 \times \frac{2}{3}$$

（例）Aさん（傷病手当金支給開始日以前の12カ月間の各標準報酬月額を平均した額が45万円）がケガのために7日間連続してお休みした場合

①支給対象期間内の休業日数：7日－3日＝4日
②450,000円÷30日×2/3＝10,000円／日
③傷病手当金：10,000円×4日＝40,000円

過去問チャレンジ

全国健康保険協会管掌健康保険の被保険者に支給される傷病手当金の額は、原則として、1日につき、傷病手当金の支給を始める日の属する月以前の直近の継続した（ ① ）の各月の標準報酬月額の平均額を30で除した額に、（ ② ）を乗じた額である。

1）① 6カ月間　　②3分の2
2）①12カ月間　　②3分の2
3）①12カ月間　　②4分の3

［23年9月・学科］

2 傷病手当金の支給額は、支給開始日以前の12カ月の各月の標準報酬月額の平均額を30日で割り、その標準報酬日額相当額に2/3を掛けた金額になります。

④出産育児一時金、家族出産育児一時金

被保険者や被扶養者が出産したときに、子ども1人につき50万円が支給されます。

※産科医療補償制度に加入している医療機関での出産の場合。
※産科医療補償制度に未加入の医療機関での出産の場合は48万8,000円が支給される。

ナビゲーション

子ども1人につき50万円が支給されるので、双子の場合はその金額が2倍になります。

⑤出産手当金

被保険者が出産のために会社を休み、その間、給与が支払われない場合、**出産日以前42日間**（6週間）、**出産後56日間**（8週間）の範囲内で、**標準報酬日額相当額**（傷病手当金と同じ）の**2/3**の金額が支給されます。

＜出産手当金の計算＞

1日あたりの支給額＝標準報酬日額相当額 $\times \dfrac{2}{3}$

⑥埋葬料、家族埋葬料

被保険者が死亡したときに、葬儀を行った家族に**5万円**が支給されます。**被扶養者**（被保険者の家族）が死亡したときにも、被保険者に**5万円**が支給されます。

---

4 任意継続被保険者

重要度 **B**

健康保険は被保険者に対する保険なので、退職した場合、その資格は失ってしまいます。ただし、一定の要件を満たしている被保険者であれば、これまでの健康保険を退職後も最長2年間、継続することができます。これを**任意継続被保険者**といいます。

任意継続被保険者の要件

要件
・2カ月以上継続して健康保険の被保険者であること。
・退職日の翌日から**20日以内**に申請すること。

⬇

退職後最長2年間、これまでの健康保険に加入できる。
ただし、保険料は**全額自己負担**になる。

日本は国民皆保険制度なので、常に保険に加入している必要があります。会社を退職した場合は、①次の会社の健康保険に加入するほか、②任意継続被保険者になる、③国民健康保険に加入する（14日以内に市区町村に申請）、④家族の健康保険の被扶養者になる方法があります。

健康保険の任意継続被保険者となるためには、健康保険の被保険者資格喪失日の前日までに継続して1年以上の被保険者期間がなければならない。

[22年5月・学科]

× 任意継続被保険者となるための被保険者期間の要件は、資格喪失日の前日（退職日当日）までに継続して2カ月以上あることです。

5 国民健康保険（国保）　　　　　重要度 B

国民健康保険は自営業者や未就業者など、市区町村に住所がある75歳未満のすべての人を対象とした保険です。ただし、健康保険、共済組合、その他の保険に加入している人や、生活保護の受給者は除きます。

国民健康保険事業を行う保険者には、都道府県や市町村（特別区含む）の自治体等があります。なお、国民健康保険には被扶養者という概念がないので、自営業者に扶養されている配偶者も被保険者として国民健康保険に加入し、保険料がかかります。

国民健康保険の保険料

保険料は被保険者（自営業者等）の前年の所得などから計算され、住所のある市区町村によって異なります。

国民健康保険の主な給付内容

自営業者等が加入する国民健康保険には給与という概念がないので、病気やケガなどによる休業中の補償となる傷病手当金や出産手当金は支給されません。

レック先生のズバッと解説

健康保険の場合、被保険者の配偶者（被扶養者）は保険料の負担なく加入できますが、国民健康保険では被扶養配偶者も被保険者として加入し、保険料がかかります。

健康保険と国民健康保険の違い

	健康保険	国民健康保険
療養の給付	○	○
高額療養費	○	○
出産育児一時金	○	○
傷病手当金	○	×
出産手当金	○	×
埋葬料	○	○

6 後期高齢者医療制度

重要度 **B**

　75歳以上になると、すべての人が**後期高齢者医療制度**の被保険者になります。一部、**障害認定**を受けた人の場合は65歳以上から後期高齢者医療制度の対象となります。

　医療費の自己負担割合は原則１割、一定以上の収入のある人は２割、現役並み所得者は３割となっています。

後期高齢者医療制度の保険料

　後期高齢者医療制度は都道府県単位で運営するので、保険料は都道府県によって異なります。保険料は原則、年金からの天引きとなり、**市区町村**が徴収を行います。

> **ワンポイント**
>
> 健康保険の被扶養者は保険料の負担がありませんが、後期高齢者医療制度では全員が被保険者となるため、保険料の支払いが必要になります。

過去問チャレンジ

国民健康保険の被保険者（一定の障害の状態にない）は、原則として、（　　）になると国民健康保険の被保険者資格を喪失し、後期高齢者医療制度の被保険者となる。

1) 65歳
2) 70歳
3) 75歳

[21年1月・学科]

3 75歳になると加入していた健康保険や国民健康保険などから、後期高齢者医療制度の被保険者となります。

7 公的介護保険 （こうてきかいごほけん）

　公的介護保険は、介護の必要性があると認定された人のための保険です。65歳以上の人を**第1号被保険者**、40歳以上65歳未満の人を**第2号被保険者**といい、それぞれ保険料や給付内容が異なります。公的介護保険の保険者は**市町村（特別区含む）**になります。

公的介護保険の保険料と給付内容

　第1号被保険者は要介護者、要支援者であれば給付されますが、第2号被保険者の場合は、特定疾病に限られるので、交通事故が原因の場合は給付が受けられません。

	第1号被保険者	第2号被保険者
被保険者	65歳以上	40歳以上65歳未満
保険料	公的年金が年額18万円以上の人は年金から天引き	医療保険に上乗せして徴収（協会けんぽの保険料率は全国一律）
受給要件	原因を問わず、要介護者、要支援者になった人	特定疾病によって、要介護者、要支援者になった人
自己負担割合	原則1割 （第1号被保険者の一定以上の所得者は2割または3割）	

※特定疾病とは、初老期認知症、脳血管疾患、末期がんなどです。

介護認定の程度

介護の程度に応じて、要支援は2段階、要介護は5段階に分かれています。

要支援①	要支援②	要介護①	要介護②	要介護③	要介護④	要介護⑤

介護度が軽い　　　　　　　　　　　介護度が重い

過去問チャレンジ

公的介護保険の第（①）被保険者は、市町村または特別区の区域内に住所を有する（②）以上65歳未満の医療保険加入者である。

1) ① 1号　② 40歳
2) ① 2号　② 40歳
3) ① 2号　② 60歳

[22年5月・学科]

2 なお、第1号被保険者は65歳以上の者です。

8 労災保険（労働者災害補償保険）　重要度 B

　労災保険は仕事中や通勤中の事故などで、労働者が病気やケガ、障害、死亡するなどした場合に、給付が行われる保険です。正社員だけでなく、**パートやアルバイトも含め、すべての労働者が対象**となります。

会社の社長や役員、自営業者などは、原則、労働者の災害を補償する労災保険の対象外になります。

労災保険の保険料

労働者が1人以上いる会社は強制加入で、保険料は**全額事業主負担**です。**事業内容ごとに保険料率が定められて**います。

労災保険の主な給付内容

病気やケガが業務上の事由によるものを**業務災害**、通勤途中で被ったものを**通勤災害**といいます。通勤途中であっても寄り道場所での災害は原則通勤災害とは認められません。

疾病や傷傷については、療養補償給付（療養給付）として治療費が給付されます。

被保険者が業務災害または通勤災害による療養で働けず、賃金がもらえないときには**休業補償給付（休業給付）**が受けられ、**休業4日目**から1日につき給付基礎日額の**6割**が支給されます。

休業給付は、連続して休まなくても、休業4日目から支給されます。

過去問チャレンジ

労働者災害補償保険の保険料は、労働者と事業主が折半で負担する。

[19年9月・学科]

✕　労災保険は保険料の全額を事業主が負担します。

---

9 雇用保険

重要度 A

雇用保険は、被保険者が失業したときや、教育訓練を受けたときなどに、失業等給付を支給する保険です。一定の条件を満たしたすべての労働者が対象です。ただし、**経営者である社長や役員、個人事業主およびその家族は、雇用保険に加入できません**。

雇用保険の保険料

　保険料は**事業主と被保険者の両方が負担**します。その負担割合や保険料率は業種によって異なります。

雇用保険の主な給付内容

　雇用保険では主に次のような内容に対して給付されます。どのようなケースがあるのか把握しておきましょう。

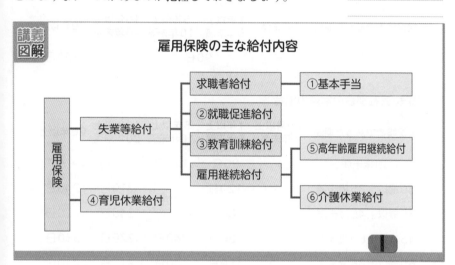

講義図解

雇用保険の主な給付内容

雇用保険 ─ 失業等給付 ─ 求職者給付 ─ ①基本手当
　　　　　　　　　　　　②就職促進給付
　　　　　　　　　　　　③教育訓練給付
　　　　　　　　　　　　雇用継続給付 ─ ⑤高年齢雇用継続給付
　　　　　　　　　　　　　　　　　　　⑥介護休業給付
　　　　　④育児休業給付

①基本手当

　働く意思と能力があって、求職活動を行っているにもかかわらず、職に就けない失業者に対する給付です。

　対象者は、原則として離職日以前の**2年間**に被保険者期間が**通算12カ月以上**あることが必要です。倒産や解雇など、会社都合の場合は、離職前の1年間に被保険者期間が6カ月以上あれば基本手当を受給できます。

・基本手当の給付内容

　離職前6カ月間の賃金日額の45％（60歳未満は50％）〜80％が支払われます。

・基本手当の給付日数

基本手当の給付日数は、自己都合や会社都合など、失業の理由や年齢によって異なります。

基本手当の給付日数

自己都合による離職および定年退職の場合

被保険者であった期間	1年未満	1年以上5年未満	5年以上10年未満	10年以上20年未満	20年以上
全年齢	—	90日		120日	150日

倒産、会社都合の解雇の場合

被保険者であった期間	6カ月以上1年未満	1年以上5年未満	5年以上10年未満	10年以上20年未満	20年以上
30歳未満	90日	90日	120日	180日	—
30歳以上35歳未満		120日	180日	210日	240日
35歳以上45歳未満		150日		240日	270日
45歳以上60歳未満		180日	240日	270日	330日
60歳以上65歳未満		150日	180日	210日	240日

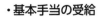

・基本手当の受給

基本手当の受給は、自分が住む地域の公共職業安定所（ハローワーク）が窓口になります。事業主から受け取った離職票を提出し、求職の申し込み後、**7日間は待期期間**となります。自己都合の離職の場合、その後、**原則2カ月間（最長3カ月）の給付制限**となり、基本手当を受給できません。

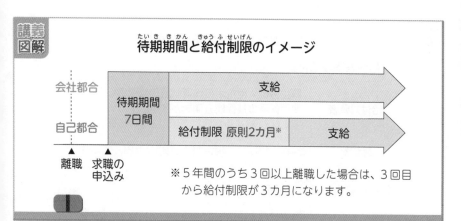

待期期間と給付制限のイメージ

会社都合

自己都合

待期期間
7日間

支給

給付制限 原則2カ月※　　支給

離職　　求職の
申込み

※5年間のうち3回以上離職した場合は、3回目
から給付制限が3カ月になります。

過去問チャレンジ

雇用保険の基本手当を受給するためには、倒産、解雇、雇止めなどの場合を除き、原則として、離職の日以前（　①　）に被保険者期間が通算して（　②　）以上あることなどの要件を満たす必要がある。

1) ①1年間　　②6カ月

2) ①2年間　　②6カ月

3) ①2年間　　②12カ月　　　　　　　　　　　　　[23年9月・学科]

3 記述のとおりです。

---

②就職促進給付

就職促進給付は、基本手当の受給中に就職が決まった場合、一定の条件を満たしている人に支給される手当です。

③教育訓練給付

労働者や失業者が雇用の安定と再就職の促進を図るために厚生労働大臣指定の講座を受講し、修了した場合に、その費用の一部が支給されます。**一般教育訓練給付金、特定一般教育訓練給付金**等があります。

主な教育訓練に関する給付内容

一般教育訓練給付金

給付対象者	・厚生労働大臣指定の教育訓練の修了者 ・雇用保険の被保険者期間が3年以上 （初めて受給する場合は1年以上）の被保険者
給付額	受講費用の20%相当額（上限10万円）を支給

<ruby>特定<rt>とくてい</rt></ruby><ruby>一般教育訓練給付金<rt>いっぱんきょういくくんれんきゅう ふ きん</rt></ruby>

給付対象者	・厚生労働大臣指定の業務独占資格などの資格取得を目標とする教育訓練の修了者 ・雇用保険の被保険者期間が3年以上 （初めて受給する場合は1年以上）の被保険者
給付額	受講費用の40%相当額（上限20万円）を支給

④<ruby>育児休業給付<rt>いく じ きゅうぎょうきゅう ふ</rt></ruby>

育児休業中の被保険者に対する給付です。原則、育児休業開始前2年間に被保険者期間が通算12カ月以上ある被保険者が、原則1歳（最長2歳）になるまでの子を育てるために取得した育児休業期間中、賃金が支払われない場合、休業前賃金の67％（181日目からは50％）相当額が支給されます。

レック先生の
ズバッと解説

2022年10月1日から育児休業給付とは別枠で「出生時育児休業給付金（産後パパ育休）」が設けられています。

過去問チャレンジ

雇用保険の育児休業給付金の額は、当該育児休業給付金の支給に係る休業日数が通算して180日に達するまでは、1支給単位期間当たり、原則として休業開始時賃金日額に支給日数を乗じて得た額の（　　）相当額となる。

1) 50％
2) 67％
3) 75％

[21年9月・学科]

2 記述のとおりです。

雇用継続給付

雇用の継続を目的として行う給付です。**雇用継続給付**には、高年齢雇用継続給付、介護休業給付があります。

⑤高年齢雇用継続給付

60歳以降も継続して働く場合、60歳到達時の賃金に比べて収入が75％未満になった高齢者に対して給付されます。高年齢雇用継続給付には、**高年齢雇用継続基本給付金**と**高年齢再就職給付金**があります。

高年齢雇用継続給付の給付内容

	高年齢雇用継続基本給付金	高年齢再就職給付金
給付対象者	60歳以降もそのまま継続して雇用される人	雇用保険の基本手当を受給後、再就職した人
条件	・60歳以上65歳未満の被保険者 ・雇用保険の被保険者期間が**5年以上** ・60歳時点に比べて賃金月額が**75％未満**	
給付額	各月の賃金の最大**15％**相当額	

⑥介護休業給付

家族の介護のために介護休業を取得した被保険者が対象です。介護休業期間中、賃金が支払われない場合、休業前賃金の**67％**相当額が支給されます。同一の対象家族の介護について**通算93日**（3回まで分割できる）が限度です。

5 公的年金の基本

日本は国民全員が公的年金に加入する国民皆年金制度を採用しています。公的年金への加入は原則、20歳から。老後だけでなく、思いがけない事故や病気、子どもを残しての死亡など、人生のリスクに対応できます。なお、断りのない限り、新規裁定の金額を記載しています。

1 公的年金の種類

重要度 B

公的年金には、日本に住んでいる20歳以上60歳未満のすべての人の加入が義務付けられた**国民年金（基礎年金）**と、会社員や公務員などが加入する**厚生年金**の2つがあります。会社員や公務員などは国民年金に加入した上で、さらに厚生年金にも加入しています。

なお、2022年4月から成人年齢が20歳から18歳に引き下げられていますが、国民年金の加入は原則、20歳からのままです。

用語の意味

年金制度
強制加入の公的年金と、公的年金に上乗せする任意加入の私的年金があります。

ワンポイント

1階の国民年金の上に厚生年金が積み上がっているので、日本の公的年金は2階建てだといわれます。

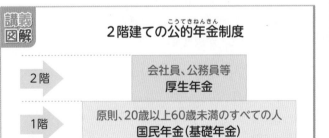

講義図解

2階建ての公的年金制度

2階	会社員、公務員等 **厚生年金**
1階	原則、20歳以上60歳未満のすべての人 **国民年金（基礎年金）**

国籍は問わない

2 公的年金のしくみ

重要度 A

国民年金の被保険者は3つに分けられており、自営業者や学生等は**第1号被保険者**、会社員や公務員等は**第2号被保険者**、第2号被保険者に扶養されている配偶者は**第3号被保険者**となります。

保険料と納付

第1号被保険者は20歳から60歳になるまで国民年金保険料を納付します。保険料は16,980円（2024年度）で、納付書や口座振替などによって支払います。第2号被保険者は、標準報酬月額及び標準賞与額に保険料率を掛けて算出された厚生年金保険料を給与天引きで徴収されます（厚生年金保険料には国民年金保険料の分も含まれています）。なお、会社員や公務員であれば20歳未満でも60歳以上でも第2号被保険者として加入します。第3号被保険者は保険料負担はありません。

保険料が支払えず、滞納した分を後から納付する場合、過去に遡って、2年分まで納付できます。

国民年金の保険料

	第1号被保険者	第2号被保険者	第3号被保険者
対象者	自営業者、学生、無職	会社員、公務員	第2号被保険者に扶養されている配偶者
年齢要件	20歳以上60歳未満	なし※	20歳以上60歳未満
保険料	国民年金保険料 16,980円（2024年度）	厚生年金保険料（国民年金保険料の分も含む）標準報酬月額×18.30%標準賞与額×18.30%労使折半	負担なし

※65歳以上の老齢給付の受給権を有する場合を除く

任意加入被保険者

　国民年金に任意で加入する人のことを、任意加入被保険者と呼びます。例えば60歳以上65歳未満の人が年金受給額を満額に近づけるために加入するケースや、海外に在住する日本国籍を持つ人も加入することができます。

国民年金保険料の免除と猶予制度

　経済的に困難で国民年金の保険料を支払うことができない場合、保険料の支払い免除や、納付を猶予してもらえる制度があります。

　保険料を滞納した場合、後から納付できるのは原則２年分になりますが、保険料の免除や猶予を受けた場合は、10年以内であれば「追納」（後から納付すること）ができます。

ナビゲーション

保険料の免除や猶予を受けた場合でも、その期間分の保険料を追納しておくと、年金を多く受け取ることができます。

保険料の免除制度

法定免除	・障害基礎年金を受給している人 ・生活保護を受けている人 　→届け出によって全額免除
申請免除	・前年の所得が一定以下の人 　→申請して認められれば全額または一部を免除。免除は全額、3/4、半額、1/4の4段階
産前産後期間の免除	・原則、出産予定日または出産日が属する月の前月※から4カ月間は、国民年金保険料が免除される

※多胎妊娠の場合は3カ月前から6カ月間免除される

保険料の猶予制度

学生納付特例制度	・20歳以上の学生で学生本人の前年の所得が一定以下の人 →申請によって納付を猶予
納付猶予制度	・50歳未満で本人および配偶者の前年の所得が一定以下の人 →申請によって納付を猶予

過去問チャレンジ

国民年金の保険料免除期間に係る保険料のうち、追納することができる保険料は、追納に係る厚生労働大臣の承認を受けた日の属する月から過去10年以内の期間に係るものに限られる。

[21年1月・学科]

○ 設問のとおりです。

3 公的年金の給付

重要度 B

公的年金の給付には、**老齢給付**、**障害給付**、**遺族給付**の3種類があります。老齢給付は65歳から終身給付が受けられる年金のこと。障害給付は重い障害が残った際に支給され、遺族給付は受給者等が死亡したときに、遺族に支給されます。

公的年金の給付は
3つあるんだね！

4 老齢基礎年金の受給

老齢基礎年金は、受給資格期間が10年（120カ月）以上ある被保険者が、65歳から受け取ることができます。受給資格期間とは、保険料納付済期間、保険料免除期間、合算対象期間の合計のことです。

受給する年金額は、保険料を納付した受給資格期間によって異なります。480月（20歳〜60歳までの40年間×12カ月）すべて保険料を納付した場合、受け取る年金額が満額になります。

老齢基礎年金の受給資格期間

下の3つの期間を合計します。

保険料 納付済期間	+	保険料免除期間	+	合算対象期間	≧ 10年
・産前産後期間の 免除含む		・法定免除 ・申請免除 ・学生納付特例期間 ・納付猶予期間		加入が任意である期間に被保険者にならなかった期間 例）海外在住など	

受給資格期間を算出するときは、合算対象期間を算入します

老齢基礎年金の年金額

老齢基礎年金の年金額は、毎年度改定されます。

老齢基礎年金の年金額（2024年度）

満額 816,000円

老齢基礎年金の年金額の計算

保険料免除期間が
ない場合 → $816,000円 \times \dfrac{保険料納付済期間}{480月}$

保険料免除期間が
ある場合 → $816,000円 \times \dfrac{保険料納付済期間 + 保険料免除期間 ❶ + ❷}{480月}$

保険料免除期間については、下記のとおり免除の時期によって
年金額に反映される割合が異なります。

❶2009年3月までの免除期間

$$816,000円 \times \dfrac{保険料納付済月数 + 全額免除月数 \times \dfrac{2}{6} + 3/4免除月数 \times \dfrac{3}{6} + 半額免除月数 \times \dfrac{4}{6} + 1/4免除月数 \times \dfrac{5}{6}}{480月（40年 \times 12カ月）}$$

❷2009年4月以降の免除期間

$$816,000円 \times \dfrac{保険料納付済月数 + 全額免除月数 \times \dfrac{4}{8} + 3/4免除月数 \times \dfrac{5}{8} + 半額免除月数 \times \dfrac{6}{8} + 1/4免除月数 \times \dfrac{7}{8}}{480月（40年 \times 12カ月）}$$

例）保険料納付済月数：420カ月、全額免除月数：20カ月、
　　1/4免除期間：40カ月の場合の老齢基礎年金の年金額はいくらか。
　　※免除期間が、すべて2009年4月以降の場合。

$$816,000円 \times \dfrac{420月 + 20月 \times 4/8 + 40月 \times 7/8}{480月} = 790,500円$$

※端数がある場合、1円未満は
四捨五入

年金額を計算するときは、
合算対象期間や猶予期間は算入しません

老齢基礎年金の繰上げ支給と繰下げ支給

　年金は65歳から受給できますが、65歳よりも早く受け取ることを繰上げ、65歳よりも遅く受け取ることを繰下げといいます。

　繰上げは60歳から64歳まで受給を早めることができます。繰上げは一度請求すると取消しできません。繰下げは66歳から75歳まで受給を遅らせることができます。なお、75歳まで繰下げられるのは2022年4月1日以降に70歳に到達する人です。

　2022年4月1日以降に60歳に到達する人が繰上げをすると受給額は1カ月あたり0.4％減額され、繰下げをすると受給額は1カ月あたり0.7％増額になります。支給開始後は、減額・増額された年金が一生涯支給されます。

講義図解

老齢基礎年金の繰上げと繰下げ（原則）

繰上げ支給　　←―――――　通常　　―――――→　　繰下げ支給

| 60歳 | 61歳 | 62歳 | 63歳 | 64歳 | 65歳 | 66歳 | 67歳 | …… | 74歳 | 75歳 |

繰上げた月数×0.4％減額
早くもらえる分、年金額が減額

繰下げた月数×0.7％増額
遅くもらう分、年金額が増額

過去問チャレンジ

65歳到達時に老齢基礎年金の受給資格期間を満たしている者が、67歳6カ月で老齢基礎年金の繰下げ支給の申出をし、30カ月繰り下げた場合、老齢基礎年金の増額率は、（　　）となる。
 1）　12％
 2）　15％
 3）　21％

[23年1月・学科]

3　繰下げで受給開始を30月遅らせたので、30月×0.7％＝21％の増額です。

付加年金
（ふ　か　ねんきん）

　付加年金とは、第1号被保険者等の年金の上乗せ制度です。月額400円を国民年金保険料にプラスして納付することで、65歳から付加年金の**納付月数×200円**が、老齢基礎年金の年額に加算されて支払われます。

　なお、付加年金と国民年金基金（後述）の両方に加入することはできません。

レック先生のズバッと解説

第1号被保険者の年金は1階部分のみ。そこで上乗せできる制度が付加年金です。そのほか国民年金基金もあります。併用できず、どちらかを選択します。

講義図解

付加保険料と付加年金の金額

原則65歳〜

〈払う〉
付加保険料
月額400円

〈もらう〉
付加年金額（年額）
200円×納付月数

基礎年金に
上乗せされる額

例）付加年金に10年間加入した場合

　　納付額 → 400円×12月×10年＝48,000円
　　付加年金額（年額）→ 200円×12月×10年＝**24,000円**

　付加年金は2年（24,000円×2年＝48,000円）で元がとれる。

計算してみて。
2年で元がとれるから
お得な制度だよ

5 老齢厚生年金の受給

<ruby>老齢厚生年金<rt>ろうれいこうせいねんきん</rt></ruby>

重要度 **A**

会社員や公務員が加入する厚生年金は、公的年金制度の2階部分になります。老齢厚生年金は老齢基礎年金の上乗せとして支払われます。老齢基礎年金を受給できない人には老齢厚生年金は支給されません。

老齢厚生年金は何らかの公的年金に10年（120カ月）以上加入し、厚生年金加入期間が1カ月以上ある被保険者が、65歳から受け取ることができます。

特別支給の老齢厚生年金

<ruby>特別支給<rt>とくべつしきゅう</rt></ruby> <ruby>老齢厚生年金<rt>ろうれいこうせいねんきん</rt></ruby>

何らかの公的年金に10年以上加入し、厚生年金の加入期間が1年以上ある人は、生年月日によっては、65歳未満でも特別支給の老齢厚生年金が受給できます。

特別支給の老齢厚生年金は**報酬比例部分**（在職時の給与などに比例した金額）と定額部分（加入期間などから算出される金額）に分かれています。受給できる年齢はそれぞれ段階的に引き上げられ、最終的に65歳になります（会社員の女性は5年遅れ）。

> **レック先生のズバッと解説**
>
> 法律改正により、厚生年金の受給開始年齢が60歳から65歳に引き上げられましたが、受給目前の人が5年も先延ばしになるのは混乱するため、段階的な引き上げのために、特別支給の老齢厚生年金が設けられました。

講義図解

老齢厚生年金の受給資格

<ruby>受給資格<rt>じゅきゅうしかく</rt></ruby>

60歳	65歳
特別支給の老齢厚生年金	老齢厚生年金

受給資格	
老齢基礎年金の受給資格期間（10年）以上あること **保険料納付済期間＋保険料免除期間＋合算対象期間≧10年**	

厚生年金の加入期間	
1年以上	1カ月以上

特別支給の老齢厚生年金は60歳から64歳まで段階的に引き上げられます（次ページの講義図解参照）。

会社員の老齢厚生年金の受給内容と受給開始年齢

報酬比例部分と定額部分の支給開始年齢が段階的に引き上げられ、最終的に65歳からの受給になります。

[支給開始年齢] [生年月日]	60歳	61歳	62歳	63歳	64歳	65歳～
		特別支給の老齢厚生年金				老齢厚生年金
男性：1941年4月1日以前 女性：1946年4月1日以前		報酬比例部分				老齢厚生年金
		定額部分				老齢基礎年金
男性：1941年4月2日～1949年4月1日 女性：1946年4月2日～1954年4月1日		定額部分引き上げ（61～64歳）				
男性：1949年4月2日～1953年4月1日 女性：1954年4月2日～1958年4月1日		報酬比例部分				老齢厚生年金 老齢基礎年金
男性：1953年4月2日～1955年4月1日 女性：1958年4月2日～1960年4月1日		報酬比例部分引き上げ				
男性：1955年4月2日～1957年4月1日 女性：1960年4月2日～1962年4月1日						
男性：1957年4月2日～1959年4月1日 女性：1962年4月2日～1964年4月1日						
男性：1959年4月2日～1961年4月1日 女性：1964年4月2日～1966年4月1日						
男性：1961年4月2日以降 女性：1966年4月2日以降						老齢厚生年金 老齢基礎年金
（女性は5年遅れ）						65歳から支給

定額部分引き上げ

報酬比例部分引き上げ

経過的加算
<small>けい か てき か さん</small>

65歳からは老齢厚生年金と老齢基礎年金が支給されます。それまでの報酬比例部分が老齢厚生年金に、定額部分が老齢基礎年金に相当します。ただ、定額部分の方が老齢基礎年金の額よりも多くなるため、その差額が経過的加算としてプラスされます。

配偶者加給年金と振替加算
<small>はいぐうしゃ か きゅうねんきん ふりかえ か さん</small>

厚生年金の加入期間が20年以上の人が原則65歳に到達した時点で条件を満たす配偶者（65歳未満）または子ども（原則、18歳到達年度末まで）がいる場合、加給年金がプラスされます。特別支給で65歳に到達する前に定額部分を受給する場合も加給年金がプラスされます。

加給年金は配偶者が65歳になると支給されなくなりますが、その代わりに配偶者の年齢に応じた振替加算が、配偶者（1966年4月1日生まれ以前の場合に限る）の老齢基礎年金に加算されます。

レック先生の ズバッと解説

加給年金額は家族手当のようなもの。被保険者が65歳になってもその人によって生計を維持している一定の配偶者や子どもがいる場合に加算されます。

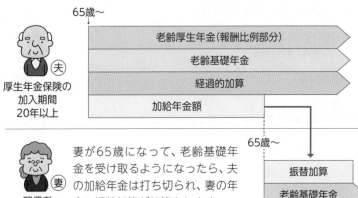

講義図解

配偶者加給年金と振替加算

例）1964年5月1日生まれの夫と妻（1歳年下＆専業主婦）の場合。

65歳〜

夫

厚生年金保険の加入期間20年以上

| 老齢厚生年金（報酬比例部分） |
| 老齢基礎年金 |
| 経過的加算 |
| 加給年金額 |

妻

配偶者

妻が65歳になって、老齢基礎年金を受け取るようになったら、夫の加給年金は打ち切られ、妻の年金に振替加算が加算されます。

65歳〜

| 振替加算 |
| 老齢基礎年金 |

過去問チャレンジ

厚生年金保険の被保険者期間が原則として（ ① ）以上ある者が、老齢厚生年金の受給権を取得した当時、当該受給権者と生計維持関係にある（ ② ）未満の配偶者が所定の要件を満たしている場合、当該受給権者が受給する老齢厚生年金に加給年金額が加算される。

1）① 10年　　② 60歳
2）① 20年　　② 65歳
3）① 25年　　② 70歳

[21年1月・学科]

2　配偶者加給年金は、厚生年金保険に20年以上加入した人が老齢厚生年金を受給する65歳時点で、要件を満たす65歳未満の配偶者がいる場合に加算されます。

老齢厚生年金の繰上げ支給と繰下げ支給

　老齢厚生年金も老齢基礎年金と同様に、年金の繰上げ、繰下げができます。増額・減額の割合は老齢基礎年金と同じです。

レック先生のズバッと解説

繰上げは、老齢基礎年金と老齢厚生年金を同時に請求しなければいけません。

講義図解

老齢厚生年金の繰上げと繰下げ（原則）

繰上げ支給　←──　通常　──→　繰下げ支給

| 60歳 | 61歳 | 62歳 | 63歳 | 64歳 | 65歳 | 66歳 | 67歳 | …… | 74歳 | 75歳 |

繰上げた月数 × 0.4%減額
老齢基礎年金の繰上げと同時

繰下げた月数 × 0.7%増額
老齢基礎年金の繰下げと同時にしなくてよい
（66歳以降であれば請求できる）

在職老齢年金（60歳以降も会社で働く場合）

60歳以降も引き続き厚生年金保険適用事業所で働く場合に受け取る老齢厚生年金のことを、在職老齢年金といいます。年金額は受け取る給料と年金額に応じて減額されます。

ワンポイント

在職老齢年金の総報酬月額相当額は、標準報酬月額＋（1年間の標準賞与額÷12カ月）になります。

在職老齢年金の支給

	60歳〜64歳	65歳〜69歳	70歳以降
総報酬月額相当額＋基本月額	50万円を超える		
基本月額（報酬比例部分等）	減額される		
厚生年金保険料	負担あり	負担あり	負担なし

老後も働くなら知っておきたいね！

---

6 障害給付の受給　　重要度 B

病気やケガをしたことで障害者となってしまった場合、一定の要件を満たすことで**障害給付**を受けることができます。障害給付には**障害基礎年金**と**障害厚生年金**があります。障害の程度によって障害基礎年金は1級と2級に分かれ、障害厚生年金は1級、2級、3級があり、別途障害手当金（一時金）があります。

障害給付の内容

		障害の程度			
重 ←					→ 軽

障害給付	障害厚生年金			一時金
	1級	2級	3級	障害手当金
	障害基礎年金			
	1級	2級		

障害基礎年金の受給要件

・初診日に国民年金の被保険者であること等。

・障害認定日に障害の等級が1級、2級に該当していること。

・初診日の前日において、初診日の属する月の前々月までに

原則： 保険料納付済期間＋保険料免除期間が全被保険者期間の2/3以上あること。

特例： 原則の要件を満たさない場合は、直近1年間に保険料の滞納がないこと。

障害基礎年金の計算式
（子どもがいる場合）

[1級] 老齢基礎年金の満額×1.25倍＋子の加算額※

[2級] 老齢基礎年金の満額＋子の加算額※

※第1子、第2子は各234,800円
　第3子以降は各78,300円

用語の意味

障害認定日
障害の程度を定める日のことで、初診日から1年6カ月以内で傷病が治った日（症状が固定した日）。治らない場合は1年6カ月を経過した日のこと。

ワンポイント

老齢基礎年金の年金額（2024年度）の満額の年額が816,000円になります。

障害厚生年金の受給資格

（しょうがいこうせいねんきん）

・初診日に厚生年金の被保険者であること。

・障害認定日に障害の等級が1級、2級、3級に該当すること。

・3級より軽度の一定の障害は、障害手当金を支給。

・保険料の納付要件は障害基礎年金と同じになります。

レック先生の
ズバッと解説

障害基礎年金では子の加算、障害厚生年金では配偶者の加算があります。受給資格もそれぞれ異なるので、その違いを理解しておきましょう。

講義図解

障害厚生年金等の計算式

[1級] 報酬比例部分の年金額×1.25倍＋配偶者加給年金※
（はいぐうしゃ か きゅうねんきん）

[2級] 報酬比例部分の年金額＋配偶者加給年金※

[3級] 報酬比例部分の年金額

[障害手当金（一時金）] 報酬比例部分の年金額×2倍

※234,800円

7 遺族給付の受給

重要度 **B**

公的年金の被保険者や、被保険者であった人（年金受給者等）が死亡したときに、残された遺族の生活保障を目的に支給されるのが**遺族給付**です。遺族給付には**遺族基礎年金**と**遺族厚生年金**があります。

> **レック先生のスバッと解説**
>
> 受給できる範囲からわかるように、遺族基礎年金は子どもを養育するための年金です。

遺族基礎年金を受給できる遺族の範囲

 講義図解

受給できる遺族の範囲

死亡した人に生計を維持されていた**子**または**子のある配偶者**
（妻だけでなく、父子家庭となった父も該当します。）

 または

子　　　　子のある配偶者

【子の要件】

①18歳到達年度の末日（18歳になって最初の3月31日）までの未婚の子。または、②20歳未満で障害等級1級または2級に該当する未婚の子（年金法上の子の要件は他の年金給付においても同じです）。

過去問チャレンジ

遺族基礎年金を受給することができる遺族は、国民年金の被保険者等の死亡の当時、その者によって生計を維持され、かつ、所定の要件を満たす「子のある配偶者」または「子」である。
[24年1月・学科]

○ 記述のとおりです。

遺族基礎年金の受給要件

①国民年金の被保険者である、または被保険者であった60歳以上65歳未満の者で、国内に住所を有していた、②老齢基礎年金の受給権者であった、または老齢基礎年金の受給資格期間を満たしている、のいずれかに該当する者が亡くなったとき。

①の場合は保険料納付状況が確認されます。内容は障害基礎年金の受給要件（P61）の原則・特例と同じです（「初診日」を「死亡日」に置き換えます）。②の場合は受給資格期間が25年以上あることが必要です。

遺族基礎年金の計算式
（配偶者が受け取る場合）

老齢基礎年金の満額＋子の加算額

※第1子、第2子は各234,800円
　第3子以降は各78,300円

寡婦年金と死亡一時金

国民年金の第1号被保険者の独自の給付制度です。遺族基礎年金を受給できない場合、それまでに納付した保険料が掛捨てにならないように、**寡婦年金と死亡一時金**があります。両方の要件を満たす場合は、どちらか一方しか受けることができません。

寡婦年金の受給資格

受給資格期間（10年以上）を満たした夫が年金を受け取らずに死亡した場合、妻が受給できる

夫との婚姻期間が10年以上あった場合

受給期間は妻が60歳から65歳に達するまでの間

レック先生の
スバッと解説

寡婦年金はその名称の通り、「婦」にあたる女性に支給されるものなので、夫には支給されません。

死亡一時金の受給資格

国民年金保険料の納付済期間等が合計**3年以上**（第1号被保険者としての期間）あった人が年金を受け取らずに死亡し、遺族が遺族基礎年金を受け取れない場合に受給できる。

子のない妻は遺族基礎年金を受け取れませんが、死亡一時金を受給できます。

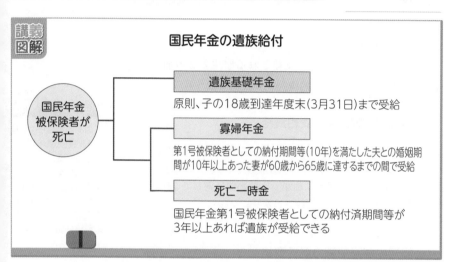

講義図解

国民年金の遺族給付

国民年金被保険者が死亡

→ **遺族基礎年金**
原則、子の18歳到達年度末（3月31日）まで受給

→ **寡婦年金**
第1号被保険者としての納付期間等（10年）を満たした夫との婚姻期間が10年以上あった妻が60歳から65歳に達するまでの間で受給

→ **死亡一時金**
国民年金第1号被保険者としての納付済期間等が3年以上あれば遺族が受給できる

遺族厚生年金を受給できる遺族の範囲

死亡した人の一定の家族が受給できます。受給には優先順位があり、最も順位の高い人にのみ支給されます（子のない妻にも支給される。兄弟姉妹には支給されない）。

遺族厚生年金を受給できる遺族の優先順位

第1順位	夫（55歳※以上）・妻（年齢要件なし）・子
第2順位	父母（55歳※以上）
第3順位	孫
第4順位	祖父母（55歳※以上）

※年金の受け取りは、60歳から

孫の要件は子と同じく、18歳到達年度末日（18歳になった後の3月31日）までの未婚の者、または20歳未満の1級・2級障害の未婚の者となっています。

遺族厚生年金の計算式

老齢厚生年金の報酬比例部分×3/4

※被保険者期間が300月に満たないときは、
300月（短期要件の場合）で計算する

中高齢寡婦加算

夫が死亡したときに妻に支給される厚生年金の加算給付に中高齢寡婦加算や経過的寡婦加算があります。

中高齢寡婦加算の受給資格

夫が死亡したときに40歳以上65歳未満の子のない妻、または子がある場合は40歳以上65歳未満で遺族基礎年金が受け取ることができない妻に対して、遺族厚生年金に一定額が加算されます。

経過的寡婦加算の受給資格

65歳になり、中高齢寡婦加算の支給が打ち切られて年金が減少する分を補うための制度（1956年4月1日以前生まれに限る）。

ナビゲーション

子のある妻は子が原則18歳到達年度末になると遺族基礎年金が打ち切りになります。妻自身の老齢基礎年金が受け取れる65歳まで、中高齢寡婦加算でつなぎます。

妻の遺族給付イメージ

例）夫死亡時：
妻 40歳
子 12歳 の場合

夫死亡時 妻40歳	46歳	65歳
遺族厚生年金		
遺族基礎年金（国民年金より）	中高齢寡婦加算（厚生年金より）	老齢基礎年金
子12歳	子18歳 遺族基礎年金受給終了	妻65歳 中高齢寡婦加算受給終了

過去問チャレンジ

遺族厚生年金の額（中高齢寡婦加算額および経過的寡婦加算額を除く）は、原則として、死亡した者の厚生年金保険の被保険者記録を基礎として計算した老齢厚生年金の報酬比例部分の額の3分の2に相当する額である。

[22年1月・学科改]

✕ 遺族厚生年金の額は、死亡した者の老齢厚生年金の報酬比例部分の額の4分の3に相当する額です。

8 年金と税金

重要度 B

公的年金の保険料の支払いをしたときには、その全額が社会保険料控除の対象となります。一方、老齢基礎年金や老齢厚生年金を受け取った場合には、所得を得ることになるので、税金を納める必要があります。ただし、その分に関しては公的年金等控除が適用され、通常の所得よりも税金が少なく計算されるようになっています。

公的年金の保険料支払いや
受け取りに関する税金

保険料の支払い	年金の受け取り	
国民年金、厚生年金など	老齢基礎年金、老齢厚生年金	障害給付、遺族給付
↓	↓	↓
社会保険料控除	雑所得として課税（公的年金等控除あり）	非課税

老齢年金は「課税所得」になるんだね

6 企業・個人事業主の年金

日本は世界屈指の長寿国です。老後のために国民全員が公的年金に加入していますが、その年金に上乗せできる年金が用意されています。生活に余裕があるのなら、老後の備えは多い方が安心。このような年金で老後の不安を軽減することができます。

1 企業年金の種類 　　　　重要度 C

　企業によっては任意の年金制度として**企業年金等**を設けています。会社員は国民年金と厚生年金の2つに加入していますが、企業年金等はそれらの公的年金を補うことが目的の**私的年金**です。

　企業年金には**確定給付型**（かくていきゅうふがた）と**確定拠出型**（かくていきょしゅつがた）があります。確定給付型は将来、受け取る給付額が確定している年金。確定拠出型は一定の掛金を運用することで将来の年金額が決まります。

確定給付型と確定拠出型の違い

企業年金	仕組み	年金の種類
確定給付型	受け取る給付額が確定	確定給付企業年金
確定拠出型	拠出額（掛金）が確定	確定拠出年金（企業型）

2 確定拠出年金 　　　　重要度 B

　確定拠出年金は、一定の掛金を拠出し、その運用成果で将来受け取れる年金額が異なります。企業型と**個人型** (iDeCo)（イデコ）があり、掛金は、原則、企業型は会社が、個人型は加入者本人が拠出し、運用はいずれも加入者本人が行います。

　なお、通算の加入者等期間が**10年以上**ある人は、**60歳**から老齢給付金を受給できます。ただし、**75歳**までに受給を開始しなければいけません。

用語の意味

DC、DB
一般的に、確定拠出年金は DC、確定給付企業年金は DB といわれています。

かくていきょしゅつねんきん
確定拠出年金の概要

2024年4月時点

	企業型	個人型（iDeCo）
加入対象者	最長70歳未満の厚生年金被保険者 企業型年金規約の承認を受けた実施企業に勤務する従業員	最長65歳未満の国民年金被保険者 ①自営業者等（第1号被保険者） ②厚生年金保険の被保険者 　（第2号被保険者） ③専業主婦（夫）等（第3号被保険者） ④任意加入被保険者
掛金	事業主（規約に定めた場合は加入者も拠出可能）	加入者
拠出限度額	確定給付型の年金を実施している場合としていない場合とで異なる	①④**第1号被保険者等**： 　**年816,000円／月68,000円** 　国民年金基金の加入者の場合等はその掛金と合わせた額 ②**厚生年金保険の被保険者のうち** ●企業型確定拠出年金のみに加入している場合： 　**年240,000円／月20,000円**※1 ●確定給付型の年金に加入している場合（企業型確定拠出年金にも加入している場合を含む）： 　**年144,000円／月12,000円**※1、※2 ●上記制度のいずれにも加入していない場合： 　**年276,000円／月23,000円** ●公務員： 　**年144,000円／月12,000円**※2 ③**第3号被保険者**： 　**年276,000円／月23,000円**

※1：企業型確定拠出年金の掛金と調整あり。

※2：2024年12月から、年240,000円／月20,000円になる（企業型確定拠出年金や企業年金等の掛金と調整あり）。

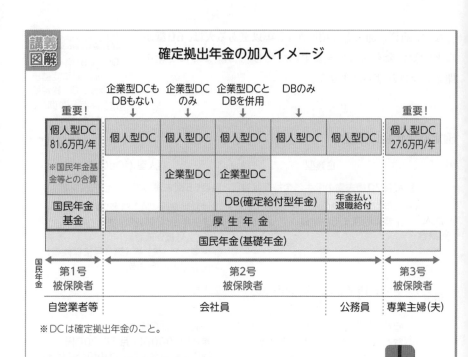

確定拠出年金の加入イメージ

	企業型DCもDBもない	企業型DCのみ	企業型DCとDBを併用	DBのみ		
重要! 個人型DC 81.6万円/年 ※国民年金基金等との合算	個人型DC	個人型DC	個人型DC	個人型DC	個人型DC	**重要!** 個人型DC 27.6万円/年
		企業型DC	企業型DC			
国民年金基金			DB(確定給付型年金)		年金払い退職給付	
			厚 生 年 金			
		国民年金(基礎年金)				

国民年金　第1号被保険者　｜　第2号被保険者　｜　第3号被保険者

自営業者等　｜　会社員　｜　公務員　｜　専業主婦(夫)

※ DCは確定拠出年金のこと。

確定拠出年金の税制優遇措置

　個人型の**確定拠出年金**の掛金は全額、小規模企業共済等掛金控除の対象となります。運用中の収益は非課税です。また、老齢給付金を**一時金として受け取った場合**には**退職所得**となり、退職所得控除の対象となります。年金として受け取った場合には雑所得となり、公的年金等控除の対象となります。

ワンポイント

転職や退職時に積み立てた年金資産を、個人型年金や転職先の会社の企業年金に移換することをポータビリティといいます。

過去問チャレンジ

確定拠出年金の個人型年金の加入者が国民年金の第1号被保険者である場合、原則として、掛金の拠出限度額は年額816,000円である。　　[22年1月・学科]

○　国民年金の第1号被保険者が確定拠出年金に加入する場合、国民年金基金等の掛金との合算で年額816,000円まで拠出できます。

中小企業退職金共済制度（中退共）

　中小企業退職金共済制度とは、中小企業が加入することができ、国の援助がある社外積立型の退職金制度です。

　原則として従業員全員が加入し、掛金は全額事業主負担となります。

掛金について

　掛金は月額で1人当たり5,000円～30,000円です。
　従業員ごとに任意で選択することもできます。

①新たに加入する事業主に対して

➡ 掛金の1/2（上限1人につき5,000円）を加入後
　4カ月目から1年間助成。

②掛金（月額18,000円以下）を増額する
事業主に対して

➡ 増額分の1/3を増額月から1年間助成。

掛金の税法上の取扱い

会社の場合 ‥‥‥‥‥‥ 全額損金に算入
個人事業主の場合 ‥‥‥ 全額経費に計上

・加入者は原則として企業の従業員全員。
・従業員が退職した場合、退職金は会社を経由せず
　直接支給される。

事業主が
掛金を負担して、
退職金を
準備するための
制度なんです！

自営業者の年金は**国民年金（基礎年金）**のみで、1階部分しかありません。その分、将来の年金額が少ないので、それを補うために**付加年金**または**国民年金基金**、**小規模企業共済**などの年金制度や退職金制度を利用することができます。

自営業者が利用できる年金・退職金制度

付加年金 ※第1章 5-4参照	**第1号被保険者※の国民年金の上乗せ制度** 国民年金保険料に月額**400円**を加算することで、65歳から付加保険料の納付月数×**200円**が老齢基礎年金に加算されて支払われます。 付加年金の額（年額） ＝付加保険料を支払った月数×**200円**
国民年金基金	**第1号被保険者※の国民年金の上乗せ制度** 確定拠出年金の掛金と合算して月額**68,000円**まで拠出できます。 ・掛金は加入時の年齢と性別によって異なる。全額が社会保険料控除の対象となる。 ・任意の脱退はできない。 ・加入は口数制で、給付の型は1口目は終身年金（A型・B型）、2口目以降は終身年金または確定年金から選択。 ・65歳または60歳から支給される。
小規模企業共済	**小規模企業の役員や 個人事業主の退職金制度** 掛金は月額**1,000円～70,000円**（年額最大**840,000円**）で、退職や廃業時に受け取り可能。 掛金の全額が**小規模企業共済等掛金控除**の対象になります。 共済金（死亡事由以外）を一括で受け取ると退職所得、分割で受け取ると雑所得となります。

ワンポイント

付加年金と国民年金基金の両方に加入することはできません。どちらかを選択することになります。

※65歳未満の任意加入被保険者も加入可能

過去問チャレンジ

国民年金基金の掛金の額は、加入員の選択した給付の型や加入口数によって決まり、加入時の年齢や性別によって異なることはない。

[22年9月・学科]

× 国民年金基金の掛金の額は、給付の型や口数が同じでも加入時の年齢や性別によって異なります。

会社員には厚生年金があるけど
自営業者にはない。
それを補う制度なんだ

7 クレジットカード

多くの人が保有するクレジットカード。それだけ日常生活に浸透している決済方法ですから、支払い方法の種類や、キャッシングに関する法規制などは押さえておくべきです。また、ネットでの買い物などで多用することも増えていますから、利用には注意が必要です。

1 クレジットカードと支払い方法　　重要度 B

　手元に現金がなくても、利用者の信用に基づいて代金後払いで買い物ができるクレジットカード。支払い方法には3種類あり、手数料がかかるものがあります。

クレジットカードの支払い方法

一括払い	分割払い	リボ払い (リボルビング払い)
1カ月分の利用金額を一括で支払う。ボーナス一括払いも可能	代金を12回や24回など、回数を決めて分割して支払う	毎月の支払額を一定の金額に固定して支払う等
手数料：なし	手数料：あり（3回以上）	手数料：あり

キャッシングとカードローン

　クレジットカードには現金が借りられる**キャッシング**の機能が付いているものもあります。ATMで操作すれば手軽に借りられますが、**貸金業者**からの**借入残高**は、本人の**年収**の1/3を超えてはいけないと、法律の**総量規制**で決められています。

　なお、銀行が提供する住宅ローンや自動車ローンなどのサービスは、総量規制の対象外です。

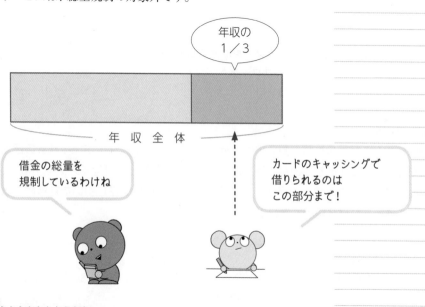

年収の
1／3

年 収 全 体

借金の総量を
規制しているわけね

カードのキャッシングで
借りられるのは
この部分まで!

▶ 過去問チャレンジ

　貸金業法の総量規制により、個人が貸金業者による個人向け貸付を利用する場合の借入合計額は、原則として、年収の（　　）以内でなければならない。

　　1）2分の1
　　2）3分の1
　　3）4分の1

[23年5月・学科]

　2　借り過ぎや貸し過ぎを防ぐため、貸金業者からの借入残高は、年収の1/3以内と総量規制で決められています。

ステップアップ講座

3級レベルの問題で
復習してみよう！

2級では与えられる資料のデータも詳細になり、
用語も多くなります。

Q1 財務分析

家計の健全性を見るツールは何でしょう？
A．キャッシュフロー表
B．バランスシート

正解：B

将来にわたる家計の推移を見るのはキャッシュフロー表。それに対し、家計の健全
性を見るために作成するのがバランスシートです。左半分に資産（プラスの資産）、
右側上に負債（マイナスの資産）、右側下に資産から負債を差し引いた純資産を記
入します。これは３級でも学びましたよね。

[資産の部]		[負債の部]	
○○○○	100万円	○○○○	130万円
○○○○	250万円		
○○○○	180万円	負債合計	130万円
		[純資産の部]	
		純資産合計	400万円
資産合計	530万円	負債・純資産合計	530万円

個人の生活と同様、企業においてはさらに財務状況の健全さが求められます。企業でもバランスシート（貸借対照表）を用いますが、企業活動においては個人と違い、資産の種類や持ち方なども少し複雑になります。2級ではコーポレートファイナンスについて掘り下げた問題が出題されるので、理解を深めていきましょう。

まず、資産の部、負債の部、いずれも単純に「資産」「負債」ではなく、1年以内に資産（負債）の動きがある「流動資産（負債）」と、1年を超えて動きがある「固定資産（負債）」に分類されているのが大きな特徴です。

2級では貸借対照表の穴埋め問題が出題されることがあるので、資産の部、負債の部、純資産の部、それぞれにどのような勘定科目が含まれるかを覚えておく必要があります。

	流動（1年以内）	固定（1年超）
資産の部	現金および預金 売掛金、受取手形 製品および商品　など	土地 建物 器具備品　など
負債の部	支払手形 買掛金 未払金　　など	長期借入金 社債　　など

	株主資本
純資産の部	資本金 利益剰余金　　など

ここまで理解できたかな？
それでは最近の過去問に
チャレンジしてみましょう！

2級の問題に
挑戦して
みよう！

Q 財務分析 　　　　　　　　　　　　　　　　　　　（2019年5月 問題10）

下記＜A社の貸借対照表＞に関する次の空欄（ア）～（エ）にあてはまる語句の組み合わせとして、最も適切なものはどれか。

＜A社の貸借対照表＞

項目	金額	項目	金額
［資産の部］		［負債の部］	
流動資産		（　イ　）	
現金及び預金	300	支払手形	400
（　ア　）	300	（　イ　）合計	400
製品及び商品	200	（　ウ　）	
流動資産合計	800	長期借入金	500
固定資産		（　ウ　）合計	500
有形固定資産	700	負債合計	900
固定資産合計	700		
		［純資産の部］	
		株式資本	
		資本金	200
		（　エ　）	400
		株主資本合計	600
		純資産合計	600
資産合計	1,500	負債・純資産合計	1,500

1．（ア）買掛金　　（イ）流動負債　　（ウ）固定負債　　（エ）社債
2．（ア）買掛金　　（イ）固定負債　　（ウ）流動負債　　（エ）社債
3．（ア）売掛金　　（イ）流動負債　　（ウ）固定負債　　（エ）利益剰余金
4．（ア）売掛金　　（イ）固定負債　　（ウ）流動負債　　（エ）利益剰余金

資産の部（ア）に入るのは売掛金ですから、この時点で選択肢3と4に絞られます。次に負債の部で支払手形が含まれる負債は流動負債ですから、この時点で正解は3と判断できます。（ウ）（エ）も見ていくと、（ウ）には長期借入金が含まれていますから固定負債、（エ）は株主資本に含まれるものなので利益剰余金となります。

それでは財務分析の資料としてもうひとつ、「損益計算書」も確認しておきましょう。損益計算書は企業の業績を知るための資料です。

＜損益計算書＞
株式会社○○○○
自20××年4月1日　至20××年3月31日

項目	金額
Ⅰ　売上高	50,000
Ⅱ　売上原価	25,000
［売上総利益］	25,000
Ⅲ　販売費及び一般管理費	5,000
［営業利益］	20,000
Ⅳ　営業外収益	1,200
Ⅴ　営業外費用	1,400
［経常利益］	19,800
Ⅵ　特別利益	800
Ⅶ　特別損失	2,400
［税引前当期純利益］	18,200
法人税等	7,300
［当期純利益］	10,900

貸借対照表の設問は
勘定科目を押さえておけば
攻略できるよ

売上高－売上原価　＝「売上総利益」
売上総利益－販売費および一般管理費　＝「営業利益」
営業利益＋営業外収益－営業外費用　＝「経常利益」
経常利益＋特別利益－特別損失　＝「税引前当期純利益」
税引前当期純利益－法人税等　＝「当期純利益」

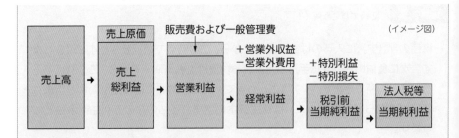

売上総利益：販売活動による利益（商品・サービスの稼ぐ力）

営業利益：営業活動による利益（本業としての稼ぐ力）

経常利益：経常的な活動による利益（財務・投資を含めた稼ぐ力）

税引前当期純利益：イレギュラーの事項を含めた税引前の会社全体の利益

当期純利益：税金を差し引いた当期の純利益

特にこの3つは重要！

Q 財務分析　　　　　　　　　　　　　　　　（2019年1月 問題10）

下記＜資料＞に基づき算出される物品販売業A社の財務比率に関する次の記述のうち、最も不適切なものはどれか。なお、問題の性質上、明らかにできない部分は「□□□」で示している。

＜資料＞

［A社の損益計算書］　（単位：百万円）

売上高	500
売上原価	300
□□□	200
販売費及び一般管理費	150
□□□	50
営業外収益	10
営業外費用	5
□□□	55
特別利益	8
特別損失	3
［税引前当期純利益］	60
法人税等	15
［当期純利益］	45

［A社のデータ］

・自己資本　　100百万円

・総資産　　1,000百万円

1．A社の売上高営業利益率は10％である。
2．A社の売上高経常利益率は11％である。
3．A社の総資産当期純利益率は4.5％である。
4．A社の自己資本比率は20％である。

正解：4　　2級ではこう解く！

本問は□□□を求めるのがゴールではなく、□□□部分を求めた上で、さらにこれらのデータを使いこなすことが必要とされる設問です。先ほどの説明から

200百万円：売上総利益
50百万円：営業利益
55百万円：経常利益　であることがわかります。

1）売上高営業利益率は、売上高に対する営業利益の割合を示します。したがって
　売上高営業利益率＝営業利益／売上高×100＝50百万円÷500百万円×100＝10％で適切。
2）売上高経常利益率は売上高に対する経常利益の割合を示します。したがって
　売上高経常利益率＝経常利益／売上高×100＝55百万円÷500百万円×100＝11％で適切。
3）総資産当期純利益率は総資産に対する当期純利益の割合を示します。したがって
　総資産当期純利益率＝当期純利益／総資産×100＝45百万円÷1,000百万円×100＝4.5％で適切。
4）自己資本比率は総資産に対する自己資本（純資産）の割合を示します。したがって
　自己資本比率＝自己資本／総資産×100＝100百万円÷1,000百万円×100＝10％で不適切。

初めて見る指標などもありますが、解答は設問で与えられたデータで必ず導けます。指標が示すものが何かということもあわせて理解しましょう。

売上高から当期純利益までの
利益の流れを覚えよう

1 ライフプランニングと資金計画
復習のまとめ

しっかり確認しましょう！
出題頻度の高い論点　総ざらい

・ライフプランニングと資金計画は、特に日本FP
　協会実技試験では最も多く出題される項目で
　す。この項目をしっかりマスターしておけば、
　かなりの得点源になるはずです。

・日本FP協会実技試験ではコンプライアンスと
　関連法規と6つの係数が毎回のように出題され
　ます。各士業との関連をしっかり頭に入れてく
　ださい。

・人生の3大資金からは奨学金の種類とそれぞれ
　の違いを理解しましょう。

・社会保険からは、老齢基礎年金と繰上げ・繰下
　げ支給、健康保険・雇用保険などの出題率が高
　くなっています。

リスク管理

人生に関わる様々なリスクへの対処方法として、保険で備えることも重要です。リスク管理に欠かせない保険について、保険料のしくみ、生命保険、損害保険といった各保険商品の内容、保険に関する税金についても学習していきます。

この章で
学ぶ内容

● 保険の基本
　生命保険と損害保険の違い、役割とは？

● リスク管理と保険
　適切な必要保障額は？
　保険金はどのようなときに給付される？

● 保険の税金
　保険料の支払い、受け取り時の税金を
　理解しよう

リスク管理

ここをしっかり押さえておけば問題の正解率がアップします。

リスク管理と保険

リスク管理と保険

リスクについて整理して考えてみよう
・自分や家族の生命、健康を損なうリスク
・不動産、車、動産などの財物が壊れたり、失うリスク
・他人への賠償責任のリスク　等々
リスクに対する経済的損失を補うために「保険」があり、
保険には公的保険と私的保険がある

私的保険は大きく3種類

取り扱い	保険分野	保険の対象と商品例
生命保険会社	生命保険	**人の生死に関わることに対して保障する保険** 終身保険／定期保険／養老保険…など
損害保険会社	損害保険	**偶然の事故などで発生した損害を補償する保険** 火災保険／自動車保険…など
生命保険会社 損害保険会社	第三分野の保険	**生命保険にも損害保険にも属さないリスクに備える保険** 医療保険／がん保険／所得補償保険…など

保険と税金

保険料を支払ったときのルールのほかにも、保険金を受取ったときの税金にも違いがあります

生命保険

個人：生命保険料控除
個人が支払った保険料の一定金額を所得から控除できます。

法人：損金算入、資産計上
法人が支払った保険料は、保険の種類により経理処理が異なります。

損害保険

個人：地震保険料控除
地震保険料について一定金額を所得から控除できます。

法人：損害保険料は損金算入
法人が支払った損害保険料は、原則、その事業年度分に損金算入します。

1 保険の基本

日常生活には、災害、事故、病気などのリスクがあります。ファイナンシャル・プランナーはこれらのリスクに備え、万一の際のダメージを回避、軽減する対策を取ります。経済的な損失に備える手段として保険による対策があります。

1 リスク管理とは

重要度 **C**

　リスク管理とは想定されるリスクに対して、リスク発生時の損害の回避、軽減、または損失を最小に抑えることをいいます。経済的な損失に対しては、保険料などの費用を抑えつつ、適切な保険等の選択を考えていきます。

2 リスクと保険

重要度 **C**

　日常生活で想定されるリスクには、下の表のようなものがあります。これらのリスクの経済的損失に備えるのが保険です。

日常生活上で想定されるリスク

自分や家族の生命、健康	不動産、車、動産などの財物	他人への賠償
・死亡 ・病気 ・ケガ ・長生きによる経済的負担	・住宅の震災、水災、火災 ・自動車事故 ・現金、美術品などの盗難	・他人への加害 ・他人の所有物の破損

3 公的保険と私的保険　重要度 B

　保険制度には、国や自治体等が運営する**公的保険**（社会保険）と、民間の保険会社が運営する**私的保険**（民間保険）があります。社会保険は、ライフプランニング（第1章）で勉強した国民年金や厚生年金保険、労災保険等が該当します。

　今回学ぶ私的保険は、公的保険を補うための民間の保険で、**生命保険と損害保険**、そしてそのどちらにも属さない**第三分野**の保険に分けられます。

私的保険の種類

第一分野
生命保険

・終身保険
・定期保険
・養老保険
・個人年金保険
　など

第三分野
生命保険や
損害保険の
特約として付帯も

・医療保険
・介護保障保険
・傷害保険
・がん保険
・所得補償保険
　など

第二分野
損害保険

・火災保険
・自動車保険
　など

第一分野 ➡ 人の生命、生活を保障する保険
第二分野 ➡ 偶発的な事故の損害について、補償する保険
第三分野 ➡ 第一分野、第二分野のどちらにも属さない保険で
　　　　　　　病気や傷害などに備える保険

生命保険の保険料の原則

契約者が支払う保険料は、**大数の法則**と**収支相等の原則**に基づいて決められています。

大数の法則

少数では法則性が見いだせないことでも、大数で見ると一定の法則が見えることです。

> サイコロをふると、どの数字が出るかはランダム。
> しかし、数百万回サイコロをふると1から6まで、それぞれの数字が出る確率は1/6に近づくこと。

収支相等の原則

保険契約者全体が払込む保険料（および運用益）と保険会社が支払う保険金（および経費）が等しくなることです。

> 保険契約を全体で見ると
> **「受取保険料総額＋運用益」**と
> 保険会社が支払う**「保険金総額＋経費」**は
> **等しく**（収支相等）なるように算定される。

アクチュアリーといって、
保険料などの計算を専門にしている
職種があるくらいなんだよ

保険料は
複雑な計算の上に
成り立っているんだね

5 契約者の保護

クーリング・オフ制度

　クーリング・オフ制度とは、一定の要件のもと、保険の申込者等からの意思表示によって契約申し込みの撤回・解除をすることができる制度をいいます。

クーリング・オフ

例　4/1（木）　　　　4/8（木）

←―― 8日以内 ――→

クーリング・オフの内容を記載した書面を受け取る	**書面または電磁的記録**による申し込みの撤回、契約の解除ができる

　クーリング・オフの手続は「**契約の申込日**」、または「**クーリング・オフについて記載された書面を受け取った日**」のいずれか遅い日から8日以内に、申し込みの撤回等を書面による通知または電磁的記録で行います。

クーリング・オフ**できる**	・保険募集人等の訪問による販売 ・現在の保険契約を契約転換した場合
クーリング・オフ**できない**	・保険期間が1年以内の保険申込 ・自賠責保険などの強制保険 ・契約にあたり医師の診査を受けた場合

保険契約者保護機構
ほけんけいやくしゃほごきこう

　保険契約者保護機構は、万一保険会社が破綻した場合に契約者を保護（保険会社へ資金援助などを）するために設立された法人のことです。国内で営業する生命保険会社は外資系も含め、生命保険契約者保護機構、損害保険会社は損害保険契約者保護機構への加入が義務となっています。ただし、**少額短期保険業者**や共済は加入しません。

銀行等で販売されている生命保険についても保護機構の対象になります。

保険契約者保護機構	補償の内容
生命保険契約者 保護機構	原則、**責任準備金等**（破綻時点）の**90**％まで補償
損害保険契約者 保護機構	保険金の**80**％から**100**％を補償（保険の種類によって異なる）

少額短期保険

　少額短期保険は、少額短期保険業者が扱う、保険金額が少額で保険期間が短期の保険をいいます。

保険金額（上限）	保険区分に応じて死亡保険300万円以下、医療保険80万円以下などの上限が定められており、被保険者一人当たり原則、合計1,000万円まで
保険期間（上限）	生命保険・第三分野 … 1年 損害保険 … 2年
その他の特徴	・満期返戻金等のない、保障性商品のみの取り扱い ・保険法、保険業法、クーリング・オフの適用あり ・相続税の死亡保険金非課税金額の対象 ・保険契約者保護機構の保護対象外 ・生命保険料控除や地震保険料控除は対象外

ソルベンシー・マージン比率

ソルベンシー・マージン比率は、保険会社にどのくらいの保険金等の**支払い余力**があるかを示す指標です。保険会社の健全性を数値で示しており、この**数値が高ければ健全で安全な状態**の目安となります。ソルベンシー・マージン比率が200％を下回ると、金融庁による早期是正措置の対象となります。

用語の意味

責任準備金
保険会社が将来の保険給付のために積み立てているお金のこと。

用語の意味

早期是正措置
経営破綻を防ぎ、業務の改善を図るために発動される措置。

過去問チャレンジ

国内で事業を行う生命保険会社が破綻した場合、生命保険契約者保護機構による補償の対象となる保険契約については、高予定利率契約を除き、(①) の (②) まで補償される。

1) ① 既払込保険料相当額 ② 70％
2) ① 死亡保険金額 ② 80％
3) ① 責任準備金等 ② 90％ 〔22年9月・学科〕

3 生命保険契約者保護機構による補償は、責任準備金等の90％まで（高予定利率契約を除く）補償されます。

6 保険法と保険業法 _{ほけんほう ほけんぎょうほう} 重要度 **B**

保険法

保険法は、保険の契約者を保護することを目的として、保険契約に関する一般的なルールを定めています。

生命保険契約	損害保険契約	傷害疾病保険契約 _{しょうがいしっぺい} ほか
第一分野	第二分野	第三分野

分野ごとに保険法が定められています。

保険法には以下の規定があります。

・告知や支払期限などに関し、保険契約者を保護するための規定

・死亡保険契約は被保険者の同意で効力が生じる

・受取人変更の規定　など

告知に際し、被保険者は保険会社から求められた事項だけに応えればよいとされています。一方で、保険募集人等が被保険者等の告知について、虚偽の告知を勧めたり、告知を妨げたりした場合、保険会社は被保険者等の告知義務違反を理由に契約解除はできないという規定があります。

ほかにも以下の規定を押さえておきましょう。

・被保険者等に重大な告知義務違反があった場合、保険会社は保険契約を解除できます

・保険給付請求権、保険料返還請求権は権利行使できるときから3年間行使しないと権利は消滅します

ワンポイント

共済が適用除外なのは保険業法、保険契約者保護機構で、保険法は適用されます。

保険業法

保険業法は、保険契約者等を保護することを目的として、保険会社、保険募集人等が健全な運営を行うためのルールが定められています。なお、共済は保険業法の対象外です。

> 保険募集を行う者は、内閣総理大臣への登録が必要です。
> また、以下の禁止行為に抵触する行為を禁じられています。

保険業法第300条
保険募集等に関する禁止行為…（一部抜粋）

・虚偽の告知、および重要事項を告げないこと・告知の妨害、および虚偽（不実）告知を勧める行為や、不告知を勧める行為、保険料を割引く、立て替える、その他特別な利益を提供する行為

・将来の配当金の額など、不確実な事項に断定的な判断を告げる、誤解させる行為

　保険の募集形態には媒介と代理の2種類があります。媒介は勧誘をするだけで、保険の成立には保険会社の承諾を要します。代理は、保険募集人等が承諾をすれば、保険契約が成立します。

> 保険法と保険業法は、
> 名前が似てるけど
> 役割が違うことに
> 気をつけて！

> 保険法は
> 契約当事者(例えば
> 保険会社と契約者)の
> 契約ルールについてのもの。
> 契約者を守る意味合いが
> 強いのです

> 保険業法は、保険会社に対する監督で、
> 免許の内容や業務に関する規則、罰則を定めたもの

2 生命保険のしくみと保険の契約

生命保険は、死亡、疾病、負傷のほか、長生きなど、人に対するリスクの備えとなります。
まずは生命保険のしくみを知り、保険料のしくみや契約手続などのルールについて確認しておきましょう。

1 生命保険のしくみ

重要度 A

生命保険の基礎用語

生命保険の基礎となる用語は以下のとおりです。

契約者	保険会社と契約を結び、保険料の支払い義務を負う人
被保険者	保険契約の対象となる人
受取人	保険金、給付金などの支払いを受ける人
保険料	保障の対価として、契約者が保険会社に支払うお金
保険金	被保険者が死亡、高度障害などの支払い事由に該当する際、受取人に支払われるお金
給付金	手術、入院、通院などで支払い事由に該当する場合、保険会社から受取人に支払われるお金
解約返戻金	保険の契約期間中に解約した場合に契約者が受け取るお金
主契約	保険の主たる契約で基本となる部分
特約	主契約に付加することができるオプション

2 生命保険の種類

生命保険は**死亡保険、生存保険、生死混合保険**の3つに分類されます。

生命保険の種類

死亡保険	被保険者が死亡したり、高度障害になった場合に支払われる保険
生存保険	一定の保険期間が終了するまで被保険者が生存している場合に支払われる保険
生死混合保険	死亡保険と生存保険が組み合わされた保険

ワンポイント

生存保険と生死混合保険は、長生きも経済的リスクの一つと捉え、生存中のお金をカバーできる保険です。

3 保険料のしくみ

生命保険の保険料は、以下にあげる3つの**予定基礎率**を用いて算出されます。

講義図解

1. 予定死亡率　統計をもとに算出した性別・年齢ごとの死亡率
…低いと新規契約の死亡保険料は下がり、生存保険料は上がる！
→ 死亡する人が少ないと予想されるため

2. 予定利率　保険会社が保険料を運用した場合に得られる予想利回り…高いと新規契約の保険料は下がる！
→ 運用がうまくいくと予想されるため

3. 予定事業費率　保険会社が事業を運営するための必要経費…低いと新規契約の保険料は下がる！
→ 経費が少ないと予想されるため

ネット系保険会社の保険料が安いのは
システム化することで経費を抑えているからなんだね

4 生命保険の保険料の構成 重要度 A

　保険金の支払いに充てる純保険料（じゅんほけんりょう）と、保険会社の事業維持に必要な費用に充てる付加保険料（ふかほけんりょう）を合わせて生命保険料が決定されます。

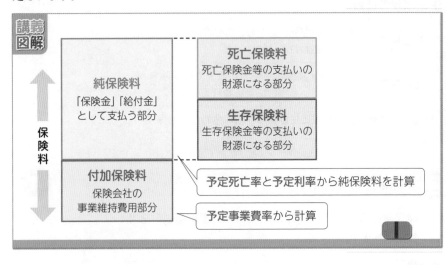

5 配当金のしくみ 重要度 B

剰余金と配当金

　保険会社の収入となる保険料と、実際にかかった保険金や経費には差が生じます。これは保険料算出に用いられる予定基礎率が余裕を持たせた数値で設定されているためです。受け取った保険料・運用益の方が実際にかかった費用よりも多くなった場合の差益を剰余金といいます。この剰余金を財源として契約者に払い戻されるのが配当金です。

剰余金の発生

保険料・運用益 （収入）	−	実際の費用 （支出）	=	剰余金 （収入が多かった分）

3つの剰余金

死差益	→	予定死亡率で算出した死亡者数よりも、実際の**死亡者数が少なかった**場合の利益	→	
利差益	→	予定利率で算出した運用益よりも、**実際の運用益が多かった**場合の利益	→	配当金
費差益	→	予定事業費率で算出した事業費よりも、**実際の事業費が少なかった**場合の利益	→	

配当金の支払い

　配当金があれば支払われる保険が**有配当保険**で、配当金のない保険が**無配当保険**です。利差益だけを配当金として支払う保険は、**準有配当保険（利差配当付保険）**といいます。

レック先生の
ズバッと解説

配当金の支払いがある保険（有配当保険）は、配当金の支払いがない保険（無配当保険）よりも、保険料が高くなるのが一般的です。

講義
図解

高い ↑ 保険料 ↓ 安い	**有配当保険** 3つの剰余金から配当金を支払う
	準有配当保険 利差益だけで配当金を支払う
	無配当保険 配当金のない保険

過去問チャレンジ

生命保険の保険料は、純保険料および付加保険料で構成されているが、このうち付加保険料は、予定利率に基づいて計算される。

[21年9月・学科改]

✕　付加保険料は予定事業費率に基づいて計算され、純保険料は予定死亡率と予定利率に基づいて計算されます。

6 生命保険の契約の手続き

重要度 B

告知義務
（こくちぎむ）

　告知とは、保険契約の際、健康状態や職業等について保険会社に告げることです。

　生命保険の契約を結ぶ際、契約者または被保険者は、保険会社からの健康状態等に関する質問に**事実を告げる義務**があります。これを**告知義務**といい、保険会社はその情報をもとに申し込みを承諾するかの判断をします。

責任開始日
（せきにんかいしび）

　保障が開始される日を**責任開始日**といいます。生命保険契約の責任開始日は、原則、以下の３つがそろっていることが条件となります。

保険契約の責任開始日　３つの条件

① 保険の申込み

② 告知または医師の診査完了

③ **初回の保険料の払込み**完了

ワンポイント

故意、または重大な過失で告知義務違反があると、保険会社は告知義務違反の事実を知った日から１カ月以内であれば契約を解除することができます。なお、保険契約締結から、5年が経過している場合や、保険募集人等が、告知を妨げたなどの理由がある場合、保険会社は契約を解除できません。

レック先生のズバッと解説

保険申込みが終わっているだけでは、保険の効力は発生せず、保険金は支払われません。３つの条件がそろうことで、保障が始まります。

保険の効力が発生するためにはきちんと３つの条件がそろってないとダメ！

---

7 保険料の支払い

重要度 A

保険料の支払い

　保険料の主な支払い方法には、年払い、半年払い、月払いがあり、そのほか、一時払いや前納などの方法があります。

保険料の払込猶予

　生命保険契約には、保険料の支払いがされなかった場合でも、すぐに失効してしまわないように、一定の払込猶予期間が設けられています。

同条件の終身保険で、終身払込と有期払込を比べると、有期払込の方が毎回の保険料は多くなります。

用語の意味

契約応当日
契約日と同じ日を指します。

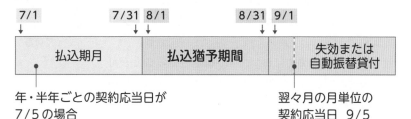

払込猶予期間

月払い …… 払込期月の翌月1日から末日

7/1　　　7/31 8/1　　　8/31 9/1

| 払込期月 | 払込猶予期間 | 失効または自動振替貸付 |

月ごとの契約応当日が7/5の場合

年払い・半年払い …… 払込期月の翌月1日から翌々月の月単位の契約応当日

7/1　　　7/31 8/1　　　8/31 9/1

| 払込期月 | 払込猶予期間 | 失効または自動振替貸付 |

年・半年ごとの契約応当日が7/5の場合

翌々月の月単位の契約応当日 9/5

99

自動振替貸付制度と契約者貸付制度

　加入中の生命保険に解約返戻金があれば、保険料の支払いが困難になった場合でも、**自動振替貸付制度**を利用して、契約を継続することができます。**契約者貸付制度**は、手元資金の調達手段として活用できます。

自動振替貸付制度

払込猶予期間を過ぎても保険料の支払いがなかった場合、解約返戻金の範囲内で保険会社が自動的に保険料を**立て替える**制度。

契約者貸付制度

手元に資金が必要になったときに、保障を継続しながら、解約返戻金の一定範囲内で保険会社から貸付を受ける制度。

一時的に、
保険料の支払いで
困ったときでも
継続できるんだね！

契約の失効と復活

　払込猶予期間（はらいこみゆうよきかん）の期限内に保険料の支払いがなく、自動振替貸付が適用されない場合は、契約の効力はなくなり、**失効**となります。

　失効した生命保険契約については、**復活**させることが可能です。失効してから一定期間内に所定の手続を経て保険会社の承諾を得れば、保険契約を元に戻せます。ただし、当該契約を復活する場合、失効期間中の保険料についてはまとめて支払わなければなりません。なお、復活後の保険料は**失効前の保険料**が適用されます。

ナビゲーション

保険契約の復活は、被保険者の健康状態によって可否が決まります。

8 必要保障額の計算

重要度

　世帯の生計を維持している人の死亡後、残された遺族が一定期間生活するのに必要な金額のことを**必要保障額**といいます。必要保障額は死亡後の一定期間に見込まれる支出総額から、見込みの収入総額を差し引いて算出します。

必要保障額の計算

支出総額	−	収入総額	=	必要保障額
遺族に必要な 生活資金等の総額		遺族の 収入見込金額		

末子が独立するまでの 遺族生活費 （現在の生活費の70％）

末子が独立した後の 配偶者生活費 （現在の生活費の50％）	公的年金・配偶者収入 （公的遺族年金、 死亡退職金等）

その他の必要資金 （葬儀費用、教育費等）	保有金融資産 （預貯金等）

必要保障額

↑
※必要保障額が
最大になるの
は末子誕生の
とき

※生活費のパーセンテージは仮定

必要保障額の計算例

　以下の条件で、夫Fさんが死亡した場合の必要保障額を計算してみましょう。

条件

1. 子Cさん（1歳）が独立する年齢は22歳（大学卒業時）

2. 現在の生活費は月額25万円、Fさん死亡後からCさん独立までの21年間は現在の生活費の70％とし、その後、妻Pさんの生活費は現在の50％とする

3. Cさん独立時の妻Pさんの平均余命は38年とする

4. Cさんの教育資金は1,200万円とする

5. 緊急予備資金は500万円とする

6. 死亡退職金と保有金融資産の合計は1,900万円とする

7. 妻Pさんが受け取る公的年金等は生涯で6,100万円とする

講義図解

必要保障額の計算例

生活資金等の総額
　生活費：25万円（1カ月）×70％×12カ月（1年）×21年（C卒業）
　　　　　＝4,410万円（A）
　　　　　25万円×50％×12カ月×38年（余命）＝5,700万円（B）
　　　　　A＋B＝10,110万円
　教育資金：1,200万円
　緊急予備資金：500万円
　支出総額：10,110万円＋1,200万円＋500万円＝11,810万円

収入見込金額
　死亡退職金と保有金融資産：1,900万円
　妻Pさんの公的年金等：6,100万円
　総収入：1,900万円＋6,100万円＝8,000万円

必要保障額
　生活資金等の総額11,810万円－収入見込金額8,000万円＝3,810万円

必要保障額というのは、
「いくら欲しい！」
ということではありません！

あくまでも支出総額から
遺族の収入見込みの金額を引いた
足りない分を賄うためのものなんだね！

なにしろ「必要」な
保障だからね

そっかー！

3 生命保険の種類と契約〜税金

生命保険には掛捨ての定期保険から、保障が生涯継続する
終身保険、満期時に生存していた場合に満期保険金を
受け取れる養老保険など様々な保険があります。
保険の種類とあわせ、契約の見直し、保険金を受け取る際の
税金について学びます。
なお、ここでは死亡・高度障害保険金を「死亡保険金等」と表記します。

1 生命保険の種類 基本の3タイプ　　重要度

　生命保険には3つの種類があります。定期保険、終身保険、
養老保険（ようろうほけん）が基本の3タイプとなります。

定期保険

　定期保険は被保険者の死亡・高度障害状態を一定期間保障
します。無事に満期を迎えても、満期保険金はなく、保険料
は基本的に掛捨てです。

　定期保険の種類には、保険金額が変わらず100歳まで継続
できる**長期平準定期保険**、保険金額が徐々に増えていく**逓増
定期保険**、保険金額が徐々に減っていく**逓減定期保険**、保険
金を年金形式で受け取れる**収入保障保険**があります。

用語の意味

逓増（ていぞう）
徐々に増えることを
いいます。
逓減（ていげん）
徐々に減ることをい
います。
保険関連でよく出て
くる言葉です。

ワンポイント

平準定期保険よりも
保険期間が長いのが
長期平準定期保険で
す。経営者の加入が
多い保険で、最長100
歳満期という商品も
あります。

定期保険のポイント

① 保険料は掛捨て

② 満期保険金はない

①、②の理由から
加入条件が同じなら終身保険や養老保険よりも保険料が安い！

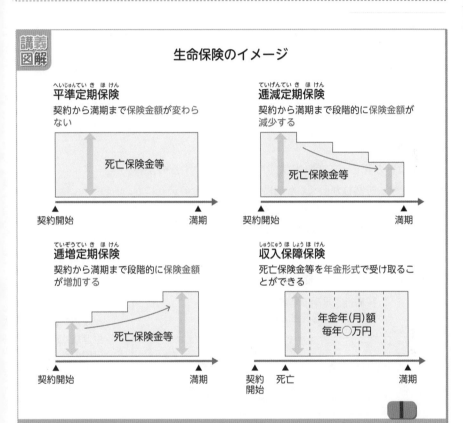

講義図解

生命保険のイメージ

平準定期保険（へいじゅんていきほけん）
契約から満期まで保険金額が変わらない

死亡保険金等

契約開始 ／ 満期

逓減定期保険（ていげんていきほけん）
契約から満期まで段階的に保険金額が減少する

死亡保険金等

契約開始 ／ 満期

逓増定期保険（ていぞうていきほけん）
契約から満期まで段階的に保険金額が増加する

死亡保険金等

契約開始 ／ 満期

収入保障保険（しゅうにゅうほしょうほけん）
死亡保険金等を年金形式で受け取ることができる

年金年(月)額
毎年○万円

契約開始 ／ 死亡 ／ 満期

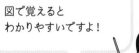

図で覚えると
わかりやすいですよ！

ワンポイント

収入保障保険は一時金で受け取ることも可能。その場合、年金形式の受取総額よりも少なくなります。

収入保障保険の死亡保険金を一時金で受け取る場合の受取額は、一般に、年金形式で受け取る場合の受取総額（　　　）。

1）　と同額である
2）　よりも多くなる
3）　よりも少なくなる

[22年9月・学科]

3 収入保障保険の死亡保険金は、一時金形式で受け取ることもできますが、その際には、年金形式で受け取る総額よりも少なくなります。

終身保険

被保険者の死亡・高度障害状態を**一生涯保障**するのが終身保険です。**貯蓄性が高く**、解約時の解約返戻金の戻りにも期待できます。ただし、早期に解約してしまうと払込保険料の総額よりも解約返戻金が少なくなります。

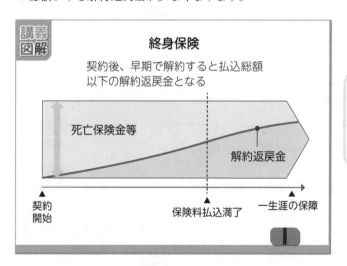

講義図解

終身保険

契約後、早期で解約すると払込総額
以下の解約返戻金となる

死亡保険金等

解約返戻金

契約開始　　　保険料払込満了　　　一生涯の保障

終身保険は
生涯続くから
矢印のカタチで
表されることが
多いんだ

積立利率変動型終身保険

　市場金利の変動を、一定期間ごとに積立利率へ反映させる終身保険で、利率変動型積立終身保険（アカウント型保険）とは異なります。契約時に定めた基本保険金額や解約返戻金には最低保証があります。一方で、契約後に積立利率が高くなった場合は、契約時に定めた基本保険金額や解約返戻金を上回ることがあります。

利率変動型積立終身保険（アカウント型保険）

　保障と貯蓄が分離されているのが利率変動型積立終身保険、別名アカウント型保険ともいわれます。契約者が支払った保険料を積立部分と保障部分に分けることを、一定範囲内で自由に設定できます。

低解約返戻金型終身保険

　低解約返戻金型終身保険は、通常の終身保険と比較して、保険料の払込期間内の解約返戻金が7割ほどに抑えられる分、保険料も安いという特徴があります。また、保険料払込期間終了後の解約返戻金は通常の終身保険と同程度となります。

用語の意味

アカウント
ここでいうアカウントとは口座のことです。銀行口座のような積立部分が付いているので、アカウント型保険といいます。

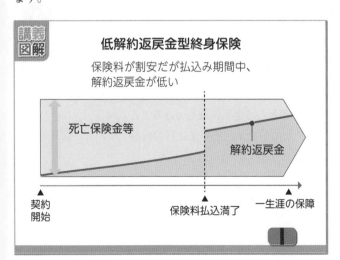

低解約返戻金型終身保険

保険料が割安だが払込み期間中、解約返戻金が低い

死亡保険金等

解約返戻金

契約開始　　保険料払込満了　　一生涯の保障

養老保険

　養老保険は、被保険者の死亡・高度障害状態を一定期間保障します。その期間内に死亡、または高度障害状態になった場合には**死亡保険金等**が支払われ契約は終了します。生存して満期を迎えれば**満期保険金（死亡保険金と同額）**を受け取ることができます。

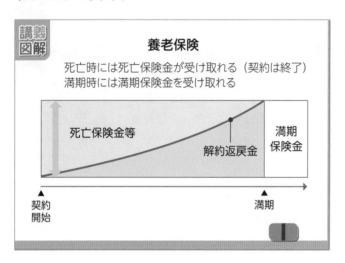

2　その他の生命保険

重要度　A

　生命保険には、様々な種類があります。

定期保険特約付終身保険
（てい　き　ほ　けんとくやく）

　主契約となる終身保険に特約として定期保険をつけることで、一定期間のみ保障を厚くしています。定期保険特約付終身保険は次の２つのタイプがあります。

定期保険特約付終身保険のタイプ

全期型 ➡ 特約の保険期間を主契約の保険料払込期間と同じに設定するタイプ。

更新型 ➡ 特約の保険期間を特定の年数で区切って設定し、期間終了ごとに更新していくタイプ。

レック先生の
ズバッと解説

更新型は自動更新されるので告知不要です。更新時には更新時点の年齢等で保険料が再計算されるので更新前より高くなります。

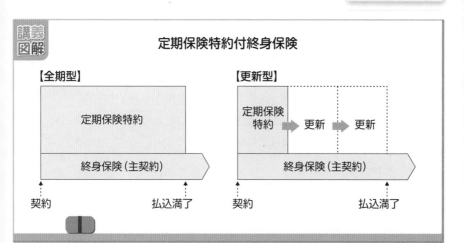

講義図解

定期保険特約付終身保険

【全期型】

定期保険特約

終身保険（主契約）

契約　　　　　　　　　　　払込満了

【更新型】

定期保険
特約　➡　更新　➡　更新

終身保険（主契約）

契約　　　　　　　　　　　払込満了

過去問チャレンジ

定期保険特約付終身保険（更新型）は、定期保険特約を同額の保険金額で更新する場合、更新にあたって被保険者の健康状態についての告知や医師の診査は必要ない。

[23年9月・学科]

○　更新にあたっては健康状態の告知等は不要です。なお、更新後の保険料は、通常、更新前よりも高くなります。

団体定期保険（Bグループ保険）

　団体保険は、企業などの団体が契約者となる1年更新の定期保険です。団体の従業員等が任意で加入して保険料を負担します。保険管理等のコストが抑えられるため、保険料は割安となります。

総合福祉団体定期保険

　法人の役員・従業員の死亡または高度障害の保障を目的とした保険です。法人を保険契約者にし、役員・従業員から被保険者になることの同意を得たうえで加入し、もしもの場合の弔慰金・死亡退職金などを確保するためのものです。1年更新の定期保険で、保険料は法人が負担し、保険料は**全額損金**（経費）として経理処理できます。また、死亡保険金等の受取人は、被保険者の遺族、あるいは法人にすることができますが、法人にする場合は被保険者の同意が必要です。

> ### 【ヒューマン・ヴァリュー特約】
>
> 役員、あるいは従業員の死亡等による法人の利益の喪失や、新たに従業員等を雇用するための費用などをカバーします。そのため、この特約の保険金の受取人は法人になります。

こども保険（学資保険）

　こども保険（学資保険）は、大学進学時期などに満期金を受け取ることができる保険です。出生前から加入できたり、進学のタイミングでお祝金を受け取ることができるタイプもあります。

　万一、契約者である親等が死亡、あるいは高度障害状態になった場合、それ以降の保険料の支払いは免除となりますが、お祝金や満期保険金は当初の契約どおり支払われます。

レック先生のズバッと解説

こども保険関連の出題では、契約者と被保険者を入れ替えた問題が多い傾向が見られます。保険料支払いが免除になるのは「契約者である親等が死亡・高度障害状態」のときです。混同しないよう、注意しましょう。

変額保険

変額保険は、保険会社が受け取った保険料を株式や債券等で運用し、その運用成果によって保険金や解約返戻金が増減する保険です。保険料は**特別勘定**で運用されています。

変額保険の2つの種類

変額保険には2つの種類があります。一生涯にわたり保障が続く**終身型**と、保険期間が一定期間の**有期型**があります。

どちらも満期保険金、もしくは解約返戻金は運用成果によって決まるため、**最低保証額**はありません。ただし、死亡保険金等には基本保険金額が定められ、**最低保証額**が確保されています。

用語の意味

特別勘定
保険会社が変額保険の保険料を運用、管理するための勘定です。この特別勘定には投資信託が使われるのが一般的です。運用の成果により保険金や解約返戻金、満期保険金が変動します。

変額保険　ポイント

最低保証額があるのは
　→死亡保険金等（基本保険金額）

最低保証額がないのは
　→解約返戻金と満期保険金

過去問チャレンジ

こども保険（学資保険）において、保険期間中に契約者（＝保険料負担者）である親が死亡した場合、一般に、既払込保険料相当額の死亡保険金が支払われて契約は消滅する。

[22年9月・学科]

✕　契約者である親等が死亡した場合、契約は継続された上で保険料の払込みが免除になり、契約どおりにお祝金や満期保険金が支払われます。

3 個人年金保険と変額個人年金保険 重要度

個人年金保険

　個人年金保険は、一定の年齢に達したら年金を受け取ることができるという保険です。年金を受け取る年齢や受け取り方法は契約時に決めます。

　年金の受け取り方法により「終身年金」「有期年金」「確定年金」「夫婦年金」「保証期間付終身年金」「保証期間付有期年金」の6つの種類があります。

個人年金保険の種類

終身年金

被保険者が生存している間、年金を受け取れるタイプ

有期年金

被保険者が生存している間の一定期間、年金を受け取れるタイプ

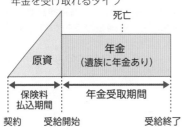

確定年金

被保険者の生死に関係なく、一定期間年金を受け取れるタイプ

夫婦年金

夫婦いずれかが生存している間、年金を受け取れる

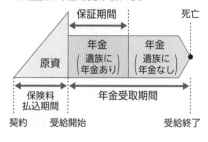

保証期間付終身年金

被保険者が生存している間、終身で年金を受け取れる。また、保証期間内に被保険者が死亡した場合、保証期間中は遺族が年金を受け取れる。

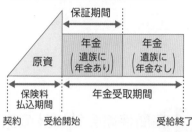

保証期間付有期年金

被保険者が生存している間、有期期間内は年金を受け取れる。また、保証期間内に被保険者が死亡した場合、保証期間中は遺族が年金を受け取れる。

6つのパターンそれぞれの特徴を覚えてね！

へんがく こ じんねんきん
変額個人年金保険

変額個人年金保険は、保険会社が保険料を株式・債券等で運用し、運用成果によって受け取る年金額、解約返戻金額が変動するものです。

被保険者が年金受取開始前に死亡した場合に支払われる**死亡給付金**については払込保険料相当額が通常、**最低保証**されます。なお、解約返戻金には**最低保証がありません**。

レック先生のズバッと解説

変額個人年金の最低保証の内容は、変額保険の終身型・有期型、変動型と同一となります。変額保険の内容を覚えれば、難なく得点できるところなのでしっかり押さえておきましょう。

4 民間保険会社以外の保険

重要度

かんぽ生命

株式会社かんぽ生命保険が取り扱う生命保険です。無診査（要告知）で加入でき、加入限度額は原則1,000万円までとなっています。

共済

農協や生協などの各種組合が組合員に対して提供する、相互扶助を目的としたしくみです。JA共済、こくみん共済coopなどがあります。民間の生命保険よりも掛金（保険料）や保険金が少額なのが特徴です。

5 主な特約

重要度

生命保険は、特約を付け加えて契約内容を補完することができます。

一般的な特約の特徴

傷害・死亡	ケガや死亡時等に支払われる特約
災害割増特約 (さいがいわりましとくやく)	不慮の事故や所定の感染症で 180 日以内に死亡または高度障害になった場合に、主契約に上乗せして保険金が支払われます。
傷害特約	不慮の事故や、所定の感染症で 180 日以内に死亡または所定の身体障害状態になった場合等に、主契約に上乗せして保険金または給付金が支払われます。

入院	入院したときに支払われる特約
災害入院特約	災害や事故によるケガで 180 日以内に入院した場合に給付金が支払われます。
疾病入院特約 (しっぺいにゅういんとくやく)	病気で入院した場合に給付金が支払われます。
生活習慣病 (成人病) 入院特約	所定の成人病（がん、心疾患、脳血管疾患、高血圧性疾患、糖尿病など）で入院した場合に給付金が支払われます。

通院	通院したときに支払われる特約
通院特約	入院前後の一定期間内に、入院の原因となった病気やケガの治療のために通院した場合に給付金が支払われます。

特約は
主契約に乗せる
トッピング
みたいなものね

その他	上記以外の事由に関わる特約
特定疾病保障 保険特約 （とくていしっぺいほしょう） （三大疾病保障 保険特約）	**三大疾病**（がん・**急性心筋梗塞**（きゅうせいしんきんこうそく）・**脳卒中**（のうそっちゅう））にかかり、もしくは所定の状態になった場合に、**特定疾病保険金**が支払われます。 ・保険金を受け取った時点で特約は消滅し、その後に死亡しても、保険金が再度支払われることはありません。 ・保険金を受け取らないまま死亡した場合は、死亡原因を問わずに**保険金が支払われます**。
リビング・ニーズ 特約	**余命6カ月以内**と判断された場合、死亡保険金の一部、または全額（上限3,000万円）が生前給付金として支払われます。
先進医療特約	**療養**（りょうよう）**時**に厚生労働大臣が承認している先進医療に該当する治療を受けたとき、給付金が支払われます。
就業不能保険 （就業不能 サポート特約）	病気やケガ等で、入院か在宅療養かを問わず就業不能状態にあれば、保険金が支払われる保険です。契約内容により、精神疾患による就業不能も保障されます。

特定疾病保障保険は、実技試験の証券分析問題でも出題されるケースがあるため、しっかり覚えておきましょう。

リビング・ニーズ特約の保険料は不要。また、余命宣告期間より長生きしても保険金を返す必要はありません。

先進医療特約は保険契約後に承認された先進医療も対象となります。

過去問チャレンジ

医療保険に付加される先進医療特約において、先進医療給付金の支払対象とされている先進医療は、療養を受けた時点において厚生労働大臣によって定められているものである。

[22年9月・学科]

◯　給付対象となる先進医療は、契約時に定められていたものではなく、療養を受けた時点で厚生労働大臣によって定められているものです。

6 保険契約の見直し

重要度 **A**

保険加入後、家族や自身を取り巻く状況が変わった場合は、保険の見直しも必要になります。

保険契約を見直す際、次のような制度を利用することができます。

払済保険

保険料の払込みを中止し、その時点での**解約返戻金相当額**をもとに、原則、**保険期間を変えず**元の主契約と同じ種類の保険（または養老保険や終身保険）に変更する方法です。変更後は保険金額が下がり、元の保険契約に付帯している**特約は消滅します**（一般的にリビング・ニーズ特約等は継続）。

払済保険　ポイント

・保険料の払込みを中止する

・解約返戻金をもとに一時払いで元の保険（または養老保険や終身保険）に変更する

・保険金額は少なくなる

・原則、保険期間は変わらない

・特約は原則、消滅する

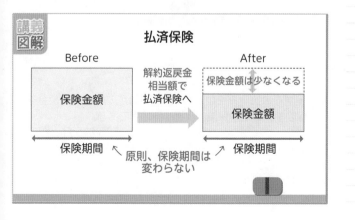

講義図解

払済保険

Before

保険金額

保険期間

解約返戻金相当額で払済保険へ →

After

保険金額は少なくなる

保険金額

保険期間

原則、保険期間は変わらない

延長保険

　加入中の保険の解約返戻金相当額をもとに一時払いの定期保険に変更し、元の契約の**保険金額を変えずに継続**させる方法です。

延長保険　ポイント

・保険料の払込みを中止する

・解約返戻金をもとに一時払いの定期保険に変更する

・保険金額は変わらない

・保険期間は同じか短くなる

・特約は消滅する

払済保険と延長保険は、説明を逆にして出題される傾向があります。落ち着いて解答しましょう。

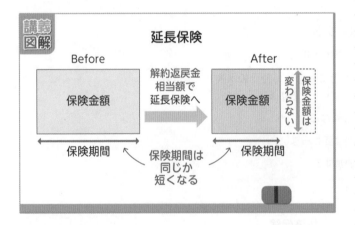

過去問チャレンジ

延長保険とは、一般に、保険料の払込みを中止して、その時点での解約返戻金を基に、元契約よりも長い保険期間の定期保険に変更する制度である。

[23年5月・学科]

✕　延長保険は、保険金額を変えずに一時払いの定期保険に変更する制度のため、保険期間は同じか短くなります。

契約転換制度
けいやくてんかんせい ど

契約転換制度とは、保険の下取りのようなもので、現在加入中の保険を活用しながら新しい保険を契約する方法です。

契約転換時の年齢や保険料率により保険料を計算します。 また、契約転換は新契約になるため、**告知または医師の診査が必要**となります。

レック先生のズバッと解説

契約転換制度は、車の下取りをイメージするとわかりやすいでしょう。払済保険、延長保険とは異なり、契約転換制度は契約そのものを変更します。

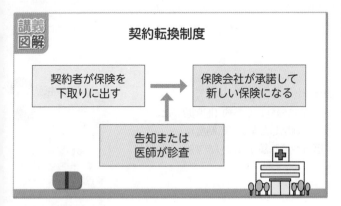

講義図解

契約転換制度

契約者が保険を下取りに出す → 保険会社が承諾して新しい保険になる

告知または医師が診査

付加・追加・減額

現在加入している生命保険に特約を中途付加したり、保険金を増額するために追加契約したり、もしくは保険金を減額したり特約を解約することができます。追加契約や特約の中途付加をする際の保険料は、そのときの年齢や保険料率で計算されます。

過去問チャレンジ

現在加入している生命保険契約を、契約転換制度を利用して、新たな契約に転換する場合、転換後の保険料は、転換前の契約の保険料率が引き続き適用される。

[19年9月・学科]

✕　契約転換制度を利用して新たな契約に転換した場合、転換後の保険料は、転換時の年齢や保険料率により算出するため、転換前の保険料は継続されません。

生命保険の保険料を支払うと、支払った年の所得控除の対象になる制度があります。

生命保険料控除

1年間に支払った生命保険料の金額に応じて、一定額を所得から差し引くことで所得税・住民税の負担を軽くできる制度です。

> 生命保険料の控除額は
> 2011年12月31日以前に締結した契約（旧制度）と、
> 2012年1月1日以降に締結した契約（新制度）、
> のいずれかによって区分や控除額が異なります。

ワンポイント 👆

生命保険料控除は、保険料を支払った年の控除対象になります。つまり、本年中に前年の保険料を支払った場合には本年の控除対象保険料となります。

生命保険料控除は出題が多い傾向にあります。一般生命保険料控除、個人年金保険料控除、介護医療保険料控除とともに控除限度額を覚えておきましょう。

生命保険料控除額（限度額）

			一般の 生命保険料控除※	個人年金 保険料控除	介護医療 保険料控除※
旧	2011年 12月31日 以前に契約	所得税	50,000円	50,000円	なし
		住民税	35,000円	35,000円	なし
新	2012年 1月1日 以降に契約	所得税	40,000円	40,000円	40,000円
		住民税	28,000円	28,000円	28,000円

※保険金の受取人が納税者本人またはその配偶者、一定の親族でなければ、生命保険料控除は適用できません。

> 病気以外の事故やケガの保険契約は、
> 保険料控除の対象ではないよ！

ワンポイント 👆

所得税は合計12万円、住民税は合計7万円が限度です。

● 旧制度：年間 10 万円超の保険料を支払った場合
　→所得税は 5 万円までの控除

● 新制度：年間 8 万円超の保険料を支払った場合
　→所得税は 4 万円までの控除

保険種類と対象になる生命保険料控除

保険（特約）種類	旧制度 （2011 年以前に契約）	新制度 （2012 年以後に契約）
定期保険、終身保険、 養老保険	一般	一般
医療保険、がん保険、介護保障保険、所得補償保険、先進医療特約	一般	介護医療
傷害特約、災害割増特約	一般	（対象外）
要件を満たした個人年金保険	個人年金	個人年金
変額個人年金保険	一般	一般

・新制度適用後に更新、医療特約等を中途付加した場合は、その月から契約全体が新制度に切り替わります。

・新制度では、**身体の傷害のみに基因して保険料が支払われる傷害特約や災害割増特約などの保険料は、生命保険料控除の対象から外れます。**

・総合医療特約やがん保険、**先進医療特約**、就業不能サポート特約は、一定の要件を満たせば**介護医療保険料控除の対象**となります。

過去問チャレンジ

所得税において、個人が本年中に締結した生命保険契約に基づく支払保険料のうち、先進医療特約に係る保険料は、介護医療保険料控除の対象となる。

[22 年 1 月・学科]

○　2012 年以後に契約した生命保険契約（新制度）の先進医療特約に係る保険料は、介護医療保険料控除の対象となります。

個人年金保険料控除

　加入中の個人年金保険が一定の要件を満たしている場合、個人年金保険料控除を受けることができます。

　一定の要件とは以下すべてを満たす必要があります。

個人年金保険料控除が受けられる保険契約の要件（すべて満たすこと）

① 年金受取人が契約者または配偶者のいずれか

② 年金受取人と被保険者が同一である

③ 保険料の払込期間が 10 年以上で定期払い

④ 確定年金または有期年金の場合、年金受取開始年齢が 60 歳以降で年金受取期間が 10 年以上

⑤ 税制適格特約が付加されている

要件をすべて満たさない場合でも、一般の生命保険料控除の対象になることもあります。

要件の③について、保険料を一時払いで支払っている場合には要件を満たさないことになります。

新制度の生命保険料控除では、
事故のみを主な保障とする部分の保険料は
生命保険料控除の対象とならないので
押さえておくようにね！

8 保険金等にかかる税金 (契約者＝ 保険料負担者とします) 重要度 A

死亡保険金にかかる税金

個人が死亡保険金を受け取った場合、以下の3種類の税金のいずれかの対象になります。

3種類の税金

相続税　　所得税　　贈与税

相続税の課税を受ける場合

契約者＝被保険者の場合、つまり自分で自分に保険をかけている場合、死亡保険金は相続税の対象となります。

所得税の課税を受ける場合

契約者＝保険金受取人の場合、つまり保険料を払った本人がお金を受け取る場合、死亡保険金は一時所得として所得税（および住民税）の対象となります。

相続人が受け取る場合、「500万円×法定相続人の数」の非課税枠があります。

保険金と税金の関係を
頭に入れておこう！

贈与税の課税を受ける場合

　契約者、被保険者、受取人がそれぞれ異なる場合、死亡保険金は贈与税の対象になります。贈与された他の財産と合算されます。

死亡保険金と税金

契約者	被保険者	受取人	税金
 Aさん	Aさん	Bさん	相続税
亡くなった人：Aさん 保険料を支払っていた人（契約者）：Aさん 保険金受取人：Bさん（配偶者）			
Bさん	Aさん	Bさん	所得税 （一時所得） および 住民税
亡くなった人：Aさん 保険料を支払っていた人（契約者）：Bさん 保険金受取人：Bさん			
 Bさん	Aさん	Cさん	贈与税
亡くなった人：Aさん 保険料を支払っていた人（契約者）：Bさん 保険金受取人：Cさん			

ワンポイント

収入保障保険も死亡保険金なので、一時金で受け取る場合、このルール通りとなります。年金で受け取る場合には課税部分と非課税部分に分かれ、2年目以降の課税部分は雑所得として課税対象になります。

レック先生の
ズバッと解説

契約者、被保険者、受取人の関係による課税の問題は、特に出題が多い傾向です。得点に直結するため、しっかり把握しておきましょう。

過去問チャレンジ

生命保険契約において、契約者（＝保険料負担者）および死亡保険金受取人がAさん、被保険者がAさんの父親である場合、被保険者の死亡によりAさんが受け取る死亡保険金は、相続税の課税対象となる。

[22年1月・学科（改）]

✕ 受け取った死亡保険金は、生命保険契約の契約者、被保険者、受取人が誰であるのかによって税金の種類が異なります。本問は、契約者と受取人が同じAさんなので、所得税（および住民税）の課税対象になります。

満期保険金の課税関係

満期保険金の課税関係は以下のようになります。

満期保険金と税金

契約者	被保険者	受取人	税金
 Bさん	−	Bさん	所得税 （一時所得） および 住民税
保険料を支払っていた人：Bさん 満期保険金受取人：Bさん			
 Aさん	−	Bさん	贈与税
保険料を支払っていた人：Aさん 満期保険金受取人：Bさん			

金融類似商品の課税

　一時払養老保険や一時払損害保険などで保険期間が5年以下の満期保険金や、5年超でも保険の開始から5年以内に受け取った解約返戻金に係る保険差益は、**金融類似商品**とみなされます。保険差益は一律 **20.315%**（所得税・復興特別所得税 15.315%、地方税5%）の税率による**源泉分離課税**の対象になります。

ほー

保険金は、受け取るパターンで
課税の種類が変わってきますから
P124・125の関係図を頭に入れておいてね！

非課税となる保険金や給付金

　保険金や給付金を被保険者本人が受け取る場合以外に、配偶者、直系血族、生計を一にする親族が受取人となった場合にも、以下のものが非課税になります。

非課税となる保険金や給付金

- ・入院給付金
- ・高度障害保険金
- ・手術給付金
- ・特定疾病保険金
- ・介護一時金
- ・がん診断給付金など

治療等のために支給された保険金や給付金に税金を課してしまうのは酷なため、非課税になります。

- ・リビング・ニーズ
  特約保険金

余命宣告後に受け取った保険金を有意義に使ってもらうという意味で非課税になります。

ワンポイント

介護保障保険の一時金、年金は被保険者が受け取る場合にも金額に関わらず非課税になると覚えましょう。

9 法人契約の生命保険

契約者・保険金受取人を法人とし、被保険者を役員や従業員とするものを、**法人契約の保険**といいます。

事業保障資金の準備

企業は、経営者、役員、従業員に万一が起きたときの備えや退職金など、当面必要となる資金を前もって確保する必要があります。それが**事業保障資金**です。

事業保障資金は以下のような計算式で求めることができます。

> **レック先生のズバッと解説**
>
> 金財の実技試験「保険顧客資産相談業務」を受ける人はしっかり覚える必要がある項目です。

事業保障資金の計算式

$$\underset{\text{（短期借入金＋買掛金＋支払手形等）}}{\text{短期債務額}} + \underset{\text{1年分の給料}}{\text{全従業員の}} = \text{事業保障資金}$$

生命保険料の経理処理

法人が支払った生命保険料は保険の種類によって、経理処理が変わります。

> **ワンポイント**
>
> 契約者貸付を利用して資金調達した場合は、借入金として負債に計上します。

支払った生命保険料の経理処理（原則的処理）

保険の種類	経理処理
貯蓄性のない保険 （掛捨て）で受取人が法人	損金算入 （支払保険料）
貯蓄性のある保険で 受取人が法人	資産計上 （保険料積立金・前払保険料）

> **用語の意味**
>
> **損金算入**
> 損金とは経費のことで、算入とは税法上、経費として計上することをいいます。

経理処理の具体例

生命保険の種類	経理処理
定期保険等で受取人が法人（貯蓄性なし）	損金算入（費用処理） →支払保険料とする
養老保険・終身保険・年金保険等（貯蓄性あり）で受取人が法人	資産計上 →保険料積立金等とする

 終身保険の保険料を支払ったときの仕訳
死亡保険金の受取人が法人の場合

例）終身保険の年間保険料として100万円を支払った

借方	貸方
保険料積立金（資産計上） 　　　　　100万円	現金・預金 　　　　　100万円

用語の意味

仕訳
日々の取引の内容を
ルールに基づいて
「借方」と「貸方」の
左右に分類して、帳
簿に記入することで
す。

養老保険の経理処理

　契約者が法人で被保険者が役員や従業員とする養老保険のうち、一定の要件を満たすものについては支払った保険料の2分の1を福利厚生費として損金算入することができます。このことから、**ハーフタックスプラン（福利厚生プラン）**と呼ばれます。

ワンポイント

ハーフタックスプラ
ン（福利厚生プラ
ン）の加入中に被保険者
である従業員が退職
した場合は解約とな
り、解約返戻金は契
約者である法人が受
け取ります。

ハーフタックスプラン（福利厚生プラン）の経理処理

契約者	被保険者	保険金受取人		経理処理
		死亡保険金	満期保険金	
法人	役員・従業員の**全員**	被保険者の**遺族**	法人	1/2を損金算入（福利厚生費） 1/2を資産計上（保険料積立金）

※被保険者を特定の役員・従業員にした場合、福利厚生費の部分が給与となる

ハーフタックスプラン（福利厚生プラン）

例）　ハーフタックスプラン（福利厚生プラン）の支払保険料が200万円の経理処理は、以下のような仕訳になります。

借　方		貸　方	
福利厚生費（損金算入）　　100万円		現金・預金　　　　　　　200万円	
保険料積立金（資産計上）　100万円			

法人での生命保険の経理処理は
金財の実技試験「保険顧客資産相談業務」で
多く出題されますよ！

定期保険および第三分野保険に係る保険料の取扱い

　法人契約の定期保険および第三分野保険（医療保険、がん保険、民間の介護保険、所得補償保険など）で、2019年7月8日以後に契約した保険料の経理処理は、最高解約返戻率に応じて（「50％超70％以下」「70％超85％以下」「85％超」の3区分）、支払保険料のうち一定の割合を資産計上します。最高解約返戻率が50％以下の場合は、資産計上はなく、全額損金算入となります。また、保険期間が3年未満の保険契約も同様に、全額を損金算入します。

資産計上期間の経過後は、支払保険料を保険期間の経過に応じて損金に算入するとともに、資産計上された金額を、一定の取崩し期間で均等に取り崩して損金に算入していくという経理処理をします。

用語の意味

最高解約返戻率
保険期間のうち、解約返戻率が最も高い割合のこと。解約返戻率とは、ある時期の解約返戻金相当額を、それまでに支払った保険料の合計額で除した割合。

最高解約返戻率ごとの資産計上期間、資産計上・損金算入割合、取崩期間

最高解約返戻率	資産計上期間	同期間に支払った保険料の「資産計上額」の割合	同期間に支払った保険料の「損金算入額」の割合	資産計上した保険料の取崩期間
50％以下	なし	なし	全額	なし
50％超70％以下	保険期間の40％相当の期間経過まで	40％	60％	保険期間の75％相当の期間経過後から保険期間終了まで
70％超85％以下		60％	40％	
85％超（原則）	保険期間開始から最高解約返戻率になるまでの期間等	①当初から10年目までは最高解約返戻率×90％　②11年目以降は最高解約返戻率×70％	100％－左記の資産計上割合	解約返戻金が最も高い金額となる期間から保険期間終了まで

資産計上および資産計上期間の注意点

●最高解約返戻率が「50％超70％以下」の場合

被保険者一人当たりの年換算保険料相当額が30万円以下の契約については、資産計上は不要（期間の経過に応じて損金に算入）となります。

長期平準定期保険の経理処理（死亡保険金受取人＝法人）

　長期平準定期保険とは、保険期間満了時における被保険者の年齢が70歳超で、かつ、保険加入時の年齢に保険期間の2倍相当数を加えた数が105を超える定期保険をいいます。2019年7月7日以前に契約した長期平準定期保険の支払保険料は、従来どおりの以下の経理処理を行います。

保険期間のうち 前半60％の期間	支払保険料の2分の1：前払保険料（資産計上） 残りの2分の1 ：定期保険料（損金算入）
保険期間のうち 後半40％の期間	支払保険料の全額 ：定期保険料（損金算入） 資産計上されている保険料：均等に取り崩して損金算入

保険金等の経理処理

　法人が死亡保険金や解約返戻金（以下、死亡保険金等）を受け取った場合で、それまで資産計上している保険料がない場合は、全額を雑収入として益金算入します。資産計上していた保険料がある場合は死亡保険金等からその保険料を差し引き、死亡保険金等のほうが多ければ差額を雑収入（益金算入）に、少なければ差額を雑損失（損金算入）として経理処理します。

法人が解約返戻金を受け取ったときの仕訳

保険金の受取人が法人で、払込済の保険料の総額が500万円の終身保険を解約し、解約返戻金を540万円受け取ったときの仕訳

借　方		貸　方	
現金・預金	540万円	保険料積立金	500万円※1
		雑収入	40万円※2

※1　保険料積立金として資産計上されている（借方に計上されている）払込済の保険料積立金を取り崩す。
（参考）P128 講義図解「終身保険の保険料を支払ったときの仕訳」

※2　受け取った解約返戻金540万円と、取り崩した保険料積立金500万円の差額40万円は雑収入として益金に算入する。
（参考）払込済の保険料＞解約返戻金の場合は、差額を雑損失に計上する。

役員勇退時の名義変更（終身保険）

　役員勇退時に役員退職金の一部または全部として、法人契約（契約者および保険金受取人が法人の契約）の終身保険の契約者名義を当該役員に変更し、死亡保険金受取人を役員の相続人等に変更して、役員個人の保険として継続させることができます。

　その際、原則、解約返戻金相当額が当該役員の退職所得の収入金額として扱われます。

法人契約の生命保険は
経理処理と関わってくるから
しっかり把握しよう！

損金算入になるか
資産計上になるか
とかね…

保険の種類ごとの
処理もね！

4

損害保険の種類と
契約～税金

損害保険は、実生活において偶然のアクシデントが発生したとき、その損害を補てんするための保険金が支払われます。生命保険の保険金が「定額払い」であるのに対し、損害保険の保険金は原則、「実損払い」となる点が大きな特徴です。

1 損害保険の基本　重要度 Ⓐ

損害保険の基本用語

はじめに損害保険の基本となる用語を押さえておきましょう。

保険契約者	保険会社と契約を結び、保険料支払い義務を負う人
被保険者	交通事故や火災など、保険の対象となる事故が発生した際、補償を受ける人、その保険の対象となる人
保険の目的	建物や自動車など保険の対象
保険価額	保険事故が発生した場合に、被保険者が被る損害を金銭的に評価した最高金額
保険金額	保険事故が発生した場合に支払われる保険金の最高限度額で、保険の契約段階で決定する
保険金	保険の対象となる事故が発生した場合に保険会社から支払われるお金
告知義務	保険会社が求める項目について契約者および被保険者が事実を報告する義務

保険契約者は契約上の権利と義務があり、保険料を支払う人になります。

保険価額と保険金額は言葉は似ていますが、意味が違うので注意が必要です。

通知義務（つうちぎむ）	契約内容に一定の変更が生じた場合、契約者および被保険者が保険会社に通知する義務
再調達価額（さいちょうたつかがく）	保険対象と同等のものを再購入等する場合の金額
時価	再調達価額から経年・使用分を差し引いて算出した金額

損害保険のしくみ

損害保険は、偶然の事故や災害に備えて、多くの人が保険料を出し合うことで、損害発生時の経済的負担を軽減させるしくみです。損害保険の保険金は、実損額を補てんする**実損てん補**が一般的であり、**時価**または**再調達価額**のいずれかをベースとして、実際に生じた損害に応じて保険金が支払われます。

2 損害保険料のしくみ　　　　重要度 **C**

損害保険独自の基本原則

損害保険は、生命保険と同じく、**大数の法則**（たいすう）と**収支相等の原則**（しゅうしそうとう）をもとに成り立っています。損害保険ではさらに２つ、以下の基本原則が加わります。

> #### 給付・反対給付均等の原則（レクシスの原則）（きゅうふ・はんたいきゅうふきんとう）
> リスクや事故発生率が高ければ、その分、保険料も引き上げられるという原則
>
> #### 利得禁止の原則（りとく）
> 損害を超える保険金の受け取りによって利益を得ることを禁止する原則

ワンポイント

損害保険で実際の損失額を限度に保険金が支払われるのは、利得禁止の原則が働いているためです。

135

損害保険料の構成

損害保険の保険料は、純保険料と付加保険料で構成されています。

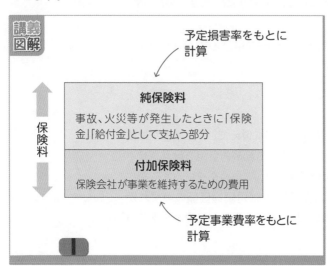

損害保険料の基本的な構成は生命保険料と似ています。

3 保険金額と保険価額

重要度 **B**

保険金額と保険価額

損害保険の保険金額と保険価額については、以下の3パターンに分けられます。

超過保険：保険金額が保険価額より大きい場合。超過保険では、**損害額が全額支払われます**（実損てん補）。

全部保険：保険金額が保険価額と同じ場合。全部保険では、**損害額が全額支払われます**（実損てん補）。

一部保険：保険金額が保険価額よりも小さい場合。一部保険では、**保険価額に対する保険金額の割合によって保険金が削減されます**（比例てん補）。

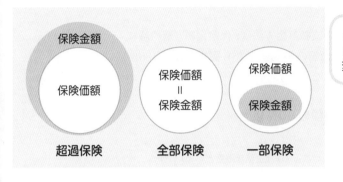

超過保険　　　全部保険　　　一部保険

どこまで保険で
カバーするかによって
変わってくるんだね

4 火災保険　　重要度 A

火災保険とは

火災による建物や家財の損害を補償するのが**火災保険**です。落雷や台風など、火災以外の自然災害による損害も補償の対象となります。

火災保険の種類

数種類ある火災保険のうち、住宅物件に関係する主な火災保険についてここでは確認します。

住宅火災保険

一般的な火災保険で、**火災・落雷・風災**等の損害を補てんします。住居用の建物だけでなく、別途付保することで建物内の家財も対象となります。

住宅総合保険

住宅火災保険の補償範囲に加えて、**水害や盗難**なども補償の対象となります。住居用の建物だけでなく、別途付保することで建物内の家財も対象となります。

ワンポイント

2022年10月以降、新規および更新後の火災保険契約の最長保険期間が10年から5年へ短縮されました。

レック先生のズバッと解説

火災保険は出題される傾向が高い項目です。なお、火災保険では「住宅総合保険」であっても、地震・噴火・津波の損害は補償されません。それらは地震保険に加入することで補償されます。

2章 ● リスク管理

④ 損害保険の種類と契約〜税金

137

保険金の算定方法

　住宅の火災保険金の支払算定方法は、保険金額（契約時に決める金額）が保険価額の80%以上なら**実損てん補**、80%未満なら**比例てん補**になります。

保険金額が保険価額の80%以上

→ 実損てん補
実際の損害額が支払われる（保険金額を限度とする）

保険金額が保険価額の80%未満

→ 比例てん補
下記の計算式で保険金が算出され、支払われる

$$支払保険金 = 損害額 \times \frac{保険金額}{保険価額 \times 80\%}$$

（例）　一部保険による保険金の支払額

① 「保険価額1,000万円の家」に契約時に600万円の保険金額をつけた

保険金額は
保険価額の60%

② 火災発生！
500万円の損害を受けた

③ 契約時の保険金額が80%未満なので比例てん補

$$損害額500万円 \times \frac{保険金額600万円}{保険価額1,000万円 \times 80\%}$$

＝支払保険金375万円

④ 支払保険金　375万円

火災保険は
身近なだけに
ぜひ知って
おきたい！

失火責任法

失火責任法によると、軽過失<ruby>軽<rt>けい</rt>過<rt>か</rt>失<rt>しつ</rt></ruby>によって火災を起こし、隣家等に損害を与えた場合、**損害賠償責任を負わなくてよい**と定められています。ただし、火元の原因になった側の重過失<ruby>重<rt>じゅう</rt>過<rt>か</rt>失<rt>しつ</rt></ruby>や故意<ruby>故<rt>こ</rt>意<rt>い</rt></ruby>、爆発<ruby>爆<rt>ばく</rt>発<rt>はつ</rt></ruby>によって起こった火災の場合には、損害賠償責任が生じます。

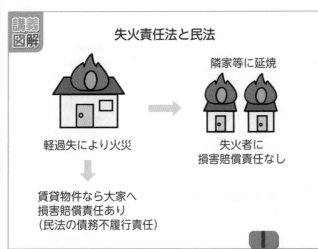

講義図解

失火責任法と民法

軽過失により火災 → 隣家等に延焼 失火者に損害賠償責任なし

賃貸物件なら大家へ損害賠償責任あり（民法の債務不履行責任）

ナビゲーション

失火責任法は隣家等に対して、損害賠償責任（民法で定める不法行為責任）を負わなくてよいという法律です。ただし、賃貸住宅などの借家人がアパート、マンション、貸家などを焼失させた場合は、賃貸借契約上の原状回復義務違反となるので、家主に対して損害賠償責任を負います。そのため、別途特約をつけるのが一般的です。

過去問チャレンジ

民法および失火の責任に関する法律（失火責任法）によれば、借家人が軽過失によって借家と隣家を焼失させた場合、借家の家主に対して損害賠償責任を（ ① ）。また、隣家の所有者に対して損害賠償責任を（ ② ）。

1）① 負う　　　② 負わない
2）① 負わない　② 負わない
3）① 負わない　② 負う　　　　　　　　　　　　　［20年9月・学科］

1　借家人は、賃貸借契約上の原状回復義務に違反するため、家主に対して損害賠償責任を負いますが、重大な過失がなければ（＝軽過失）隣家に対しては、失火責任法の適用により損害賠償責任を負いません。

地震保険

　地震保険は、火災保険では補償されない**地震、噴火、それらが原因による津波の損害**をてん補するための保険です。

地震保険のポイント

●**地震保険は火災保険に付帯して契約する**

> 地震保険は単独では加入できない、
> 中途付帯は可

●**居住用建物とその中の生活用動産が補償の対象**

> 1個または1組の価額が30万円を
> 超える貴金属や絵画等は補償の対象外

●**地震保険の保険金額は火災保険（主契約）の30～50％の範囲で設定可能**

> 保険金額には上限がある
> 建物5,000万円、家財1,000万円

●**損害の程度に応じて保険金が支払われる**

> 支払われる保険金は損害の程度によって
> 違う（下記の表を参照）

ワンポイント

火災保険では1個または1組の価額が30万円等の一定額を超える美術品等を補償対象に加えることができますが、地震保険では対象外です。

> 地震保険は
> 単独で入れない！

地震保険の損害区分と保険金額

損害の程度	保険金額
全損	地震保険金額の100％（時価額が限度）
大半損	地震保険金額の　60％（時価額の60％が限度）
小半損	地震保険金額の　30％（時価額の30％が限度）
一部損	地震保険金額の　　5％（時価額の5％が限度）

地震保険の保険料

　地震保険の保険料は、保険会社による違いはありませんが、対象となる**建物の所在地や構造**によって変わります。

　さらに、対象の建物の免震・耐震性能等によって以下のような**割引制度**があります。

地震保険料の割引制度

① **免震建築物割引**

② **耐震診断割引**

③ **耐震等級割引**

④ **建築年割引**

割引は重複して受けられません。

ワンポイント

地震保険の保険料割引制度の割引率は10％から50％まであります。「耐震等級割引」の等級3、「免震建築物割引」がそれぞれ50％の割引となります。

過去問チャレンジ

地震保険の保険金額は、火災保険の保険金額の30％から50％の範囲内で設定されるが、居住用建物については（ ① ）、生活用動産（家財）については（ ② ）が上限となる。

1）① 3,000万円　　② 500万円
2）① 3,000万円　　② 1,000万円
3）① 5,000万円　　② 1,000万円

[21年5月・学科]

3 地震保険は単独で加入することができず、火災保険とセットで加入します。保険金額は主契約である火災保険の30％〜50％の範囲内とし、限度額は居住用建物が5,000万円、生活用動産（家財）が1,000万円です。

6 自動車保険

自動車保険とは

自動車に関する事故に備える保険です。自動車保険は、強制加入の**自賠責保険**と、**任意加入の自動車保険**（民間保険会社の保険）の2種類があります。

自賠責保険（自動車損害賠償責任保険）

自賠責保険は、強制加入の保険です。すべての自動車と原動機付自転車は、自賠責保険に加入することが義務づけられています。自賠責保険は、被害者救済を目的とした保険のため、対人事故（ケガをさせた、死なせた場合）の被害者のみ補償されます。

ワンポイント

自動車保険には「強制」と「任意」の2つがあることを押さえておきます。テレビCMなどで見る自動車保険はすべて「任意」です。

自賠責保険のポイント

●補償対象

対人事故のみ補償
自分以外（死傷した歩行者、相手側の運転者、同乗者、自車の運行供用者以外の家族など）

※被害者のみ補償されます。車の損害、加害者（自分）のケガ、死亡は補償されません

●保険金の限度額（1名につき）

死亡	最高	3,000万円
傷害	最高	120万円
後遺障害	最高	4,000万円

レック先生の ズバッと解説

強制保険である自賠責保険は、対人賠償のみ補償されることを押さえておきましょう。相手の財物や自分側のケガなどについての補償は任意保険に加入する必要があります。

強制加入の自賠責保険に入るのは当然として、
どこまで補償をつけるかで任意保険を選ぶわけだ

任意加入の自動車保険

民間の保険会社と契約をする任意加入の自動車保険の補償には、次のようなものがあります。

任意自動車保険の補償内容

保険の種類	補償内容
対人賠償保険	他人を死傷させた場合、自賠責保険の保険金額を超える部分の損害賠償を補償
対物賠償保険	他人の財物（ガードレール、自動車など）を破損させたなどの直接的な損害の他、休業損害等の間接的な損害の賠償も補償される
搭乗者傷害保険	事故によって運転者、同乗者が死傷した場合の補償
人身傷害補償保険	自動車事故で死傷した場合、自分の過失割合に関わらず補償される
無保険車傷害保険	当て逃げや、事故で死傷した際に加害者側が無保険の場合の補償
車両保険（一般条件）	事故や盗難、当て逃げなどにより損害を受けた場合の自分の車への補償 特約を付けない限り、地震・噴火・津波による損害は補償の対象外

ワンポイント

任意自動車保険の対人賠償保険、対物賠償保険は基本的に他人のみ補償となります。本人、配偶者、子ども、父母は補償されません（兄弟姉妹は補償対象）。

ナビゲーション

人身傷害補償保険では、示談交渉を待たずに保険金が支払われます。契約保険金額を上限とし、実際の損害額に対し、実損分の保険金が支払われます。

④ 損害保険の種類と契約～税金

過去問チャレンジ

自動車を運行中にハンドル操作を誤ってガードレールに衝突し、被保険者である運転者がケガをした場合、（　　）による補償の対象となる。

1）対人賠償保険
2）人身傷害補償保険
3）自動車損害賠償責任保険

[23年1月・学科]

2 被保険者である運転者のケガは、人身傷害補償保険では補償対象ですが、対人賠償保険や自動車損害賠償責任保険（自賠責保険）では補償対象外です。

重要度

傷害保険とは

　傷害保険とは、身体に傷害を負ったとき通院や入院、手術などにかかる費用を補てんする保険です。補償となるのは、日常生活や就業中の「急激かつ偶然な外来の事故」による傷害になります。

主な傷害保険

保険の種類	補償内容
普通傷害保険	国内外を問わず、急激かつ偶然な外来の事故による傷害を補償する
家族傷害保険	補償内容は普通傷害保険と同様で、事故発生時の本人とその家族を補償する 家族の人数に関わらず保険料は同じ
国内旅行傷害保険	国内旅行中の傷害を補償する 細菌性（ウイルス性）食中毒は補償されるが、地震などは補償されない
海外旅行傷害保険	海外旅行中の傷害を補償する 細菌性（ウイルス性）食中毒は補償され、外国での地震、噴火、津波による傷害も補償される
交通事故傷害保険	国内外を問わず、交通事故、乗り物の火災などによる傷害を補償する 家族全員が補償されるタイプもある

傷害保険の補償内容（まとめ）※特約がない場合

	ケガ （原則）	細菌性食中毒 ウイルス性 食中毒	地震・噴火・ 津波 によるケガ
普通傷害保険	○	×	×
家族傷害保険	○	×	×
国内旅行傷害保険	○	○	×
海外旅行傷害保険	○	○	○

ワンポイント

普通傷害保険は、特約がなければウイルス性の食中毒、細菌性の食中毒は補償の対象外となります。また自殺、地震、噴火、津波を原因とする傷害も原則、対象外です。

ナビゲーション

家族傷害保険、交通事故傷害保険の家族とは、人数を問わず、事故発生時の以下を指します。
1. 本人
2. 配偶者
3. 生計を一にする同居親族、および別居の未婚の子

ワンポイント

国内旅行傷害保険、海外旅行傷害保険は飛行機等による目的地への移動だけでなく、自宅から空港などへの移動中も補償対象です。出かけてから帰宅まで補償されると覚えましょう。

過去問 **チャレンジ**

海外旅行傷害保険では、海外旅行中に発生した地震によるケガは補償の対象とならない。

[23年1月・学科]

✕ 海外旅行傷害保険は、海外旅行中に発生した地震、噴火、津波によるケガも補償対象となります。

8 賠償責任保険 ばいしょうせきにんほけん

 重要度 **A**

賠償責任保険とは

賠償責任保険は、偶然の事故によって他人にケガをさせたり、物が破損したりして、損害賠償責任を負った場合に補償される保険です。賠償責任保険は、主に以下のように分類されます。

主な賠償責任保険

個人賠償責任保険（個人賠償責任補償特約）

個人が日常生活で他人にケガをさせた、他人の物を壊したなどで、損害賠償責任を負った場合に補償される。

例えば…

・ショッピング中に誤って商品を壊してしまった
・子どもが野球をしていて民家の窓ガラスを割った
・飼い犬が歩行者に噛みついてケガを負わせた

POINT

・1契約で家族（本人、配偶者、生計を一にする同居親族、生計を一にする別居の未婚の子）が対象
・**業務中の事故は対象外**
・自動車運転による事故は対象外

ワンポイント

個人賠償責任保険は、自動車やバイクの運転に関する賠償責任は補償の対象外となります。
例：「自動車で事故を起こし歩行者をケガさせた」等は対象外です。

生産物賠償責任保険（PL保険）

製造・販売した商品によって生じた事故で損害賠償責任を
負った場合に補償される。

例えば…

- ・製造した加湿器から出火して火事になった
- ・防水工事を請け負った結果、水漏れにより損害を負わ
せた
- ・飲食を提供したところ客が食中毒を起こした

> **POINT**
>
> - ・企業を対象とした保険
> - ・被害者の治療費、慰謝料など企業側の損害賠償責任
> による負担を補償

PL保険は、料理店の
食中毒、家電製品の
欠陥による火災など
で、他人に損害を与
えた場合の損害賠償
責任に備える保険で
す。

施設所有（管理）者賠償責任保険

施設の所有・使用・管理、その施設における仕事の遂行に
伴って生じた偶然な事故により、他人の身体、財産に損害
を与えた場合の損害賠償責任に備える保険

例えば…

- ・自転車で商品を配達中に通行人にぶつかり、ケガをさ
せた
- ・店の商品が倒れて、客がケガをした
- ・施設の看板が落下し、歩行者がケガをした

受託者賠償責任保険

他人から預かった物について紛失・盗難・汚損などがあっ
た場合の損害賠償責任に備える保険

例えば…

- ・美容室でバッグを預かったが紛失した
- ・ゴルフ場で預かったゴルフバッグを汚した
- ・レストランでコートを預かったが、取り違えにより紛
失した

その他の損害保険

●労働災害総合保険
従業員が労働災害を被ったときに、労災保険の上乗せ補償
や企業の被用者に対する損害賠償責任に備える保険

例えば…
・工場で被用者がケガをした
・建設現場で足場崩壊により被用者が死亡した

●企業費用・利益保険
不慮の事故や災害などにより、自社が受けた被害や逸失利
益を補償する保険

例えば…
・台風の影響により工場が被害に遭い操業が停止した
・建物の給排水設備の故障により飲食店が営業停止した

過去問チャレンジ

製造した食品が原因で食中毒を発生させ、顧客の身体に損害を与えたことにより、法律上の損害賠償責任を負うことによって被る損害を補償する保険として、生産物賠償責任保険（PL保険）がある。　　　　　　［22年1月・学科］

○ 「生産物賠償責任保険（PL保険）」は、製造・販売した商品によって生じた事故で損害賠償責任を負った場合に補償する保険で、本問もこれに該当します。

9 損害保険と税金 重要度 B

損害保険と税金の関係

　損害保険も生命保険同様、保険料の支払い時に所得から控除できる保険と、受け取ったときに**非課税**となる保険があります。

地震保険料控除

　損害保険のうち、自宅建物および家財を対象にした地震保険の保険料は、**地震保険料控除**として1年間に支払った分を、その年の所得金額から差し引くことができます。

地震保険料控除額

所得税	年間支払保険料の**全額**（最高**50,000円**）
住民税	年間支払保険料の**半額**（最高**25,000円**）

損害保険金の税金

　損害保険の保険金は、損失の補てんを目的とした実損払いのため、**非課税**が原則です。

　ただし、傷害保険の死亡保険金、満期返戻金、年金として受け取る保険金は原則、生命保険の税金と同じ扱い（P123〜126）となります。

法人の支払保険料の経理処理

　法人が複数年度分の**損害保険料**を支払ったとき、その事業年度分は「**支払保険料**」などの**損金に算入**しますが、次年度以降に係る部分は「**前払保険料**」などの**資産として計上**します。また、**満期返戻金**など積立部分がある場合は「**保険料積立金**」などの**資産として計上**されます。

レック先生のズバッと解説

損害保険の控除は原則、地震保険料控除のみとなります。「所得税は全額・50,000円上限」、「住民税は半額・25,000円上限」と暗記してしまいましょう。

ワンポイント

自動車保険で相手方の対人賠償保険、対物賠償保険などから支払われた保険金は**非課税**が原則となります。

自宅が火災で焼失したことにより契約者（＝保険料負担者）が受け取る火災保険の保険金は、非課税となる。

[23年5月・学科改]

〇　受け取る保険金は自宅を焼失した損失への補てんのため非課税です。

保険料の支払いと
保険金の受け取りで
税金の処理が
変わってくるからね！

法人は経理処理も
あるから
しっかり覚えないと！

5 第三分野の保険

「生命保険」は第一分野の保険、「損害保険」は第二分野の保険、その中間の扱いになるのが第三分野の保険です。第一、第二のいずれかに分類するのが難しい、または両方にある特約などが含まれています。一種類の保険や特約ではなく、総称として第三分野の保険といわれています。

1 第三分野の保険　重要度 A

第三分野の保険とは

　医療や傷害、介護、特定疾病（とくていしっぺい）に対して保険金が支払われるのが第三分野の保険です。メインの保険に特約として付加するタイプのほか、主契約で加入するタイプもあります。

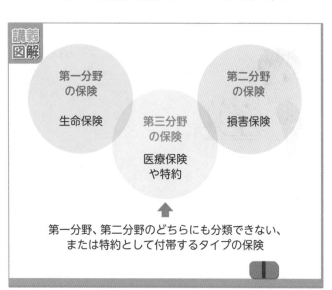

講義図解

第一分野の保険	第三分野の保険	第二分野の保険
生命保険	医療保険や特約	損害保険

↑
第一分野、第二分野のどちらにも分類できない、または特約として付帯するタイプの保険

レック先生のズバッと解説

第三分野の保険の特徴は、死亡で保険金が出るタイプではなく、医療保険や介護保障など、生きていくための保険と考えるとわかりやすいでしょう。

医療保険・入院特約

　病気やケガに備えるための医療保険や入院特約です。入院や手術などの必要性に備える保険となります。医療保険は単体（主契約）で加入する保険ですが、入院特約は、通常、主となる生命保険等に特約として付加します。

医療保険の支払い限度日数

１回の入院につき60日、120日など支払い日数の限度を設けています。

再入院の180日ルール

退院日の翌日から180日以内に同一の疾病等により再入院した場合、入院給付金支払い限度日数はそれまでの入院日数と合算されて、１入院当たりの支払い限度日数（60日や120日など）に含まれます。なお、180日以内の再入院でも、異なる原因による入院は、合算しません。

限定告知型／引受基準緩和型

　一般の医療保険に比べ、健康状態の告知項目が少ないため、持病がある人でも加入しやすい医療保険です。ただし、保険料は一般の医療保険と比較した場合、割高になります。

がん保険・がん入院特約

　がんのみを保険の対象にしています。被保険者が、がんと診断された際の**がん診断給付金**のほか、**がん入院給付金**、**がん手術給付金**などの保障もあります。

　一般的に、責任開始日前に**90日間または3カ月間の免責期間**があります。

　がん診断給付金は、一度のみ支払われる商品のほか、再発や治療の長期化に備えるため複数回支払われる商品もあります。また、入院治療の短期化傾向により、通院給付金等を重視した商品もあります。

介護保障保険（介護保険）

　民間保険会社が扱う介護保険で、被保険者が公的介護保険の要介護認定や保険会社が定める所定の状態になった場合に給付金が支払われる保険です。

介護保障保険の給付タイプ

連動型

給付は、公的介護保険の要介護度に連動する

非連動型

給付は、保険会社が独自に定めた基準に沿う

所得補償保険

　所得補償保険は、病気やケガにより仕事ができないときの、減少する収入を補うための保険です。

ワンポイント

がんで入院した場合、がん保険から支払われる入院給付金に日数の制限はありません。通常の医療保険は限度日数があるのとは大きく異なるところです。

ナビゲーション

がん保険に加入してから、すぐにがんの診断がされると一般的には契約は無効となり、保険金は支払われません。90日間または3カ月間の免責期間があることを覚えておきましょう。

過去問チャレンジ

がん保険において、がんの治療を目的とする入院により被保険者が受け取る入院給付金は、一般に、1回の入院での支払日数は90日が限度となる。

[24年1月・学科]

✕　がん保険の入院給付金の支払い日数は、一般に、制限がありません。

生命保険会社でも損害保険会社でも扱っているのが第三分野なのです！

3級レベルの問題で
復習してみよう！

ステップアップ講座

2級は3級の応用力です。
3級で学んだ「こういう場合はこうなる」
という適用要件を確認しながら解いてみましょう。

Q1 | 法人税

法人の納める税金が少なくなるのはどちらでしょう？
　A．保険料を資産計上
　B．保険料を損金算入

正解：B

法人税の所得は、「益金－損金＝所得」で計算され、所得が多いほど税額も多くなります。資産計上されるものは損金になりませんが、損金算入されるものは差し引くことができるため「損金算入できる＝税額が減る」という関係になります。

終身保険や養老保険は貯蓄性があるため、その支払保険料は資産計上するのが基本ですが、一般的な定期保険には貯蓄性がないため、その支払保険料は損金算入できます。

しかし、定期保険の中には保険期間中に解約返戻金が多くなるものがあり、その場合には最高解約返戻率により、資産計上する割合が発生します。

また、養老保険は満期保険金がある性質から、従業員の退職金準備にも活用できるため、死亡保険金受取人を遺族、満期保険金受取人を法人にすることで、支払保険料の2分の1を損金算入できるようになっており、企業が充実した福利厚生を実現できるような税制の配慮があります。

ここまで理解できたかな？
それでは最近の2級過去問に
チャレンジしてみましょう！

Q2

同条件の個人年金保険（終身年金）を多く受け取れる可能性はどちらが高いでしょう？

A. 30歳の男性

B. 30歳の女性

正解：B

終身年金は、生存している間は年金を受け取れますから、平均的には男性よりも長生きする女性の方が、年金を多く受け取れる可能性が高いです。そのため、保険料を男女で比較すると、保険会社から見れば女性からは多くの保険料を納めてもらわなくては支払う年金の財源が不足してしまうため、女性の方が高くなります。

他方、被保険者の死亡により遺族が年金を受け取れるかどうかは、年金受取りの開始前と後で異なります。年金受取り開始前では、一般に払込保険料相当額を死亡給付金として遺族が受け取れます。開始後に死亡した場合に、遺族が残りの期間分の年金を受け取れるのは確定年金で、受け取れないのが終身年金や有期年金（保証期間外の死亡）という違いがあります。

Q3

損害保険

無免許運転で人身事故を起こしました。保険金が支払われるのはどちらでしょう？

A. 被害者への賠償をする対人賠償保険

B. 自分の車を修理する車両保険

正解：A

無免許運転や飲酒運転といった違法な運転で事故を起こした場合、保険は誰に補償するべきかを考えます。もし、違法運転であってもすべての補償が受けられるなら「保険金がでるからいいや」といったモラルリスク（気の緩み）が起きて事故発生を誘発してしまいます。そのため、加害者本人への補償はされなくて当然と考えますが、被害者には補償をする必要があり、Aが正解となります。

Q 法人保険

（20年9月・学科改）

法人を契約者（＝保険料負担者）とする生命保険に係る保険料の経理処理に関する次の記述のうち、最も不適切なものはどれか。なお、いずれも保険料は年払いで、いずれの保険契約も2024年4月に締結したものとする。

1．被保険者が役員・従業員全員、死亡保険金受取人が被保険者の遺族、満期保険金受取人が法人である養老保険の支払保険料は、その2分の1相当額を資産に計上し、残額を損金の額に算入することができる。
2．被保険者が役員、死亡保険金受取人が法人である終身保険の支払保険料は、その全額を資産に計上する。
3．被保険者が役員、死亡保険金受取人が法人で、最高解約返戻率が80％である定期保険（保険期間10年）の支払保険料は、保険期間の前半4割相当期間においては、その40％相当額を資産に計上し、残額を損金の額に算入することができる。
4．被保険者が役員、給付金受取人が法人である解約返戻金のない医療保険の支払保険料は、損金の額に算入することができる。

正解：3　2級ではこう解く！

1．適切　上記のとおり。
2．適切　上記のとおり。
3．不適切　支払保険料に対する損金算入と資産計上の割合が逆になっていて不適切です。最高解約返戻率が70％超85％以下の定期保険の支払保険料は、保険期間の前半4割の期間は、支払保険料の60％を資産に計上し、残り40％を損金に算入することができます。
4．適切　上記のとおり。

個人年金保険の一般的な商品性に関する次の記述のうち、最も適切なものはどれか。

1. 確定年金では、年金受取開始日前に被保険者（＝年金受取人）が死亡した場合、死亡給付金受取人が契約時に定められた年金受取総額と同額の死亡給付金を受け取ることができる。

2. 定額個人年金保険では、他の契約条件が同一の場合、保険料の払込満了から年金受取開始までの据置期間が長い方が、受け取る年金額は多くなる。

3. 確定年金では、年金受取期間中に被保険者（＝年金受取人）が死亡した場合、相続人等が既払込保険料相当額の死亡給付金を受け取ることができる。

4. 終身年金では、他の契約条件が同一の場合、保険料は被保険者が男性の方が女性よりも高くなる。

正解：2	2級ではこう解く！

1. 不適切　確定年金では、年金受取開始前に被保険者（＝年金受取人）が死亡した場合、契約で定めた死亡給付金（例：既払込保険料相当額）が支払われます。

2. 適切　上記のとおり。

3. 不適切　確定年金では、年金受取期間中に被保険者（＝年金受取人）が死亡した場合、相続人等が残りの期間の年金または年金現価相当額の一時金を受け取ることができます。相続人等が既払込保険料相当額の死亡給付金を受け取ることができるのは、年金受取開始前に被保険者が死亡した場合です。

4. 不適切　寿命は男性に比べ女性の方が長いため、他の契約条件が同一である場合、終身年金の保険料は、被保険者が女性の方が男性よりも高くなります。

2 リスク管理
復習のまとめ

しっかり確認しましょう！
出題頻度の高い論点　総ざらい

・保険料のしくみや構成を復習しましょう。

・各保険商品から出題されるので、生命保険や地震保険、傷害保険もそのポイントをしっかりマークしましょう。

・がん保険や先進医療特約はコンスタントに出題されています。第三分野をひととおり理解しましょう。

・税金との関係は重要です。保険料・保険金の税務を理解しましょう。

第**3**章

金融資産運用

ライフプランの実現には資金が必要です。貯蓄はその基礎となるものですが、老後までを想定すれば不足する部分が出てきます。その不足分を補うためには、債券や株式、投資信託などによる資産運用が欠かせません。各金融商品のしくみやリスクについて理解します。

この章で
学ぶ内容

● 金融と経済の基本
　経済指標の見方、物価、金利、為替などの関係

● 金融機関のセーフティネットと関連法規
　金融機関が破綻時等に保護される資産の範囲

● 金融商品の種類としくみ
　預貯金や債券、株式、投資信託などの基本

● 金融商品と税金
　金融商品に係る税金、非課税制度

● ポートフォリオ理論とデリバティブ取引
　期待収益率の計算、相関係数、
　オプション取引のしくみ

金融資産運用

ここをしっかり押さえておけば問題の正解率がアップします。

金融と経済の基本

主要な経済指標の見方について学ぼう

GDP（国内総生産）や景気動向指数、日銀短観など

景気と金利などの関係について

景気と金利・株価・為替などの関係性を理解する

金融市場のしくみ

日銀の金融政策が金融市場に与える影響を整理する

金融のセーフティネットと関連法規

預金保険制度……………金融機関が破綻した場合に預金を保護
日本投資者保護基金……証券会社に預けている金融資産の補償
金融サービス提供法……金融商品の販売において顧客を保護
消費者契約法……………事業者と契約する消費者を保護
金融商品取引法…………金融商品の取引に関して投資家を保護

金融商品の種類としくみ

貯蓄型金融商品 （預貯金）	➡	商品性、元利計算
債券	➡	種類、利回り計算、価格変動リスクや信用リスクと価格、利回りの関係
株式	➡	取引のしくみ、市場の指標、投資指標
投資信託	➡	しくみと種類、運用手法、手数料
外貨建て金融商品 等	➡	外貨預金、外国債券、外国投資信託、為替リスク、金について

金融商品と税金

金融商品ごとの利益にかかる税金を理解する
　預貯金、債券、株式、投資信託、外貨建て金融商品等の税金

資金を預ける口座の違いを理解する
　特定口座、新NISAの制度概要

ポートフォリオ理論とデリバティブ取引

期待収益率の計算や相関係数、オプション取引とプレミアムを理解する

1 経済と金融の基本

ライフプランを立てるには、経済や金融に関する知識が欠かせません。FPは老後の生活を見据えて、将来、必要になる貯蓄額を予測し、毎年どのくらいの貯蓄をすべきか、最適な金融商品は何か、といった金融資産の運用についても提案していきます。

1 経済指標と景気指標の基本　　　重要度 A

GDP（国内総生産）

　国の経済力の大きさを表す代表的な経済指標です。一定期間内に「国内の経済活動によって生み出された、財・サービスといった付加価値の合計」となります。「付加価値」とは、経済活動によって生み出された新しい価値のことです。

GDPと経済成長率

　経済成長率は、年間で、国の経済規模がどれくらい成長したかを表したもので、具体的には、GDPの年間成長率（％）で表されます。物価変動を含めた取引金額をベースとした「名目GDP成長率」（名目経済成長率）と、名目GDP成長率から物価変動を取り除いた「実質GDP成長率」（実質経済成長率）があります。

GDPの「三面等価の原則」

　GDPは、「生産」「支出」「分配」という異なる側面からそれぞれ計算をすることができますが、最終的には同じ数値になるという経済学上の原則です。等式で表すと、生産＝支出＝分配となります。

用語の意味

GDPの英語表記は、「Gross Domestic Product」の略です。それぞれの意味は、Gross＝「全体の」、Domestic＝「国内の」、Product＝「生産物」です。

ワンポイント

GDPは、内閣府によって、四半期ごとに発表されます。

景気動向指数

　景気動向指数は、景気に対して敏感に反応する生産や雇用に関連する指標をまとめ、経済の先行きを予測した指標のことです。景気動向指数には、コンポジット・インデックス(**CI**) とディフュージョン・インデックス(**DI**) の2種類があります。

「CI」と「DI」

　CI (コンポジット・インデックス) は景気動向の大きさやテンポを、DI (ディフュージョン・インデックス) は景気の波及の度合いを測定します。

「先行指数」「一致指数」「遅行指数」

　CIとDIには、それぞれ**先行指数・一致指数・遅行指数**という3つの指数があります。

> **先行指数**… 景気に先行して動く指数。
>
> 　　　　例) **新規求人数**、実質機械受注、**新設住宅着工床面積**など。
>
> **一致指数**… 景気と一致して動く指数。
>
> 　　　　例) **生産指数（鉱工業）**、有効求人倍率、営業利益（全産業）など。
>
> **遅行指数**… 景気に遅れて動く指数。
>
> 　　　　例) **完全失業率**、消費者物価指数、**法人税収入**など。

① 経済と金融の基本

ワンポイント

景気動向指数は、毎月、内閣府が発表します。

レック先生のズバッと解説

以前は、DIが重視されていましたが、現在は、景気変動の大きさやテンポを把握することが重要だとの判断から、CI中心に発表されるようになりました。

ワンポイント

現在の景気が拡張しているのか、それとも、後退しているのか、といった景気判断には、一致指数が使われます。一致指数が上昇のときは、景気の拡張局面といえます。

過去問チャレンジ

景気動向指数において、完全失業率は、(　　)に採用されている。

1) 先行系列
2) 一致系列
3) 遅行系列

[24年1月・学科]

3 完全失業率は遅行系列に採用されています。なお、先行系列には「新規求人数」など、一致系列には「有効求人倍率」などが採用されています。

日銀短観

　日銀短観の正式名称は「全国企業短期経済観測調査」です。日本銀行が、年4回、全国の大手企業や中小企業の経営者に対して行う調査のことです。調査の内容は多岐にわたりますが、最も注目されている項目が、「業況判断DI」です。

日銀短観の「業況判断DI」とは

　業況とは、企業の事業の状況のことです。調査対象の企業が、自社の業況について、「良い」「さほど良くない」「悪い」という選択肢の中から回答します。業況判断DIは、「良い」と回答した企業の割合から「悪い」と回答した企業の割合を差し引いて算出します。

レック先生の
ズバッと解説

業況判断DIは、現在の業況の他に、3カ月先の業況についての予想も調査します。回答の選択肢は、同じく「良い」「さほど良くない」「悪い」という3択です。

業況判断DIのしくみ

業況判断DI	=	業況が「良い」と答えた企業の割合	−	業況が「悪い」と答えた企業の割合

マネーストック

マネーストックとは、**国や金融機関以外**の経済主体が保有している**通貨の総量**のことです。具体的には、個人や企業、地方公共団体などが保有する、市中に流通している通貨量の総量となります。

ワンポイント

マネーストックは、毎月、日本銀行が発表します。

物価指数

モノやサービスの価格の動向を表す物価指数には、いくつかの種類があります。その中でも重要なのが、「消費者物価指数」と「企業物価指数」です。

	消費者物価指数	企業物価指数
発表元	総務省	日本銀行
発表の頻度	毎月	毎月
内容	消費者が購入する、様々な商品やサービスの小売価格の変動を表した指数。	企業間で売買される商品（サービスは除く）の価格変動を表した指数。

過去問チャレンジ

全国企業短期経済観測調査（日銀短観）は、企業間で取引されている財に関する物価の変動を測定した指標である。

[21年1月・学科]

× 設問は企業物価指数の説明です。

2 景気循環と金利

重要度 B

景気の循環とは

景気は、経済活動が拡大する「好況」と縮小する「不況」を繰り返します。これを景気循環と呼びます。

景気の４つの局面

景気循環は通常４つの局面で把握されます。この４つの局面が繰り返されて景気のサイクルができています。

ナビゲーション

好況のときは、消費が活発になり、企業の生産が増えます。しかし、売れなくなると在庫が過剰になるため、企業は生産を抑制し、不況になります。

景気と金利の関係は

　景気動向と金利には、密接な関係があります。それを理解することで、ライフプランを立てる際、どんな金融商品でお金を運用すればよいのか、適切なアドバイスができるようになります。

景気が良くなってくると、個人消費が活発になり、企業は生産を増やします。そのため、資金の需要が高まり、金利が上昇することになります。

景気と金利の基本的な関係

・景気拡大期
　企業の活動が活発化→ 資金需要が増加→ 金利上昇

・景気後退期
　企業の活動が低調→ 資金需要が減少→ 金利低下

- -

マネーストックと金利の関係

・マネーストックが増える→ 通貨量が増加→ 金利低下
・マネーストックが減る→ 通貨量が減少→ 金利上昇

- -

物価と金利の関係

・物価が上がる→ 資金需要が増加→ 金利上昇
・物価が下がる→ 資金需要が減少→ 金利低下

- -

為替と金利の関係

・円安になると→ 輸入価格が上昇→ 物価上昇→ 金利上昇
・円高になると→ 輸入価格が低下→ 物価低下→ 金利低下

例えば、1ドル＝120円が1ドル＝150円と円安になると、海外の同じ商品を買うときにより多くの円が必要になるため、輸入価格は高くなり、国内の物価も上昇することになります。

景気と株価の関係

　景気動向と株価の動きにも関係性が見られます。**好況が予想される**と、**株価の上昇**につながります。一方、企業の収益が伸び悩むことが予想されると、株価の下落につながります。

物価が景気に及ぼす影響

　物価の変動が景気に大きく影響することがあります。それは「インフレ」（インフレーション）と「デフレ」（デフレーション）です。

> ・**インフレ→** 物価が継続して上昇している状態
> ・**デフレ→** 物価が継続して下落している状態

インフレとデフレの影響

・**インフレ**によって、物価が上がり続けると、それに伴ってお金の価値が下がり続けます。
・**デフレ**によって、物価が下がり続けると、**お金の価値が上がり続けます。**

ワンポイント

価格が1,000円の商品が、デフレによって700円になった場合、その商品を買うのに必要なお金が少なくて済むので、お金の価値は上がったことになります。

過去問チャレンジ

米国の市場金利が上昇し、日本と米国の金利差が拡大することは、一般に、米ドルと円の為替相場において米ドル安、円高の要因となる。

[23年1月・学科]

✕　米国の金利が上昇し、日本と米国の金利差が拡大すると、金融市場では、米国の高い金利が得られる金融商品を買うために、金利の低い日本の通貨（円）を売って米国の通貨（米ドル）を買おうとします。この傾向により、一般的には「米ドル高、円安」になります。

3 金融市場と金融政策

重要度  B

金融市場とは

　「金融」とは、お金を「融通」することです。融通の意味は、必要なモノやお金をやりくりすることなので、金融市場とは、お金をやりくりする（＝取引をする）ところ、といえるでしょう。具体的な取引は、お金を貸したり、借りたりすることです。

金融市場で取引する参加者

　金融市場で取引ができるのは、主に銀行や証券会社、保険会社といった金融機関です。そのほか、一般企業や日銀なども含まれます。

ワンポイント

金融市場は、個人が直接参加して取引することはできません。

金融市場のしくみ

　金融市場では、主に金融機関同士や、金融機関と企業との間で、お金の取引をします。取引の期間によって2つに大別され、**取引期間が1年未満**を**短期金融市場**、**1年以上**を**長期金融市場**と呼んでいます。

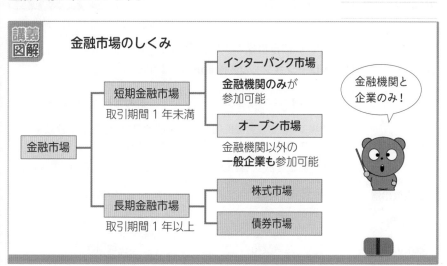

講義図解　**金融市場のしくみ**

インターバンク市場とオープン市場

・インターバンク市場

その名の通り「銀行間」の市場なので、銀行や証券会社、保険会社といった**金融機関のみ**が参加できます。手形を取引する「**手形市場**」や、短期の資金の貸し借りをする「**コール市場**」があります。

・オープン市場

金融機関以外の一般企業も参加することができる、短期金融市場のことです。

債券市場

債券市場では様々な債券が取引されています。その中でも、新規に発行された期間10年の国債の流通利回りは、長期金利の指標として利用されています。

日銀の金融政策

日本銀行（日銀）は、**物価を安定させることを目的**として、以下のような、様々な金融政策を金融市場で行います。

公開市場操作（オペレーション）

金融市場で取引される通貨量を日銀が調節することを公開市場操作といいます。公開市場操作には、「**買いオペレーション**」と「**売りオペレーション**」の2種類があります。

ナビゲーション

コール市場の代表的な金融商品は「無担保コール翌日物」で、「今日借りて、明日返す」という期間1日の取引です。

ワンポイント

日本銀行が供給する通貨量は、「マネタリーベース」と呼ばれます。

	買いオペレーション	売りオペレーション
内容	金融市場で、日銀が金融機関から国債などを買う →日銀がお金を払う（資金供給）	金融市場で、日銀が金融機関へ国債などを売る →日銀がお金をもらう（資金吸収）
通貨供給量	増える	減る
金利	低下 ↘	上昇 ↗
政策の目的	金融緩和	金融引き締め

日銀の公開市場操作
（オペレーション）

買いオペレーション

日銀 ← 債券 ← 金融機関

日銀 → お金 → 金融機関

日銀が、金融機関が保有する国債などの
債券を**購入**して、**市場に資金を供給する**

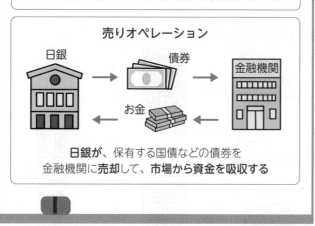

売りオペレーション

日銀 → 債券 → 金融機関

日銀 ← お金 ← 金融機関

日銀が、保有する国債などの債券を
金融機関に**売却**して、**市場から資金を吸収する**

オペレーションとは
「操作」という
意味です

預金準備率操作

　金融機関は、預金など保有資産の一定の割合を日銀に預けることが義務づけられています。この割合を「**預金準備率**」と呼びます。金融市場に出回るお金を調整するために、この預金準備率を引き上げたり、引き下げたりすることが**預金準備率操作**です。

預金準備率操作の影響

預金準備率の引き上げ	金融機関は、日本銀行により多くの預金を預けるため、市場に出回る資金の量は減ります →金利を上昇させる効果がある（**金融引き締め**）
預金準備率の引き下げ	金融機関は、日銀に預ける預金の量が減るため、市場に出回る資金の量は増えます →金利を低下させる効果がある（**金融緩和**）

日銀の預金準備率操作

預金準備率の引き上げ

日銀　お金　金融機関

金融を引き締めて、金利を上昇させる

預金準備率の引き下げ

日銀　お金　金融機関

金融を緩和して、金利を低下させる

日銀は預金準備率を操作すると同時に公表もしてるんだって

日銀の金融政策と物価変動

　日銀の金融政策の目的は、物価を安定させることですが、そのための直接的な手段として、公開市場操作と預金準備率操作などを行い、金利を上下させることで、物価の調整を行います。

金融緩和と金融引き締めの効果

・金融緩和
金利低下→ 景気回復を促進→ 物価の下落を抑制

・金融引き締め
金利上昇→ 景気の過熱を抑制→ 物価上昇を抑制

ワンポイント

金融引き締めは、金利を上昇させる効果があるので、株価の下落要因になります。

金融調節の効果と狙い

	金融緩和	金融引き締め
金融政策	買いオペレーション 預金準備率引き下げ	売りオペレーション 預金準備率引き上げ
金利動向	金利低下↘	金利上昇↗
金融政策の狙い	物価の下落 （デフレ）を抑制	物価の上昇 （インフレ）を抑制

ナビゲーション

インフレやデフレの進行によって、物価の変動が経済に悪影響を及ぼす可能性が高まると、日銀は金融政策を発動させます。

4 財政政策

重要度 C

財政政策とは

　政府が、「歳入」や「歳出」によって、経済に影響を及ぼす政策のことを財政政策といいます。日銀が行う金融政策と並んで、経済政策の柱といえます。

「歳入」と「歳出」

・**歳入**… 税金や国債などの発行で得る収入のこと。
・**歳出**… 公共事業費や社会保障費などの支出のこと。

財政政策で実施される減税には、個人の所得税や企業の法人税の引き下げなどがあります

財政政策の3つの機能

　財政政策には主に3つの機能があります。公共サービスや公共施設へ投資する「資源配分」、税金を再分配する「所得再分配」、減税や公共事業による「経済の安定化」です。

2 金融機関のセーフティネットと関連法規

老後資金のための資産運用において、個人の自己責任の部分が大きくなっています。そのため、金融機関が経営破綻したとき、お金を預けている個人や投資家、保険契約を結んでいる人を保護するためのしくみが注目されるようになりました。そのしくみが「セーフティネット」です。

1 金融機関等の破綻と保護　　重要度 A

日本では、銀行、証券会社、保険会社などの金融機関の万一に備えて顧客の資産を守るセーフティネットがあります。

預金保険制度

預金保険制度とは、もし銀行などの金融機関が破綻したときに、預金者を保護する制度です。この制度の対象となるのは、日本国内に本店がある銀行、信用金庫、信用組合、労働金庫、ゆうちょ銀行などです。

預金保険制度で保護される金融商品

金融機関が預金保険制度の対象となっていても、以下のように、保護されない金融商品もあります。

「セーフティネット」を直訳すると「安全網」という意味になります。

国内に本店がある金融機関でも海外支店は対象になりません。また、外国銀行の日本支店も対象外です。

保護の対象	保護の対象外
預貯金	外貨預金
定期積金	譲渡性預金
元本補てん契約のある金銭信託	元本補てん契約のない金銭信託

預金保険制度で保護される金額の限度

・決済用預金

決済用預金は**全額**が保護の対象です。決済用預金とは、利息が付かない「**無利息**」、いつでも引き出しが可能な「**要求払い**」、引き落としが可能な「**決済サービス**」という3つの条件を満たしている預金です。

・決済用預金以外の預貯金

1つの金融機関ごとに、預金者1人当たり**元本1,000万円**と、その預金の**利息**が保護されます。

決済用以外の預金とは、一般的な普通預金や定期預金、定期積金等のことです。

過去問チャレンジ

預金保険制度の対象金融機関に預け入れた決済用預金は、預入金額の多寡にかかわらず、その全額が預金保険制度による保護の対象となる。

[22年9月・学科]

O 無利息、要求払い、決済サービスの3要件を満たす決済用預金は、全額が預金保険制度による保護の対象です。

日本投資者保護基金
にほんとうししゃほごききん

日本投資者保護基金とは、証券会社の破綻や財政困難になった場合に投資家を保護するセーフティネットです。

資産の「分別管理」
ぶんべつかんり

証券会社は、投資家から預かっている現金や証券などの金融資産を、自社の資産とは分けて管理することが義務付けられています。これを「**分別管理**」といいます。

法令違反の証券会社から投資家を保護する

通常、証券会社が破綻をしても、分別管理がされていれば、投資家は金融資産をそのまま返還してもらえます。しかし、分別管理義務を怠っていた場合、現金や、株式や債券といった資産が戻らない可能性が出てきます。その際、投資家の損失を補償するのが**日本投資者保護基金**です。

補償額

証券会社の破綻などで損害を受けた一般顧客1人に対して、最大**1,000万円**まで補償します。

---

2 金融商品の関連法規　　　重要度 C

商品の売買において、取引を公正なものとし、投資家を保護する法律があります。金融商品に関連する主な法律と内容を見ていきましょう。

金融サービス提供法

金融商品の販売や勧誘においてトラブルにならないように**投資家（個人・法人）を保護**するための法律が金融サービス提供法です。正式名称は「**金融サービスの提供に関する法律**」です。

> **ワンポイント**
>
> 重要事項とは、例えば、販売する金融商品に「元本割れ」のリスクがある、といったことです。

法律の内容

金融商品の**販売業者等**に対して金融商品の販売時に、顧客に対する**重要事項等の説明**を義務づけています。加えて、断定的判断の提供も禁止しています。

損害賠償責任

販売業者等の重要事項説明義務違反や断定的判断の提供により、顧客が損害を受けた場合、販売業者等は**損害賠償責任**を負います。

消費者契約法

消費者契約法は、**消費者を保護**する法律です。消費者とは**個人**のことですので、企業などの法人は保護の対象ではありません。

法律の内容

販売する事業者の不適切な行為によって、重要事項について、消費者が誤認、困惑して契約した場合は、その契約を**取り消す**ことができます。

金融商品取引法

金融商品の取り扱いや販売に関して取引業者が守るべきルール（行為規則）を定めて、**投資家を保護**するための法律です。

金融商品取引法の顧客区分

金融商品取引法では、投資の知識や経験によって、顧客（投資家）を分けて保護しています。その区分は、**特定投資家**（プロ）と**一般投資家**（アマチュア）の2つです。それぞれで、**規制の内容が異なります**。

適合性の原則

顧客である投資家の知識や経験、財産の状況、そして、契約を結ぶ目的に照らして、**不適切と認められる勧誘をしてはならない**、とされています。この原則が、**適合性の原則**です。

対象となる金融商品

株式や債券、投資信託のほかに、外貨預金や変額保険や年金といった**投資の要素が強い金融商品**についても、「金融商品取引法」と同等の販売規制が適用されます。

ナビゲーション

消費者契約法の個人には、個人事業主としての契約は含まれません。

ワンポイント

金融サービス提供法と消費者契約法の両方に抵触する契約は両方の適用が可能です。

ワンポイント

個人投資家は、基本的には一般投資家に区分されます。

金融商品取引法に定める適合性の原則により、金融商品取引業者等は、金融商品取引行為について、顧客の知識、経験、財産の状況および金融商品取引契約を締結する目的に照らして、不適当な勧誘を行ってはならないとされている。

[20年9月・学科]

○ 記述のとおりです。

金融 ADR 制度

金融機関と利用者の間で発生したトラブルを、裁判によらずに解決を図る制度です。

金融 ADR 制度の概要

金融 ADR 制度では、トラブルを仲裁するのは**指定紛争解決機関**です。

指定紛争解決機関

指定紛争解決機関として指定されているのは、全国銀行協会、生命保険協会、日本損害保険協会、保険オンブズマン、証券・金融商品あっせん相談センターなどです。

仲裁の内容

和解のあっせんや解決基準の提示などを行います。紛争解決委員は、指定紛争解決機関に所属する弁護士などの中立・公正な専門家です。

ワンポイント
金融 ADR 制度の利用は、一部を除き無料です。

金融の
セーフティネットは、
保護される対象と
補償額が
ポイントです

金融ADR制度のADRは
「裁判によらない紛争解決手段」と
いう意味の略語なんだよ

保険や証券などの
金融商品だけでなく
預貯金などのトラブルも
扱ってくれるんです

裁判は敷居が高いし
いざというときに安心だね

3 金融商品の種類

現在、個人向けに様々な金融商品やサービスが提供され、消費者が自分のライフプランに最適な金融商品を選ぶことが可能になってきました。FPは、適切なアドバイスを行うために、個々の金融商品に関するしくみやメリット、リスクなどを理解することが必要です。

1 金融商品の分類方法

重要度 C

　金融商品の性格を分類する上で、基準となるものは主に3つあります。それは、安全性・流動性・収益性です。

	内容	チェックポイント
安全性	損失が発生する可能性	・金融商品の価格の変動 ・金融商品から得られる利益の変動 ・債券や株式などの発行体の財務健全性 ・取扱い金融機関の経営の健全性
流動性	どの程度自由に現金化できるか	・中途解約が可能か ・満期や据置期間 ・換金の手続はしやすいか
収益性	予想される利益	・どの程度の「インカムゲイン」が期待できるか ・どの程度の「キャピタルゲイン」が期待できるか

どんな金融商品がそれぞれ当てはまるかチェックしよう！

金融商品の安全性

金融商品の安全性のポイントは大きく2つあります。それは、金融商品の購入代金（＝元本）や、金融商品から得られる利子に関する安全性です。

元本支払いの確実性
<ruby>元本<rt>がんぽん</rt></ruby>

金融商品の購入代金である元本が、換金時に減らない金融商品は「元本保証がある」といいます。一方、金融商品の価格が変動し、換金時に購入代金を下回ること等を「元本割れ」といいます。

利子等支払いの確実性

金融商品から得られる利子、配当、分配が変動しないものを「固定型」、変動するものを「変動型」といいます。固定型には定期預金などが該当し、変動型には普通預金や株式（配当金）などがあります。

金融商品の流動性

金融商品の流動性とは、現金化のしやすさです。主なポイントは、運用に必要な期間はどれくらいかという点と、売却あるいは解約を申し込んでから現金化までの期間です。

運用に必要な期間

運用期間（満期）が決まっていたり、払い戻しができない期間（据置期間）がある場合、運用期間中は現金化ができないので、流動性は低いことになります。また、期間中の解約（中途解約）が可能なものであっても、解約手数料がかかる場合があります。

ワンポイント
元本保証がある金融商品の代表は銀行の普通預金です。

ワンポイント
元本割れの可能性のある金融商品には、株式や債券、投資信託などがあります。

ナビゲーション
定期預金を中途解約すると、当初の定期預金金利より低い中途解約金利が適用されます。

換金の手続き

金融機関の店頭やATM、スマホで解約が可能なものから、事前に申し込みが必要なものまで、様々なケースがあります。また、換金の手続きをしてから、実際に現金が振り込まれるまでの期間も、金融商品によって異なります。

ナビゲーション

株式は、原則、約定日（売買が成立した日）を含めて3営業日目に受渡代金（売却代金から手数料、税金等を差し引いた金額）が振り込まれます。

金融商品の収益性

金融商品の収益性とは、運用で得られる利益がどのくらい大きいのか、ということです。金融商品の利益は、運用期間中に発生する「インカムゲイン」と、売却時に得られる「キャピタルゲイン」の2つがあります。

インカムゲイン

インカムゲインとは、金融資産の保有時に発生する収益のことで、預貯金なら利息、株式なら配当が該当します。

キャピタルゲイン

金融商品の売却時に得られる収益のことです。株式や債券、投資信託などで、購入価格よりも売却価格が高ければ、値上がり益（キャピタルゲイン）を得ることができます。

それぞれ、インカムは「収入」、キャピタルは「資産」の意味です

収益性と安全性の関係

金融商品において、基本的には、**収益性と安全性は両立しません**。高い収益が期待できるものは、損失が発生する可能性も高くなります。一方、収益性が低いものは、損失が発生する可能性も低くなるので、安全性は高まります。

2 金融商品の分類

主な金融商品

　安全性・流動性・収益性における、「◎」は非常に高い、「○」は高い、「△」は中程度、「×」は低いを表します。

	内容	安全性	流動性	収益性
普通預金	満期などの期間がなく、いつでも預入れ、引出しが自由にできる。元本保証あり。ゆうちょ銀行の場合は、「通常貯金」と呼ばれる。	◎	◎	×
定期預金	満期がある。中途解約は可能だが、中途解約をすると金利は下がる。元本保証あり。ゆうちょ銀行の場合は「定期貯金」「定額貯金」と呼ばれる。	◎	○	×
外貨預金	為替レートの変動によって、元本割れの可能性がある一方、円安になった時に外貨から円に戻せばキャピタルゲインを得られる可能性がある。	△	○	△
債券	満期まで保有すれば、元本は戻ってくるが、途中売却をした場合は、元本割れの可能性がある。一般的に、預貯金よりも金利は高い。	○	△	△
投資信託	投資対象によって、安全性と収益性が変動する。元本保証はない。分配金（インカムゲイン）が得られる。	△	△	○
株式	価格の変動は激しく、元本保証はない。企業業績により配当金（インカムゲイン）が得られる。売却をしてから現金になるまで少し時間がかかる。	×	△	◎

4 貯蓄型金融商品

銀行の普通預金などに代表される「貯蓄型金融商品」は、
投資をするための金融商品ではなく、
「預ける」や「貯める」ための金融商品といえます。
したがって、安全性や流動性が不可欠となります。

1 貯蓄型金融商品

重要度 B

貯蓄型金融商品

貯蓄型金融商品とは、預けたお金（＝元本）が保証されて
いて、いつでも引き出せる預貯金のことです。最も身近な金
融商品といえるでしょう。

利率と利回り
利率とは

利率は元本に対する**利息の割合**のことです。「%」（パーセ
ント）で表します。

利回りとは

利回りは元本に対する**1年間の収益**のことです。「**年平均
利回り**」ということもあります。

> **用語の意味**
>
> 銀行に預けたものが
> 「**預金**」で、ゆうちょ
> 銀行や農協（JA）に
> 預けたものが「**貯金**」
> です。これを合わせ
> て「預貯金」といい
> ます。金融商品とし
> て、預金と貯金は同
> じものと考えてかま
> いません。

・利回りの求め方

　投資している期間の収益または損失を合計し、それを1年当たりに換算します。その1年当たりの収益を、元本で割り、「%」で表します。

ワンポイント

収益の合計はマイナスになることもあります。

$$利回り（年平均利回り）＝ \frac{収益合計÷預入年数}{元本（投資金額）} ×100$$

＜利回りの計算例＞
元本100万円を1年間預けて合計2万円の収益を得た場合

$$利回り（年平均利回り）＝ \frac{2万円÷1年}{100万円} ×100＝2\%$$

④ 貯蓄型金融商品

単利と複利

　預貯金には利息が付きます。利息の計算方法には**単利**と**複利**があります。

ワンポイント

利息と利子は、ほぼ同じ意味で使われます。

単利とは

　単利は、預けた**元本だけ**に利息が付く計算方法です。

・単利での元利合計額の求め方

元利合計額＝元本×（1＋年利率×預入年数）

＜単利の計算例＞
100万円を年利率2％で4年間預けた場合
元利合計額　100万円×（1＋0.02×4）＝108万円

ワンポイント

元利合計額とは、元金と利息を合計した金額のことです。

複利とは

　複利では、一定期間ごとに支払われる利息も**元本に加えて**、それを新しい元本として、次の利息を計算します。1年に1回利息が付くものを「**1年複利**」といい、半年に1回利息が付くものを「**半年複利**」といいます。

ナビゲーション

複利では、利息にも利息が付くことになります。

複利での元利合計額の求め方

＜1年複利＞（利息が1年に1度付く）

元利合計額＝元本×(1＋年利率)^{年数}

●**1年複利の計算例**
100万円を年利率2％で4年間預けた場合
元利合計額＝
100万円×(1＋0.02)^4＝108万2,432円

＜半年複利＞（利息が半年に1度付く）

元利合計＝元本×(1＋年利率／2)$^{年数×2}$

●**半年複利の計算例**
100万円を年利率2％で4年間預けた場合
元利合計額＝
100万円×(1＋0.02／2)$^{4×2}$＝108万2,857円

単利よりも複利の方が利息は多くなり、さらに、1年複利よりも半年複利の方が利息は多くなります。

固定金利と変動金利
（こ ていきん り　　　へんどうきん り）

固定金利とは

　固定金利は、預けたときから満期まで、金利の水準がずっと変わりません。

変動金利とは

　変動金利は、市場の金利の変動に応じて、金利が変わります。

固定金利と変動金利を使い分ける基準

　お金を預ける場合、今後、金利が下がる予想なら、**固定金利**を選択した方がお得になります。一方、金利が上昇する可能性が高ければ、**変動金利**の方が有利になります。

利息にかかる税金

　預貯金の利息（利子所得）には税金がかかります。税率は20.315％で、内訳は、**所得税15％**、**復興特別所得税0.315％**、住民税5％となります。

利息への課税方法

　通常、預貯金の利息には、**源泉分離課税**（げんせんぶんりかぜい）が適用されます。源泉分離課税とは、他の所得と分離して、一定の税率で税金が源泉徴収等されて、納税が完了する課税方式です。そのため、通常、確定申告の対象となる所得からは除かれます。

ナビゲーション

復興特別所得税は、2013年から所得税額に対して、2.1％課税されている税金です。計算問題では、復興特別所得税を勘案しない場合もあるので、問題文に注意してください。

2　銀行の金融商品　　重要度 A

　消費者にとって身近といえる、銀行やゆうちょ銀行などの金融商品について見ていきましょう。

銀行の主な金融商品
流動性預金

　いつでも入出金ができる流動性預金には、普通預金、貯蓄預金があります。貯蓄預金とは、一定額以上の残高を保っていれば、一般的に普通預金よりも高い金利が付く預金です。

定期性預金

　満期がある定期性預金には、「スーパー定期」、「大口定期預金」、「期日指定定期預金」などがあります。

> 定期預金を中途解約すると
> 金利が下がる場合があるから
> 注意が必要だね

	スーパー定期		
預入金額	1円以上1円単位		
期間	1カ月以上10年以内が多い		
金利の種類	**固定金利** 期間3年未満は単利型のみ 期間3年以上は単利型と半年複利型から選べる		
利払い	期間2年以上の単利型は中間利払いがある 半年複利型は満期時に一括払い		
中途換金	解約はいつでも可能だが、中途換金すると **中途解約利率**が適用される		
その他	「マル優」が使える		

ナビゲーション

「マル優」とは、少額貯蓄非課税制度のことです。この制度は、障害者などの元本350万円までの預貯金などに対して、利子を非課税とするものです。

	大口定期預金		
預入金額	1,000万円以上1円単位		
期間	1カ月以上10年以内が多い		
金利の種類	固定金利で単利型のみ		
利払い	期間2年以上の単利型は中間利払いがある		
中途換金	いつでも解約は可能だが、中途換金すると **中途解約利率**が適用される		
その他	「マル優」は使えない		

	期日指定定期預金		
預入金額	1円以上1円単位		
期間	1年以上3年以内が多い		
金利の種類	固定金利で1年複利		
利払い	満期時に一括払い		
中途換金	預けてから1年経過すれば、1カ月以上前に期日（満期日）を指定すると、ペナルティなしで中途解約ができる		
その他	「マル優」が使える		

ナビゲーション

期日指定定期預金とは、預けてから1年経過すれば、満期日を自由に指定できる定期預金のことです。

ゆうちょ銀行の主な金融商品

流動性貯金

　ゆうちょ銀行のいつでも入出金可能な流動性貯金には、通常貯金、通常貯蓄貯金などがあります。貯蓄貯金とは、一定額以上の残高を保っていれば、一般的に通常貯金よりも高い金利が付く貯金です。

流動性貯金 の種類	通常貯金	通常貯蓄貯金
預入金額	1円以上1円単位	1円以上1円単位
期間	満期などの制限はなし	満期などの制限はなし
金利の種類	変動金利	変動金利
利払い	半年に1回	半年に1回
特徴	決済口座として **利用可能** 「マル優」は使えない	決済口座としては **利用できない** 「マル優」は使えない

ワンポイント

ゆうちょ銀行の預入限度額は2,600万円。内訳は、通常貯金1,300万円と、定期性貯金1,300万円です。

ナビゲーション

通常貯蓄貯金は、貯金残高が10万円以上あれば、金利は通常貯金より高くなります。

3章 ● 金融資産運用

④ 貯蓄型金融商品

銀行に預ける場合は「預金」、ゆうちょ銀行に預ける場合は「貯金」といいます！

定期性貯金

　ゆうちょ銀行の満期がある定期性貯金には、「定額貯金」、「定期貯金」などがあります。

	定額貯金
預入金額	1,000円以上1,000円単位
期間	6カ月以上で、満期は自由に設定可能。最長は10年
金利の種類	**固定金利**で、**半年複利** 預け入れた期間に応じた金利が適用される。
利払い	満期時に一括払い
中途換金	預けてから6カ月経過すれば、ペナルティなしで中途解約ができる
その他	「マル優」が使える

	定期貯金
預入金額	1,000円以上1,000円単位
期間	1カ月、3カ月、6カ月、1年、2年、3年、4年、5年
金利の種類	**固定金利** 期間3年未満は単利型のみ 期間3年以上は**半年複利型のみ**
利払い	期間2年以上の単利型は中間利払いがある
中途換金	いつでも解約は可能だが、中途解約すると中途解約利率が適用される
その他	「マル優」が使える

財形制度

　財形制度は、会社員や公務員など勤労者が利用できる財産形成のための制度です。

	一般財形貯蓄	財形住宅貯蓄	財形年金貯蓄
申込時年齢	制限なし	満55歳まで	
積立期間	原則3年以上	原則5年以上	
契約	制限なし	各1人1契約まで	
非課税制度	なし	貯蓄型：財形住宅貯蓄と財形年金貯蓄と合わせて、元利合計550万円までの利子等が非課税 保険型：財形住宅貯蓄と財形年金貯蓄と合わせて払込保険料累計額550万円まで、かつ財形年金貯蓄の払込保険料累計額385万円までの利子等が非課税	
払い出し	貯蓄開始から1年経てば自由に解約可能	原則、目的外払い出しは課税	

5 債券

債券は、一般的に預貯金よりも利回りが高く、満期まで保有すれば、元本も戻ってくるため、個人投資家にとっては資産運用に適した金融商品といえます。

1 債券

重要度 A

債券とは

債券は、国や地方公共団体、企業、または外国の政府や企業などが、資金を調達することを目的として発行するものです。債券は借用証書と考えることができます。

発行体による債券の種類

債券の種類	発行体
国債	国
地方債	地方公共団体
社債（事業債）	企業
金融債	特定の金融機関

債券の取り扱いは
店頭市場が中心なんだって！
金融機関と顧客が
直接取引するんだね

債券の基礎用語

債券用語には専門的なものが多いので、まずそれを理解することが大切です。

償還期限 （しょうかん きげん）	債券の発行時に定められる満期の時期。返済時期のこと
額面金額	債券の最低申込単位のことで、1万円、5万円、10万円など債券によって異なる
発行価格	債券が新規に発行される際の価格のこと。発行価格は額面金額100円当たりで表示される
表面利率 （ひょうめん りりつ）	額面金額に対して1年間に支払われる利息の割合

債券の発行価格

債券の発行価格は、額面100円当たりの価格で表示されます。額面100円当たり発行価格100円、つまり、額面金額と同じ価格で発行されることを**パー発行**といいます。額面金額よりも低い100円未満で発行されるときは**アンダーパー発行**、額面金額よりも高い100円を超える価格で発行されるときは、**オーバーパー発行**といいます。

ワンポイント

利子は英語で「クーポン」といわれることから、表面利率は「クーポンレート」ともいわれます。

ナビゲーション

額面100円当たり99円で発行されたときは、アンダーパー発行となり、101円で発行されたときはオーバーパー発行となります。

100円がパーで、
上回るとオーバーパー、
下回るとアンダーパーというんだね

債券の種類

　債券は、分類方法によって様々な種類に分けることができます。

発行時による分類

新発債 （しんぱつさい）	新たに発行される債券
既発債 （きはつさい）	すでに発行され、市場で取引されている債券

利払い方式による分類

利付債 （りつきさい）	年1回や半年に1回など、定期的に利息が支払われる債券。償還時には額面金額で償還される
割引債 （わりびきさい）	利息の支払いはないが、額面金額より低い価格で発行され、償還時に額面金額で返還される債券。発行価格と額面金額の差が実質的な利息となる

通貨の違いによる分類

円建て債券 （えんだてさいけん）	投資金額の払込、利払い、償還が円で行われる債券
外貨建て債券 （がいかだてさいけん）	投資金額の払込、利払い、償還が外貨で行われる債券

・外貨建て債券の種類

　ドルで発行されるものを「ドル建て債券」、ユーロで発行されるものを「ユーロ建て債券」と呼びます。

個人向け国債とは

　個人向け国債とは、一般の個人だけが購入できる国債のことです。償還期限や金利のタイプにより、「変動10年」、「固定5年」、「固定3年」の3種類があります。

	変動10年	固定5年	固定3年
償還期限	10年	5年	3年
金利の種類	変動金利	固定金利	
適用利率	基準金利×0.66	基準金利−0.05%	基準金利−0.03%
下限金利	0.05%		
利払い	半年ごとに年2回		
発行頻度	毎月発行		
購入単位	額面1万円（1万円以上1万円単位）		
中途換金	中途換金は、購入後、1年経過後から換金可能（1万円単位）ただし、直前2回分の利子相当額（税引前の利子）×0.79685が差し引かれる		

・「基準金利」は市場金利にもとづいて決定されます。
・「下限金利」とは、表面利率の最低水準のことです。

個人向け国債には
「変動金利型」と「固定金利型」が
あるんだね！

債券の利回り

　債券の利回りとは、投資金額（購入価格）に対する、債券で得られる1年当たりの収益の割合のことで、「%」で表示されます。債券の利回りには、「**直接利回り**」、「**応募者利回り**」、「**最終利回り**」、「**所有期間利回り**」があります。

ワンポイント

債券で得られる収益には、利息と償還（売却）差損益があります。

債券の利回りの計算式（単利）

　基本的な計算式は一緒ですが、投資家の債券の購入のタイミングや、債券を途中売却するか満期まで保有するかによって名称と数値が変わります。

①直接利回り

投資金額（購入価格）に対する、毎年の利息の割合のことです。

$$直接利回り（\%）= \frac{表面利率（ひょうめんりりつ）}{購入価格} \times 100$$

＜計算例＞

　発行価格98円、表面利率１％の債券を購入した場合

$$\frac{1円（表面利率）}{98円（購入価格）} \times 100 ≒ 1.02\%$$

（小数点以下第３位を四捨五入。以下同じ）

---

②応募者利回り（おうぼしゃりまわり）

債券の発行時に購入して、満期まで保有したときの利回りです。

$$応募者利回り（\%）= \frac{表面利率 + \dfrac{額面 - 発行価格}{償還期限（年）}}{発行価格} \times 100$$

＜計算例＞

　発行価格98円、表面利率１％、償還期限３年の債券の「応募者利回り」

$$\frac{1円（表面利率）+ \dfrac{100円（額面）- 98円（発行価格）}{3年（償還期限）}}{98円（発行価格）} \times 100 ≒ 1.70\%$$

③最終利回り

すでに発行されている債券を買って、満期まで保有したときの利回り。

$$\text{最終利回り(\%)} = \frac{\text{表面利率} + \dfrac{\text{額面100円} - \text{購入価格}}{\text{残存期間(年)}}}{\text{購入価格}} \times 100$$

<計算例>

購入価格98円、表面利率1％、残存年数2年の債券の「最終利回り」

$$\frac{1\text{円(表面利率)} + \dfrac{100\text{円(額面)} - 98\text{円(購入価格)}}{2\text{年(残存期間)}}}{98\text{円(購入価格)}} \times 100 \fallingdotseq 2.04\%$$

---

④所有期間利回り

すでに発行されている債券を買って、満期が来る前で途中売却をしたときの利回り。

$$\text{所有期間利回り(\%)} = \frac{\text{表面利率} + \dfrac{\text{売却価格} - \text{購入価格}}{\text{所有期間(年)}}}{\text{購入価格}} \times 100$$

<計算例>

購入価格98円、表面利率1％の債券を、3年間保有して、99円で売却したときの「所有期間利回り」

$$\frac{1\text{円(表面利率)} + \dfrac{99\text{円(売却価格)} - 98\text{円(購入価格)}}{3\text{年(所有期間)}}}{98\text{円(購入価格)}} \times 100 \fallingdotseq 1.36\%$$

4つの計算式の違いをよく理解しよう！

表面利率（クーポンレート）2％、残存期間4年の固定利付債券を額面100円当たり105円で購入した場合の最終利回り（年率・単利）は、（　　）である。なお、税金等は考慮しないものとし、計算結果は表示単位の小数点以下第3位を四捨五入している。

1. 0.71％
2. 0.75％
3. 0.79％

[22年9月・学科]

1

$$最終利回り = \frac{表面利率 + \dfrac{額面100円 - 購入価格}{残存期間（年）}}{購入価格} \times 100$$

の公式にあてはめると、

$$最終利回り = \frac{2 + \dfrac{100円 - 105円}{4年}}{105円} \times 100$$

$$= 0.75 \div 105 \times 100 = 0.714\cdots \Rightarrow \ 0.71\% \ となります。$$

2 債券のリスク

重要度 **A**

　貯金などの金融商品は、元本が保証されていますが、債券は元本が保証されていません。満期まで保有すれば額面金額は戻りますが、値下がりしているときに途中売却をすると、売却損が発生します。このように債券には、様々なリスクがあります。

債券のリスクの種類

　債券のリスクには、「**価格変動リスク**」、「**信用リスク**」、「**流動性リスク**」、「**為替変動リスク**」などがあります。FP3級では、**価格変動リスク**と**信用リスク**を押さえておきましょう。

「価格変動リスク」（金利変動リスク）とは

　「価格変動リスク」は債券の代表的なリスクです。市場金利に左右されることから「金利変動リスク」とも呼ばれます。市場の金利が上昇すると、債券の価格は下落し、利回りは上昇します。一方、市場の金利が低下すると、債券の価格は上昇し、利回りは低下します。

「価格変動リスク」における金利と価格の関係

市場金利	債券価格	債券の利回り（最終利回り）
上昇 ↗	下落 ↘	上昇 ↗
低下 ↘	上昇 ↗	低下 ↘

市場金利と
債券価格は
常に反対に
動いているよ！

市場金利が上昇すると、表面利率の高い債券が発行されます。保有している債券を売却して、表面利率の高い債券を購入する人が増えるので、価格は下落し、債券の利回りは上昇します。一方、市場金利が下落すると、新規に発行される債券の表面利率は低下するので、すでに保有している債券の価値は高まり、価格が上昇することになります。

ワンポイント

市場金利と債券の利回りは、同じ方向に連動して動きます。

過去問チャレンジ

固定利付債券は、一般に、市場金利が上昇すると債券価格が（ ① ）し、債券の利回りは（ ② ）する。

1. ① 上昇　　② 上昇
2. ① 上昇　　② 低下
3. ① 下落　　② 上昇

[22年5月・学科]

3 市場金利が上昇すると、その債券の利回りを調整（上昇）する機能（安く購入できると利益が増える効果）が働き、価格は下落し、利回りは上昇します。市場金利と債券価格は逆の動きになります。

「信用リスク」とは

債券を発行した国や企業が、利息を支払わなかったり、満期時に元本を返済できないことがあります。このようなリスクを、「信用リスク」といいます。利子を支払わないことや、元本を返済しないことは、債務不履行にあたることから、「債務不履行リスク」ともいいます。

・「信用リスク」と「格付け」

債券の信用リスクを判断する目安として、「格付け」があります。個別の債券について、「A」「B」「C」といった記号を使って、利息や元本の支払い能力の高さを表します。

用語の意味

「信用リスク」は「デフォルト（債務不履行）リスク」と呼ばれることもあります。

ナビゲーション

債券を発行した国や会社の財政状態が悪化すると、利息や元本の支払いが遅れたり、支払いが不可能となるケースが発生します。

・「格付け」と債券の利回りの関係

格付けの高い債券は、信用リスクが低いため（＝支払い能力が高い）債券の価格は高く、債券の利回りは低くなります。逆に、格付けの低い債券は信用リスクが高いため（＝支払い能力が低い）価格は低く、利回りは高くなります。

・「格付け」の具体例

格付けを行う機関は、複数ありますが、米国のS&Pとムーディーズが世界的に有名です。ここでは、S&Pの格付け例を見ていきましょう。

ナビゲーション

格付けの高い＝支払い能力の高い債券は、利回りが低くても購入されます。一方、格付けの低い＝支払い能力の低い債券は、利回りが高くないと購入されにくくなります。

S&Pの格付け例

格付け	区分	債券の名称	信用リスク	債券価格	利回り
AAA	投資適格	投資適格債	低い＝安全	高い	低い
AA					
A					
BBB					
BB	投機的	投資不適格債（投機的債券、ハイ・イールド債とも呼ばれる）	高い＝危険	低い	高い
B					
CCC					
CC					
C					
D					

過去問チャレンジ

一般に、残存期間や表面利率（クーポンレート）が同一であれば、格付の高い債券ほど利回りが低く、格付の低い債券ほど利回りが高くなる。

[23年5月・学科]

○ 記述のとおりです。

6 株式

金融商品としての株式は、ハイリスク・ハイリターンですが、株式投資には、将来性のある企業を育てて、経済や社会の発展に貢献するという側面もあります。

1 株式　　　　　　　　　　　　　　　　　　　　重要度 B

株式とは

　株式とは、一般的には株式会社が資金を調達するために発行する有価証券のことです。株式を発行して得た資金は、銀行からの借入金や社債発行で得た資金とは違い、企業には返済の義務はありません。その代わり、株式を購入して資金を出してくれた**株主**に対して、様々な還元をします。

主な株主の権利

権利	内容
経営参加権	株主総会で議決権を行使できる権利
剰余金 配当請求権 （じょうよきん） （はいとうせいきゅうけん）	会社の剰余金（利益）から、配当を受け取ることができる権利
残余財産 分配請求権 （ざんよざいさん） （ぶんぱいせいきゅうけん）	会社が解散する際、負債を返済した後、財産が残る場合、株主はその持ち株数に応じて残った財産の分配を受けることができる権利

「株を持つ」ってこういうことなんだね

株式の売買単位

通常の株取引で売買される売買単位のことを、「**単元株**」といいます。単元株の株数は、100株です。実際の取引は、単元株の整数倍で行われ、売買は100株、200株、300株……となります。

・「株式累積投資」と「株式ミニ投資」

証券会社が個人向けに提供している「**株式累積投資**」と「**株式ミニ投資**」は、単元株未満で株式の売買ができるサービスです。

株式累積投資	毎月、一定額ずつ積み立て方式で購入する
株式ミニ投資	1単元の10分の1の単位で売買する

証券取引所

株式は、通常、証券取引所を通じて売買されます。東京証券取引所（東証）以外にも、名古屋・札幌・福岡に証券取引所があります。東証は主に「**プライム**」「**スタンダード**」「**グロース**」の3市場に区分されます。

株価のしくみ

株の価格（株価）には、4つの種類があります。

始値	▶	最初に取引された価格
終値	▶	最後に取引された価格
高値	▶	最も高く取引された価格
安値	▶	最も安く取引された価格

ワンポイント
株式累積投資は「るいとう」と呼ばれています。

⑥ 株式

ナビゲーション
一定額ずつ積み立て方式で購入する方法を「**ドル・コスト平均法**」といいます。

ワンポイント
4つの株価を「四本値（よんほんね）」といいます。

「ローソク足」とは

　ローソク足とは、株価の動きを時間の経過に沿って図で表したものです。形がローソクに似ていることから、ローソク足と呼ばれており、四本値を表しています。

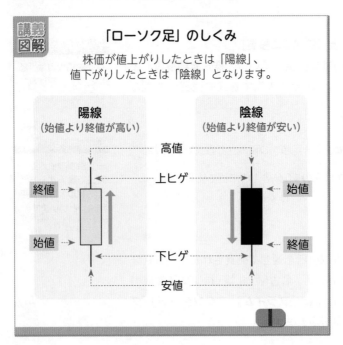

「ローソク足」のしくみ

株価が値上がりしたときは「陽線」、
値下がりしたときは「陰線」となります。

ローソク足を並べてグラフにしたものを「株価チャート」といいます。

2　株式の取引

株式の取引について
注文方法

　証券取引所に上場している株式は、証券会社を経由して、取引所で売買が行われます。株式の注文方法には、**指値注文**と**成行注文**の2種類があります。

⑥ 株式

【指値（さしね）注文】
  ▶売買価格を指定して（指値）注文する方法
    →指定した価格でのみ「買いたい」or「売りたい」
    例）「A社の株を500円で100株買う（売る）」

【成行（なりゆき）注文】
  ▶売買価格を指定しないで注文する方法
    例）「A社の株を価格を問わず100株買う（売る）」

取引所の注文のルール

　証券取引所で売買をする場合、取引に関しては以下の
ルールがあります。

成行注文優先の原則	指値注文より、成行注文の方が優先される。
価格優先の原則	1つの銘柄に、複数の指値注文がある場合、買い注文は最も高い価格が優先され、売り注文は最も低い価格が優先される。
時間優先の原則	1つの銘柄に、同じ条件で複数の注文がある場合、注文時間の早い注文が優先される。

ナビゲーション

指値注文でも、指定した価格より有利な価格で売買が成立する場合があります。例えば、100円で買い注文を出したとき、株価が90円であれば、90円で売買が成立します。

株式の受渡し

　株式の売買が成立した日を「約定日（やくじょうび）」といいます。購入した時点では、その株式は購入した人の所有にはなっていません。購入者の名義になるのは「受渡日（うけわたしび）」といい、約定日を含めて3営業日目（つまり約定日から2営業日後）になります。

国内の証券取引所に上場している内国株式を普通取引により売買する場合、約定日の翌営業日に決済が行われる。　　　　　　　　　　　[22年5月・学科]

✕　株式の売買が成立した日を「約定日」といい、上場株式の普通取引では、約定日を含めて3営業日目に決済（受渡し）が行われます。例えば水曜日に売買が成立したら決済は金曜日となり、木曜日に売買が成立したら決済は翌週の月曜日となります。

株式の指標

　株式の指標には、市場の状況を表すものや、個別銘柄の株価の水準を表すものなど様々な指標があります。

ワンポイント

「ダウ工業株30種平均」も米国の株式市場の動向を表す代表的な指標で、海外株式投資の対象としては欠かせない指数です。

株式市場全体の動向を表す指標

　株式市場全体の動向を表す代表的な指標は、「**日経平均株価**」（**日経225**）と「**東証株価指数**」（**TOPIX**）、**東証プライム市場指数**です。

	日経平均株価 （日経225）	東証株価指数 （TOPIX）	東証プライム市場指数
対象銘柄	代表的な225銘柄	旧東証一部の内国普通株式の全銘柄で、原則、流通株式時価総額100億円以上の銘柄等（経過措置あり）	プライム市場に上場する内国普通株式全銘柄
内容	指数の連続性を保つために、個別銘柄の株価を修正した修正平均株価	株価×株式数で求められる「時価総額」を基準とした浮動株時価総額加重平均型	
特徴	株価の水準が高い銘柄である「値がさ株」の影響を受けやすい	「時価総額」の大きい「大型株」の影響を受けやすい	
対象市場	東証プライム市場	旧東証一部等	東証プライム市場

・「JPX 日経インデックス 400」（JPX 日経 400）

年金などを運用している機関投資家が注目している株式市場の指数です。

「JPX 日経 400」は、日本取引所グループ、東京証券取引所、日本経済新聞社が共同開発した指数です。

	JPX 日経 400
対象銘柄	東証に上場する、一定の基準を満たした 400 銘柄
内容	主な基準としては、過去 3 期以内に債務超過がない、過去 3 期連続の営業赤字がない、売買代金と**時価総額**、3 年平均 ROE（自己資本利益率）など
特徴	資本の効率的活用や株主を意識した経営など、投資家にとって魅力が高いと考えられる 400 社から構成されている
対象市場	東京証券取引所の全市場

過去問チャレンジ

日経平均株価は、東京証券取引所スタンダード市場に上場している代表的な 225 銘柄を対象として算出される。　　　　　　　　　　　　　　　　［23年9月・学科］

✕　日経平均株価は、東京証券取引所プライム市場に上場している代表的な 225 銘柄を対象として算出されます。

・売買高
ばいばいだか

売買高は、証券取引所で売買が成立した株式の数です。売買高も株式市場の状態を表す重要な指標です。「出来高」ということもあります。
でき だか

取引が成立した代金の総額は、「売買代金」といいます。

個別銘柄の指標

個別銘柄の株価の水準を表す指標には、様々なものがあります。その中でもよく使われる「株価収益率（PER）」、「株価純資産倍率（PBR）」、「自己資本利益率（ROE）」、「自己資本比率」、「配当利回り」、「配当性向」について解説をします。

① 「株価収益率（PER）」

PERは、株価が「1株当たり純利益」の何倍になっているかを表します。
「1株当たり純利益」は「**EPS**」と呼ばれます。

PERの求め方

$$PER（倍）= \frac{株価}{1株当たり純利益（EPS）}$$

＜計算例＞

株価が500円、1株当たり純利益が50円の場合

$$PER（倍）= \frac{500円}{50円} = 10倍$$

株価は1株当たり
純利益の10倍に
なっている

・一般的に、PERが高い銘柄は割高、低い銘柄は割安といわれます。

---

② 「株価純資産倍率（PBR）」

PBRは、株価が「1株当たり純資産」の何倍になっているかを表します。
「1株当たり純資産」は「**BPS**」と呼ばれます。

PBRの求め方

$$PBR（倍）= \frac{株価}{1株当たり純資産（BPS）}$$

＜計算例＞

株価が1,000円、1株当たり純資産が400円の場合

$$PBR（倍）= \frac{1,000円}{400円} = 2.5倍$$

株価は1株当たり
純資産の2.5倍に
なっている

・一般的に、PBRが高い銘柄は割高、低い銘柄は割安といわれます。
・もしPBRが1倍未満の場合は、株価が会社の解散価値を下回っている
　ことを意味します。

③「自己資本利益率（ROE）」

ROEは、自己資本に対して、企業がどれくらいの利益を上げているのか、をみる指標です。

ROEの求め方

$$ROE(\%) = \frac{税引後当期純利益}{自己資本（純資産）} \times 100$$

<計算例>

税引後当期純利益が50億円、自己資本（純資産）が1,000億円の場合

$$ROE(\%) = \frac{50億円}{1,000億円} \times 100 = 5\%$$

・ROEが高いほど**効率的に利益を上げている**、と判断できます。

④「自己資本比率」

自己資本比率は、会社のすべての資本（総資産）に対する、自己資本の割合を表します。自己資本とは、株主が出資した資金（≒純資産）のことで、返済不要のお金です。

自己資本比率の求め方

$$自己資本比率(\%) = \frac{自己資本（≒純資産）}{総資産} \times 100$$

<計算例>

自己資本（純資産）が200億円、総資産が500億円の場合

$$自己資本比率(\%) = \frac{200億円}{500億円} \times 100 = 40\%$$

・一般に、数値が高いほど**財務の安全性が高い**と判断されます。

⑤「配当利回り」

株価（投資金額）に対する配当金の割合を表します。

配当利回りの求め方

$$配当利回り（\%）= \frac{1株当たりの配当金}{株価} \times 100$$

<計算例>

株価が500円、1株当たり配当金が10円の場合

$$配当利回り（\%）= \frac{10円}{500円} \times 100 = 2\%$$

・株式の配当金は1株当たりで発表されます。
・配当利回りの高い方が魅力的な銘柄といわれます。

⑥「配当性向」

企業の税引後当期純利益に対する年間配当金（総額）の
割合をみる指標です。

配当性向の求め方

$$配当性向（\%）= \frac{年間配当金（総額）}{税引後当期純利益} \times 100$$

<計算例>

株価が税引後当期純利益が50億円、年間配当金（総額）が5億円の場合

$$配当性向（\%）= \frac{5億円}{50億円} \times 100 = 10\%$$

・企業が利益をどれくらい株主に還元しているのか、がわかる指標です。

過去問チャレンジ

株式の投資指標のうち、（　　）は、株価を1株当たり当期純利益で除して算出される。

1）PBR
2）PER
3）BPS

［24年1月・学科］

2　PER（株価収益率）は株価を1株当たり当期純利益で除して算出されます。

株式投資は算出された評価指標をもとに判断することができるんだよ

評価指標は
色々なことが
数字で表れるんだね

7 投資信託

投資経験の浅い人でも、簡単に効率よく分散投資ができる優れた金融商品が投資信託です。
投資対象によって、収益性や安全性が大きく変動する点も特徴です。

1 投資信託　　　　重要度 B

　個人の資産運用の主力となるのが投資信託で、様々な投資家のニーズに対応できる金融商品になっています。

投資信託の基礎知識
投資信託とは

　投資信託とは、様々な投資家から集めた資金を、運用の専門会社が投資家に代わってまとめて運用をする、という金融商品です。運用会社は、株式や債券、不動産などに分散投資をして、投資で得た利益を投資家に還元します。

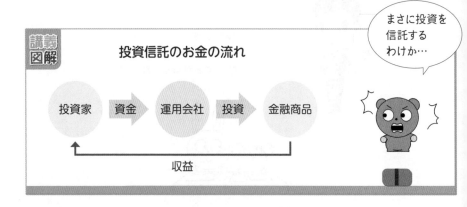

講義図解　**投資信託のお金の流れ**

投資家 → 資金 → 運用会社 → 投資 → 金融商品

収益

まさに投資を
信託する
わけか…

投資信託の特徴

投資先の金融商品は、ほとんどが元本保証はありません。したがって、投資信託も元本保証はありません。

投資信託の基本的な特徴

・専門家（運用会社）に運用を任せる

・元本保証はなし

・少額の資金から購入できる

・分散投資ができる

投資信託の基礎用語

投資信託の運営には、販売する金融機関や運用会社など、様々な金融機関が関わっています。そのため、専門的な用語は多くなりますが、まず基本を理解するために、以下の用語を押さえておきましょう。

基準価額（きじゅんかがく）	投資信託の1万口当たりの値段
純資産総額（じゅんしさんそうがく）	投資信託で運用されている資金の合計
目論見書（もくろみしょ）	投資信託について、投資判断に必要な事項を記載した解説書
運用報告書（うんようほうこくしょ）	運用の状況や成績が書かれているレポート

ワンポイント

投資信託のことを「ファンド」ともいいます。

ナビゲーション

投資信託には、**会社型**と**契約型**があり、日本ではほとんどが契約型です。契約型とは、運用会社と信託銀行が信託契約を結んでいるタイプのことです。

投資信託は、日本だけでなく海外の様々な金融商品に投資することができます

投資信託の運営のしくみ

　投資信託には、証券会社や銀行、運用会社など、多数の金融機関が運営に関わっています。

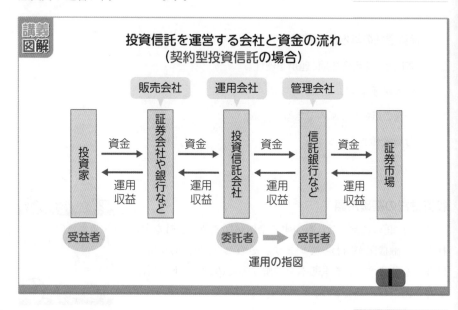

証券図解

投資信託を運営する会社と資金の流れ
（契約型投資信託の場合）

| 販売会社 | 運用会社 | 管理会社 |

投資家 ─資金→ 証券会社や銀行など ─資金→ 投資信託会社 ─資金→ 信託銀行など ─資金→ 証券市場
　　　　←運用収益　　　　　　　　←運用収益　　　　　　←運用収益　　　　　　←運用収益

受益者　　　　　　　　　　　　　　　委託者 → 受託者

運用の指図

投資信託を運営する会社の役割

販売会社	投資信託の募集、販売を行います。具体的には、**証券会社**や**銀行**、**保険会社**、**ゆうちょ銀行**などです
運用会社	投資する金融商品と資金の配分を決めて、受託者（管理会社）に対して運用の指図を行います。**投資信託会社**が担当します
管理会社	運用会社の指図をもとに、受託した資金を株式などに投資します。**信託銀行**が行います

目論見書や運用報告書を
投資家に交付するのも
販売会社の役割です！

投資信託の手数料

投資信託は様々な手数料がかかります。主なものは、次のとおりです。

手数料が かかる段階	手数料	内容
購入時	購入時手数料	投資信託の購入時に、販売会社に支払う手数料。同一の投資信託でも、販売会社によって手数料は異なります
保有時	運用管理費用 （信託報酬）	販売会社、運用会社、管理会社それぞれの業務に対してかかる手数料。**信託財産から日々差し引かれます**
換金時	信託財産留保額	中途換金時に、解約代金から差し引かれる手数料

ワンポイント

購入時手数料が無料の「ノーロード」タイプの投資信託もあります。

レック先生の
ズバッと解説

投資信託を購入するのに必要な金額は「基準価額×購入口数＋購入時手数料＋購入時手数料に対する消費税」となります。

投資信託のどの段階で
どんな手数料がかかるのか
混同しないように
しっかり整理して覚えよう！

2 投資信託の種類

　投資信託は、分類方法によって様々なタイプに分けることができます。

投資対象による分類
投資対象に株式を組み入れできるかどうかで分類します。

公社債投資信託	公社債を中心に運用。株式の組み入れはできない
株式投資信託	株式の組み入れが可能。ただし、組み入れが「可能」なだけで、株式が入っていないものもあります

購入時期による分類
投資家の購入時期によって分類します。

追加型	いつでも購入できる投資信託のこと **「オープン型」**ともいいます
単位型	最初の募集期間にしか購入できません **「ユニット型」**ともいいます

対象と時期で分ける！

運用手法による分類
運用手法によって分類されます。

講義図解

運用の手法による分類と銘柄選定（めいがらせんてい）

パッシブ 運用	「ベンチマーク」に**連動**した運用を目標とします。 「ベンチマーク」とは「日経225」や「TOPIX」の ことで、値動きが同じになるように運用をします。
アクティブ 運用	「ベンチマーク」を**上回る**運用を 目標とします

アクティブ運用では、
銘柄選定の方法が2通りあります。

銘柄選定の方法

トップダウンアプローチ	ボトムアップアプローチ
経済環境を**マクロ**的に分析して 銘柄を選定する	個別銘柄の調査と分析をして 銘柄を選定する

個別銘柄の選定の組み入れ基準には
2つの考え方があります。

投資対象となる銘柄のタイプの違い

グロース型	バリュー型
将来的に**成長**が見込める銘柄に 投資	企業利益や資産などから**割安**な 銘柄に投資 例えば、PBRやPERが低い銘柄

投資信託の運用において、企業の成長性が市場平均よりも高いと見込まれる銘柄に投資する手法を、（　　　）という。

1. パッシブ運用
2. バリュー運用
3. グロース運用

[23年1月・学科]

3 企業の成長性が市場平均よりも高いと見込まれる銘柄に投資する手法を、グロース運用といいます。パッシブ運用は、TOPIXなどのベンチマークと連動する運用成果を目指す手法です。また、バリュー投資は、企業利益や資産などから割安とされる銘柄に投資する手法です。

「ブル型ファンド」と「ベア型ファンド」

　これまで説明してきた投資信託の分類方法よりも、さらに細かい種類として、「ブル型ファンド」と「ベア型ファンド」というものがあります。

ブル型ファンド（レバレッジ型）	「相場が上昇」したときに利益が出るように運用されている
ベア型ファンド（インバース型）	「相場が下落」したときに利益が出るように運用されている

　ブル型ファンド、ベア型ファンドには、先物やオプションを利用し、上昇（下落）幅の2倍、3倍等の投資成果を目指すタイプもあります。

ナビゲーション

「ブル」とは牛のことで、角が上を向いていることからイメージされています。また、「ベア」は熊のことで、手を上から下に振り下ろすことから下落をイメージしています。

ブル型ファンドとベア型ファンド

牛と熊と思えば覚えやすいね！

「MMF」と「MRF」とは

「MMF」(マネー・マネージメント・ファンド)と「MRF」(マネー・リザーブ・ファンド)も投資信託です。いずれも、追加型公社債投資信託に分類され、比較的安全性の高い短期の公社債で運用されます。ただし、投資信託ですので、元本保証はありません。

株式市場に上場している投資信託

株式市場に上場している投資信託は、「上場投資信託」と呼ばれます。主なものに、「ETF」(上場投資信託)と「REIT」(不動産投資信託)があります。

ETF	日経平均株価やNYダウのような、国内外の様々な指数に連動するように運用されるインデックス型のほか、アクティブ型もあります。
REIT	複数の投資家から集めた資金を、まとめて不動産に投資をして、利益を投資家に還元する投資信託です。

ワンポイント

ETFもREITも、上場しているので、株式と同じように取引ができます。

投資信託の「トータルリターン通知制度」
トータルリターンとは

購入日から現在までの全期間を通じて、追加購入や分配金なども含めたトータルの損益を、「トータルリターン」といいます。

トータルリターン通知制度

販売会社は投資家に対して、年1回以上、総合的な損益状況である「トータルリターン」を通知することが義務づけられています。これが「トータルリターン通知制度」です。

ナビゲーション

分配金などが多い投資信託の場合、累積損益がわかりにくくなることがあり、それを解消する目的で、「トータルリターン通知制度」は導入されました。

「トータルリターン」とは
購入日から現在までの累積の損益

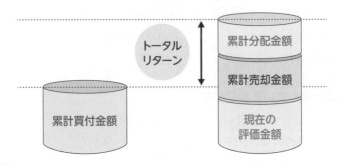

トータルリターン ＝ 現在の評価金額 ＋ 累計売却金額 ＋ 累計分配金額 － 累計買付金額

・「トータルリターン通知制度」の対象投資信託
　平成26年（2014年）12月以降に購入した株式投資信託や外国投資信託

投資信託の「収益分配金」とは

投資信託の収益分配金には、「**普通分配金**」と「**特別分配金**」の2種類あります。

普通分配金

普通分配金は、運用によって得られた利益から投資家に支払われる分配金のことです。

特別分配金

特別分配金は、利益ではなく、元本の一部を取り崩して投資家に支払われる分配金です。そのため、「**元本払戻金**」とも呼ばれます。特別分配金が支払われると、その分、個別元本は減少します。

追加型株式投資信託を基準価額1万3,000円（1万口当たり）で1万口購入した後、最初の決算時に1万口当たり400円の収益分配金が支払われ、分配落ち後の基準価額が1万2,700円（1万口当たり）となった場合、その収益分配金のうち、普通分配金は（　①　）であり、元本払戻金（特別分配金）は（　②　）である。

1）　①　　0円　　　②400円
2）　①100円　　　②300円
3）　①300円　　　②100円

[23年5月・学科]

2　分配前の基準価額（分配落ち後の基準価額＋収益分配金）のうち、個別元本を上回る部分が普通分配金、下回る部分が特別分配金となります。分配前の基準価額は1万2,700円＋400円＝1万3,100円となり、当初の個別元本1万3,000円を上回る100円が普通分配金。残りの300円が特別分配金となります。

投資信託の分配金は受け取らないでさらに投資にまわすこともできるよ

8 外貨建て金融商品・金

ひと口に外貨建て金融商品といっても、外貨預金や外国債券、外国投資信託など様々なものがあります。
外貨建て金融商品や金に投資することで、海外の経済成長の恩恵を受けることが可能になります。

1 外貨建て金融商品　　　重要度 B

　外貨建て金融商品を上手に活用すれば、将来、日本円の価値が低下した場合、資産全体の価値の低下を防ぐことができます。外貨建て金融商品への投資は、分散投資の基本でもあります。

外貨建て金融商品とは

　外貨建て金融商品とは、取引時の価格が米ドルやユーロなどの外貨で表示されている金融商品のことです。

外貨建て金融商品に必要な外国為替取引

　外貨建て金融商品を購入する場合、円から外貨に換えることになります。また、日本円で持ちたいときは、外貨から円に換えることになります。この取引を、外国為替取引といいます。

為替レート

外国為替取引は、為替レートで行われます。円を外貨に換える為替レートは「**TTS**」、外貨を円に換える為替レートは「**TTB**」と呼ばれます。

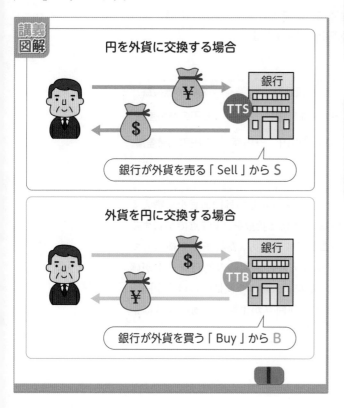

用語の意味

TTS
「Telegraphic Transfer Selling rate」の略称で、日本語訳は「対顧客電信売相場」となります。

用語の意味

TTB
「Telegraphic Transfer Buying rate」の略称で、日本語訳は「対顧客電信買相場」です。

円を外貨に交換する場合

銀行が外貨を売る「Sell」から S

外貨を円に交換する場合

銀行が外貨を買う「Buy」から B

・為替レートの仲値「TTM」

為替レートを算出する基準となるのが、仲値と呼ばれる「TTM」です。まず、「TTM」が算出されて、為替の手数料を加味して、「TTS」と「TTB」が決まります。

用語の意味

TTM
「Telegraphic Transfer Middle rate」の略称で、日本語訳は「対顧客電信仲値相場」です。

為替リスクとは

円と外貨を両替する際、為替レートの変動による**為替変動リスク**が発生します。外貨建て金融商品を購入したときの為替レートより、売却したときの為替レートが円安になっていると利益（為替差益）が発生します。逆に、円高になっていると損失（為替差損）が発生します。

為替リスクの例

預入時	換金時	為替の差損益
1ドル＝100円	1ドル＝110円　→円安	10円の為替差益
	1ドル＝90円　　→円高	10円の為替差損

為替予約とは

将来のある時点において、あらかじめ外国通貨を「購入する」あるいは「売却する」価格と数量を、現時点で契約する（＝予約する）取引のことです。一方、為替予約を締結していない外貨預金の場合、預入時に満期時の為替レートが確定しておらず、為替レートが預入時より満期時のほうが**円安**になれば、円を基準とする利回りが上昇（**円高**になれば**下落**）します。

為替差益と為替差損が発生するしくみ

為替差益の場合

1ドル＝100円で1ドルを購入し、1ドル＝105円で売却したとします。すると、購入時は日本円で100円を支払い、売却時には105円を受け取ります。その結果、5円の為替差益が発生します。

為替差損の場合

1ドル＝110円で1ドルを購入し、1ドル＝100円で売却したとします。すると、購入時は日本円で110円を支払い、売却時には100円を受け取ります。その結果、10円の為替差損が発生します。

過去問チャレンジ

為替予約を締結していない外貨定期預金において、満期時の為替レートが預入時の為替レートに比べて（ ① ）になれば、当該外貨定期預金の円換算の利回りは（ ② ）なる。

1. ① 円高　② 高く
2. ① 円安　② 高く
3. ① 円安　② 低く

[22年9月・学科]

2 為替予約を締結していない外貨預金では、預入時と満期時の為替レートにより利回りは変動します。円安（外貨高）になれば円換算ではプラスとなるため、利回りは高くなり、預入時より円高（外貨安）になれば円換算ではマイナスとなるため、利回りは低くなります。

主な外貨建て金融商品

様々な外貨建て金融商品がありますが、ここでは、比較的身近な存在といえる「外貨預金」、「外国債券」、「外国投資信託」、「金」を取り上げます。

外貨預金

銀行が取り扱っている代表的な外貨建て商品が**外貨預金**です。

商品内容	外貨で行う預金。定期預金は、原則、中途換金はできない
ポイント	預金保険の保護の対象外
課税内容	・利息は**利子所得**に該当し、源泉分離課税の対象（税率20.315%） ・為替差益は原則「雑所得」として総合課税の対象。なお、為替差損は損益通算はできない

外国債券

外国債券とは、債券の**発行体・発行場所・通貨**のいずれかが外国である債券のことです。通貨によって分類されます。

名称	発行体	発行場所	通貨
外貨建て外債 （ショーグン債）	外国	日本	外貨
円建て外債 （サムライ債）	外国	日本	円

ナビゲーション

円建て外債（サムライ債）は、日本で発行される円建ての債券ですが、発行体が外国なので、外国債券の扱いとなります。

外国投資信託

外国投資信託とは、外国の法律にもとづいて設定された投資信託のことです。国内で販売されている外国投資信託の代表的なものは、「**外貨建てMMF（マネー・マーケット・ファンド）**」です。

ナビゲーション

運用対象がすべて日本の金融商品でも、海外で、海外の法律にもとづいて設定されるものは外国投資信託に分類されます。

外貨建てMMFの特徴

- 投資対象は外貨建ての公社債や短期金融商品
- 売買手数料は無料
- 株式の組み入れはなし
- いつでも中途換金が可能（ペナルティなし）
- 利子にあたる収益分配金は利子所得として、**20.315%の源泉徴収等（申告分離課税）**
- 為替差益を含む譲渡差益（売却益）は、譲渡所得として20.315%の申告分離課税

ワンポイント

米ドル建てMMFが最も一般的ですが、豪ドル建てやカナダドル建てなどもあります。

金

金融不安に対して強いと考えられている資産です。金投資の方法には、**金地金**、**金貨**等を購入する、毎回一定額を積み立てるドルコスト平均法を用いた**純金積立**などがあります。積み立てた金を現物で受け取ることもできます。

取引価格	原則：1トロイオンス当たりの米ドル建て価格 国内価格：1グラム当たりの円建て価格
税金	保有期間5年以内：短期譲渡所得として総合課税 保有期間5年超　：長期譲渡所得として総合課税
国内金価格の 変動要因	米ドル建て金価格が一定の場合、 円安：国内金価格の上昇要因 円高：国内金価格の下落要因

9 金融商品と税金

金融商品への投資で得られる利益に対する税金は、税制の中でも特例扱いのものが多く、複雑化しています。加えて、「新NISA」などのように、税制面での優遇制度も登場してきました。資産運用の成果を向上させるには、金融商品の税金への理解を深めておくことが重要です。

1 金融商品ごとの課税

重要度

　資産運用には、様々なコストがかかります。その中でも、金融商品の手数料や利益に対する税金は、大きなウェイトを占めています。手数料と同様、税金をなるべく抑えることができれば、より効率的な資産形成が可能です。そのためには、金融商品に関わる税金について、しっかりと理解しておくことが必要になります。

金融商品の課税方法

　金融商品から得られる利益に対する課税の方法は、主に「**総合課税**」・「**申告分離課税**」・「**源泉分離課税**」の３つに分類されます。

総合課税	投資をして得た１年間の所得金額を、他の所得と合計して、所得税を計算する
申告分離課税	投資をして得た１年間の所得金額について、他の所得と分離して、所得税を計算する
源泉分離課税	投資をして収益を受け取るときに、一定の税額が源泉徴収等され、それですべての納税が終了する

金融商品の利益への税率

　金融商品の売買で得られる利益のことを譲渡益といいます。株や投資信託を売却した際、売却価格が購入価格よりも上回っていれば、その値上がり分に対して課税されます。また、株の配当金や投資信託の**普通分配金**にも課税されます。

譲渡益 （売買で生じる利益）	20.315% （所得税15％＋復興特別所得税0.315％＋住民税5％）
配当金や分配金 （申告分離課税の場合）	20.315% （所得税15％＋復興特別所得税0.315％＋住民税5％）

預貯金の税金について

　国内預貯金の利息は、「利子所得」として源泉分離課税の対象となります。税率は20.315％になります。

株式・投資信託の税金について
譲渡所得（売買で生じる利益）

　上場株式・投資信託について、売却した際、譲渡益が発生すると20.315％の税率がかかります。また、原則、**申告分離課税**となり、他の金融商品の譲渡損益と合算されます。

配当金・分配金

　上場株式の配当金や投資信託の普通分配金については、譲渡益と同じく通常20.315％の税率で源泉徴収等されます。

※上場株式等の配当所得および譲渡所得は、所得税および住民税について同一の課税方式を選択する必要があります。

ワンポイント

株式や投資信託の譲渡所得は、特定口座の「源泉徴収あり」にすると、通常確定申告は不要です。

特定口座とは

　「**特定口座**」とは、金融商品に関する税金の確定申告や納税などを、簡易的に行うことができる口座です。証券会社や銀行（投資信託のみ）が投資家の代わりに、特定口座内の年間の売買損益などの計算を行います。

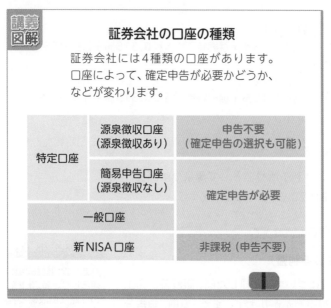

証券会社の口座の種類

証券会社には4種類の口座があります。
口座によって、確定申告が必要かどうか、
などが変わります。

特定口座	源泉徴収口座 （源泉徴収あり）	申告不要 （確定申告の選択も可能）
	簡易申告口座 （源泉徴収なし）	確定申告が必要
一般口座		
新NISA口座		非課税（申告不要）

　特定口座を開設すると、「年間取引報告書」が作成・交付されます。

債券（特定公社債）の税金について

　債券は、国債、地方債、公社債などの「**特定公社債**」と、それ以外の私募公社債などの「**一般公社債**」に分かれます。

特定公社債の税金

	税率	課税方法
利息	**利子所得**として20.315% (所得税15%＋復興特別所得税0.315%＋ 住民税5%)	申告分離課税 (確定申告不要と することも可能)
償還差益 売却益	**譲渡所得**として20.315% (所得税15%＋復興特別所得税0.315%＋ 住民税5%)	申告分離課税

＜特定公社債の償還差益・売却益＞

　債券は満期が来ると償還されます。購入価格よりも償還されるときの価格が高い場合、差益は譲渡所得として20.315%が課税されます。売却益も同様です。

　なお、上場株式等の取引で損失が発生した場合、損失額を償還差益・売却益と通算できます。

公募公社債投資信託の税金について

　公募公社債投資信託とは、公社債および短期金融商品で運用し、**株式を組み入れない**ことを明示しているファンドのことです。単位型と追加型があり、追加型公社債投資信託の主なものはMRFやMMFなどです。

公募公社債投資信託の税金

　公募公社債投資信託の**収益分配金**は、**利子所得**となり、特定公社債等の利息と同じ扱いになります。また、**売却益**や**償還差益**、**解約差益**は、**譲渡所得**として、上場株式や特定公社債等の売却益・償還差益と同じ扱いです。

収益分配金	利子所得
売却益、償還差益、解約差益	譲渡所得

ナビゲーション

特定公社債の償還差益と売却益は、特定口座で「源泉徴収あり」を選ぶと、申告不要にすることができます。

公募株式投資信託の税金について

公募株式投資信託とは、株式に投資できると明示してある投資信託のことです。実際には債券だけを投資対象としていても、投資信託の約款に株式投資ができると明記してあれば、公募株式投資信託として扱われます。

公募株式投資信託の収益分配金の税金

株式投資信託の収益分配金は2種類あります。「普通分配金」と「特別分配金」です。それぞれで、所得と課税方法が異なります。

・普通分配金と特別分配金の税金

普通分配金は、投資信託の運用で発生した利益を投資家に還元したものです。上場株式の配当金と同じく、**配当所得**になります。これに対して、**特別分配金**は、投資家の元本からの払い戻しですので、税金はかかりません（非課税）。

公募株式投資信託の譲渡損益などの税金

売却益、償還差益、解約差益は、譲渡所得となります。上場株式の売却益と同じ扱いです。

収益分配金の配当所得にかかる税金は源泉徴収されるので、確定申告をする必要はありません！

公募株式投資信託の税金

収益分配金	普通分配金	配当所得
	特別分配金	非課税
売却益、償還差益、解約差益		譲渡所得

公募株式投資信託の普通分配金と特別分配金

公募株式投資信託の普通分配金と特別分配金の金額は、次のように計算するとわかります。

普通分配金と特別分配金

例）①公募株式投資信託を10,000円で購入

②基準価額が11,000円のときに、1,500円の分配

③分配後の基準価額は9,500円（11,000円－1,500円）

④値上がり分である普通分配金は
　　1,000円（＝基準価額11,000円－元本10,000円）

⑤元本からの支払いとなる特別分配金は
　　500円（＝元本10,000円－分配後の基準価額9,500円）となります。

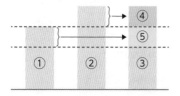

④普通分配金：1,000円（課税対象）

⑤特別分配金：500円（非課税）

③分配金支払い後の基準価額：9,500円
　（分配後の個別元本：9,500円）

①元本：10,000円
②分配金支払い前の基準価額：11,000円

損益通算と損失の繰越について

損益通算とは

　上場株式等の配当所得や譲渡所得、特定公社債等の利子所得や譲渡所得は、損益通算ができます。損益通算とは、損失と利益を相殺して計算することです。ただし、配当所得や利子所得を損益通算するためには、**申告分離課税**により確定申告をしなければなりません。

損失の繰越とは

　損益通算をしても譲渡損失が残るときは、その損失を、確定申告で翌年以降の**3年間**、繰り越すことが可能です。

「新NISA」（少額投資非課税制度）
「新NISA」とは

　新NISAの正式名称は「少額投資非課税制度」です。名称の通り、一般口座や特定口座の課税口座とは違って、新NISA口座で株や投資信託に投資すると、利益が発生しても非課税になる、という制度です。

ナビゲーション

新NISAでは、債券や公社債投資信託は投資対象外です。また、「新NISAのつみたて投資枠」の対象となる投資信託は、金融庁が一定の条件のもとにラインナップしたものになります。

新NISAの概要

	つみたて投資枠	成長投資枠
年間投資上限額	年間120万円	年間240万円
非課税保有限度額	—	1,200万円
	1,800万円	
	非課税枠を再利用できる	
非課税期間	制限なし	
利用者の条件	18歳以上の日本国内居住者等	
対象金融商品	長期・積立・分散投資に適した一定の公募株式投資信託、ETF	上場株式（国内・外国株）、公募株式投資信託、ETF、REIT
損益通算	口座内で生じた損失は、他の配当、分配金や譲渡益との損益通算不可	
その他	・一般口座、特定口座から移管はできない ・上場株式の配当やETF、REITの分配金を非課税とするためには、受取方法を株式数比例配分方式（証券口座で受け取る方法）にする必要がある	
2023年までの（つみたて）NISA	上記新NISAの非課税枠と別枠で利用できる	

※2023年までにNISA口座で購入した資産は、非課税期間内に売却、または非課税期間終了時に一般口座や特定口座に移管します。

新NISAのポイント

口座

新NISAを使うには専用の口座を開設する必要があります。一つの新NISA口座の中には「成長投資枠」と「つみたて投資枠」があり、併用できます。

非課税枠

新NISAは、それぞれの枠に、非課税となる投資額に上限が設定されています。

損失

新NISA口座で譲渡損失が発生した場合であっても、一般口座や特定口座で発生している譲渡益や配当金などと**合算**（＝**損益通算**）することは**できません**。

過去問チャレンジ

新NISAのつみたて投資枠を利用して公募株式投資信託等を購入することができる限度額（非課税投資枠）は、年間（　　）である。

1. 40万円
2. 80万円
3. 120万円

[23年1月・学科]

3 新NISAのつみたて投資枠を利用して公募株式投資信託等を購入することができる限度額（非課税投資枠）は、年間120万円です。

資産運用の理論を学びます

10 ポートフォリオ理論と デリバティブ取引

資産運用のアドバイスをする際に、FP として理解しておか なければならないのがポートフォリオ理論です。
FP3 級では、基本から金融商品の価格変動の関係性までを学 びます。また、デリバティブ取引は複雑化する金融商品の理 解に欠かせません。

1 資産運用のための2つのキーワード 重要度 Ⓐ

　「ポートフォリオ」は、金融機関に所属するプロの機関投 資家だけでなく、個人投資家にとっても重要です。安定した 資産運用をするためには不可欠といえるからです。また、「デ リバティブ取引」も、複雑化する金融商品の理解のためには、 欠かせません。

ポートフォリオについて
ポートフォリオとは

　ポートフォリオとは、保有する**資産の組み合わせ**のことで す。そして、「**ポートフォリオ運用**」とは、様々な金融商品に 投資をして、安定した資産運用を行うことを指します。

アセット・アロケーションとは

　アセット・アロケーションとは、運用する資金を、国内外 の株や債券など複数の金融商品に、「**どのような割合で投資 するか**」を決めることです。アセット・アロケーションの配 分の比率は、運用をする人の資産状況やリスクの許容度、運 用目的などによって異なります。

> **用語の意味**
> ポートフォリオ運用 は、「分散投資」と いう意味でも使われ ます。

> **用語の意味**
> アセット・アロケー ションのアセットと は「資産」、アロケ ーションとは「配分」 という意味です。

236

「ポートフォリオ」と「アセット・アロケーション」の違い

　ポートフォリオは、組み合わせる株式や投資信託の個別銘柄を重視します。これに対して、アセット・アロケーションは、どの種類の資産（国内株式・債券、海外株式・債券、不動産など）にどれだけ資金を配分するか、に重点を置きます。

ポートフォリオの期待収益率について

　ポートフォリオの**期待収益率**とは、投資家がそのポートフォリオで運用する際に期待する収益率のことです。実際には、ポートフォリオに組み入れた各金融商品の期待収益率を、ポートフォリオへの組入比率で加重平均した値となります。

期待収益率の求め方

　例）A資産の期待収益率が2％で組入比率が60％、B
　　　資産の期待収益率が3％で組入比率が40％とい
　　　うポートフォリオの場合

　(2.0％×60％) + (3.0％×40％) = 1.2％ + 1.2％ = 2.4％
　期待収益率は2.4％となる

過去問チャレンジ

　A資産の期待収益率が3.0％、B資産の期待収益率が2.0％の場合に、A資産を80％、B資産を20％の割合で組み入れたポートフォリオの期待収益率は、（　　　）となる。

　　1. 2.4％
　　2. 2.8％
　　3. 6.0％　　　　　　　　　　　　　　　　　　　　　[21年5月・学科]

2　期待収益率（％）＝（3.0％×80％）＋（2.0％×20％）＝2.8％となります。

ポートフォリオ運用で重要な「相関係数」

・投資の「リスク」とは

投資のリスクとは、投資によって利益や損失が発生する「不確実性」のことです。したがって、リスクが大きいというのは「**不確実性が大きい**」ということで、リスクが小さいというのは「**不確実性が小さい**」ということになります。

用語の意味

「リスク」は、金融商品の価格の変動の振幅、という意味でもよく使われることがよくあります。

・投資リスクを低減させる「相関係数」とは

ポートフォリオの投資リスクを抑える（＝不確実性を低くする）ためには、異なった価格の動きをする資産や銘柄を、組み合わせることが有効です。その際、ポイントとなるのは「**相関係数**」です。相関係数とは、資産や銘柄の値動きの傾向が、どれくらい同じなのかを表す数値です。

ナビゲーション

一般的な言葉としての「リスク」は「危険」という意味なので、投資のリスクというと、損失のことだと思われがちですが、利益の発生も含みます。

・「相関係数」のしくみ

個別の金融商品や資産同士の値動きが似ているのかどうか、を判別する数値です。具体的には、「0」を中心として、「－1」～「＋1」の範囲で表されます。

相関係数	－ 1	⇔	0	⇔	＋ 1
値動き	全く逆の値動き		値動きは無関係		全く同じ値動き
リスク低減効果	リスク低減効果が最大				リスク低減効果はない

過去問チャレンジ

異なる2資産からなるポートフォリオにおいて、2資産間の相関係数が－1である場合、分散投資によるリスクの低減効果は、最小となる。　[22年5月・学科]

✕　異なる2資産間の相関係数が－1である場合、分散投資によるリスク低減効果は最大となります。なお、相関係数が1の場合は効果がありません。

デリバティブについて
デリバティブ取引とは

「**デリバティブ**」とは、株式や債券などから派生して生まれた金融商品のことです。つまり、「**デリバティブ取引**」は、そうした金融商品の取引のことで、具体的には、「**先物取引**」、「**オプション取引**」、「**スワップ取引**」などがあります。

⑩ ポートフォリオ理論とデリバティブ取引

「デリバティブ」は、日本語では、「金融派生商品」と呼ばれます。

主なデリバティブ取引

先物取引	ある資産を、将来のある期日までに、一定の価格で売買することを約束する取引のこと。例えば、3カ月後に、ある企業の株式を1株3万円で「買う」という約束をすること。
オプション取引	ある資産を、将来のある期日（まで）に、一定の価格で購入する、あるいは売却する**権利**を取引すること。**買う権利**を「**コール・オプション**」、**売る権利**を「**プット・オプション**」といい、他の条件が同じであれば、一般に、満期までの残存期間が**長い**ほど、プレミアム（オプション料）は**高くなる**。
スワップ取引	価値が等しいものの「交換」（＝スワップ）というのが、もともとの意味。同じ通貨で異なるタイプの金利を交換するのが「金利スワップ」（例えば、**変動金利を固定金利に交換**）、異なる通貨の元利金を交換するのが「通貨スワップ」です。

過去問チャレンジ

オプション取引において、他の条件が同じであれば、満期までの残存期間が短いほど、プレミアム（オプション料）は高くなる。 ［22年9月・学科］

✕ オプション取引において、他の条件が同じであれば、満期までの残存期間が長いほど、短い場合に比べて収益機会が多いため、プレミアム（オプション料）は高くなります。

ステップアップ講座

3級レベルの問題で
復習してみよう!

3級では、ポートフォリオの概要や収益率、
相関係数の定義などが出題されますが、
2級ではもう少し踏み込んだ内容で出題されます。

Q1 | ポートフォリオ

ポートフォリオ運用の目的は何でしょう?

　　A．リターンの安定化を目指す。
　　B．リターンの最大化を目指す。

正解：A

異なるリターンやリスクのものに分散投資することで、リスクを抑えつつリターンを狙うことがポートフォリオ運用の目的ですね。この場合の分散は、銘柄ではなく資産の種類（株式、債券、不動産など）を分散することが重要です！

試験では「各資産の投資割合×収益率」を合計して、全体の収益率を求めます（難しく言えば、「加重平均した値」ということ）。

Q2 | リスク

同じ5％のリターンの場合、どちらを選びたい?

　　A．4％～6％の範囲に収まる5％のリターン
　　B．▲10％～＋20％の範囲に収まる5％のリターン

正解：（リスクを嫌う人にとっては）A

資産運用で「リスク」とはリターンのブレ幅のこと。同じ5％のリターンならリターンのブレ幅（リスク）が小さいほうが安心ですよね。このブレ幅を表すのが「標準偏差」といい、数値が小さいほどリスクが小さいと判断できます。

Q3 | 相関係数

リターンの安定化を目指すには、どちらが効果的?
  A. 値動きが似ている資産に分散
  B. 値動きが異なる資産に分散

正解:B

異なる2資産の値動きの関係を表す数値が相関係数です。0を中心に－1〜＋1の間で表され、＋1だと値動きが全く同じであり、分散投資効果はありません。－1に近づくほど値動きが異なり、分散効果が高くなります。

つまり、相関係数が＋1であればリスクはそれぞれの資産を加重平均した値となり最もリスクが高く、逆に＋1以外であれば、各資産のリスクを組入比率で加重平均した値よりも小さくなります。

Q4 | シャープレシオ

どちらの方が評価できる?
  A. リスクを積極的にとって年5％のリターン
  B. リスクを抑えつつ年5％のリターン

正解:B

同じリターンを得るのであれば、リスクを抑えている方が効率的といえますよね。「リスクに対してどれだけのリターンを得ることができたのか」を示す数値がシャープレシオです。

(資産の収益率―無リスク資産の利子率)÷標準偏差
で求められます。

資産の収益率―無リスク資産の利子率＝
リスクに応じたリターン
標準偏差＝リスク
つまり、シャープレシオが大きいほど、運用効率の
良いポートフォリオと評価されます。

ここまで
理解できたかな?
それでは最近の過去問に
チャレンジしてみましょう!

2級の問題に
挑戦して
みよう！

Q ポートフォリオ理論　　　　　　　　　　　　　　　　　（20年1月　問題27）

ポートフォリオ理論に関する次の記述のうち、最も適切なものはどれか。

1. ポートフォリオのリスクとは、一般に、組み入れた各資産の損失額の大きさを示すのではなく、期待収益率からのばらつきの度合いをいう。
2. 異なる2資産からなるポートフォリオにおいて、2資産間の相関係数が1である場合、ポートフォリオを組成することによる分散投資の効果（リスクの低減効果）は最大となる。
3. ポートフォリオのリスクは、組み入れた各資産のリスクを組入比率で加重平均した値よりも大きくなる。
4. ポートフォリオの期待収益率は、組み入れた各資産の期待収益率を組入比率で加重平均した値よりも大きくなる。

正解：1	2級ではこう解く！

1. **適切** 記述のとおりです。
2. **不適切** 相関係数は、0を中心に「−1」〜「＋1」の範囲で表され、異なる2資産間の相関係数が「＋1」である場合、全く同じ動きをするので、分散投資の効果（リスクの低減効果）はありません。
3. **不適切** ポートフォリオのリスクが最も大きいのは、組入資産の相関係数が「＋1」のときで、組み入れた各資産のリスクを組み入れ比率で加重平均した値です。相関係数が「＋1」以外であれば、少なからずリスク低減効果はあり、ポートフォリオのリスクは組み入れた各資産のリスクを組み入れ比率で加重平均した値よりも小さくなります。
4. **不適切** ポートフォリオの期待収益率は、ポートフォリオに組み入れた各資産の期待収益率を組入比率で加重平均した値になります。

下記<資料>に基づくファンドAとファンドBの運用フォーマンスの比較評価に関する次の記述の　空欄（ア）〜（ウ）にあてはまる語句または数値の組み合わせとして、最も適切なものはどれか。

<資料>ファンドAとファンドBの運用パフォーマンスに関する情報

<資料>の数値によりファンドAのシャープレシオの値を算出すると（ア）となり、同様に算出したファンドBのシャープレシオの値は（イ）となる。シャープレシオの値が（ウ）ほど効率的な運用であったと判断される。

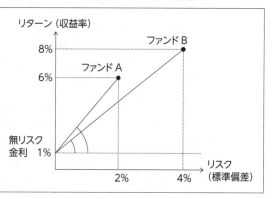

1. （ア）2.50　　（イ）1.75　　（ウ）大きい
2. （ア）2.50　　（イ）1.75　　（ウ）小さい
3. （ア）3.00　　（イ）2.00　　（ウ）大きい
4. （ア）3.00　　（イ）2.00　　（ウ）小さい

正解：1　　2級ではこう解く！

シャープレシオは効率的な運用であったかの判断基準で、値が大きいほど効率的な運用であったと判断されます。以下の計算式で求めます。

シャープレシオ＝（ポートフォリオのリターン−無リスク資産のリターン）÷ポートフォリオのリスク

資料から計算式に当てはめると、

ファンドAのシャープレシオ＝（6％−1％）÷2％＝2.50

ファンドBのシャープレシオ＝（8％−1％）÷4％＝1.75

数値が大きいファンドAのほうが効率的な運用であるため、正解は1となります。

3 金融資産運用
復習のまとめ

しっかり確認しましょう！
出題頻度の高い論点　総ざらい

・各金融商品からの出題があります。それぞれ
　の金融商品の特徴をしっかり把握しましょう。
　また、利回り計算の出題もありますので、それ
　ぞれの公式を頭に入れてください。

・金融や経済の指標もよく出題されます。そし
　て用語も。TTS、TTB、TTMをそれぞれ説明
　してみましょう！

・ポートフォリオ理論もとっつきにくい用語で
　すが、これもまた頻出します。ポイントを理解
　しましょう。

第4章

タックスプランニング

日々の生活で発生する「税金」が大好きという人は、かなりの少数派でしょう。しかし、FPで学ぶすべての分野と関連しているテーマです。そのため、税金をしっかり学習することで、全分野を横断的に理解でき、得点力の大幅アップが期待できます。税金を制する者はFP試験を制す。そういっても過言ではない、大事な章なのです。

この章で
学ぶ内容

● 所得税の基礎
　所得税とはこんな税金！

● 所得の分類
　所得税がかかる所得は10種類！

● 所得控除と税額控除
　しょとくこうじょ　ぜいがくこうじょ
　控除を理解すれば税額がわかる！

タックスプランニング

ここをしっかり押さえておけば問題の正解率がアップします。

所得税の基礎

税金の種類

各税金の分類、課税方式などと、
税金の基礎知識を学びます。

所得税のしくみ

所得とは何か、非課税所得のケース、
納税方式などを理解します。

所得の分類と損益通算 （そんえきつうさん）

所得の分類

10種類の分け方に加え、
収入から差し引ける控除の計算や必要経費になるもの、
ならないものも大事なポイント！
また、譲渡所得は分離課税と総合課税による分類があること、
不動産所得と事業所得との違い、
退職所得の計算もよく出題されるため、
繰り返し計算をして覚えます。
損益通算できる損失とできない損失も同様に大事です！
最終的には、所得税算出の全体の流れを理解することを目指します。

所得控除と税額控除 （しょとくこうじょ　ぜいがくこうじょ）

所得控除 （しょとくこうじょ）

所得金額から差し引けるのが所得控除。
種類が多いので、出題頻度の高いものからマスター。
配偶者控除、扶養控除、医療費控除は特に必須ポイント。

所得税がどういう
流れで計算されるか、
勉強している箇所が
どこに位置しているか、
いつも把握して
おくことです！

税額控除 （ぜいがくこうじょ）

税額から差し引けるのが税額控除。
配当控除と住宅ローン控除を覚えます。

確定申告

確定申告のルール、青色申告制度について。
給与所得者で、確定申告が必要な人も大事なポイントです。

タックスプランニングの基本

税制と所得税の基礎

タックスプランニングの基本となるのが所得税です。
まずは、国税と地方税、直接税と間接税の違いなど
税制全体の基本を整理します。
さらに、所得の種類や課税される所得、非課税となる
所得など、所得税の基本を理解しておきましょう。

1 税金の種類と納税方法

重要度 C

国税と地方税

　税金は、誰が課税するかの違いで、**国税**と**地方税**の2つに分けられます。国税は国が、地方税は地方公共団体（都道府県、市区町村）が課税をします。

直接税と間接税

　税金を負担する人（担税者）が、自分で直接納める税金を**直接税**、税金を負担する人と納める人（納税義務者）が異なる税金を**間接税**といいます。

国税と地方税、直接税と間接税の区分

	直接税	間接税
国税	所得税、法人税、相続税、贈与税	消費税、印紙税、酒税、たばこ税
地方税	住民税、事業税、固定資産税、都市計画税、不動産取得税	地方消費税

レック先生の
ズバッと解説

消費税に関しては、消費者であるわたしたちが「担税者」になり、お店や事業者が「納税義務者」になるので、間接税の扱いになります。

申告納税方式と賦課課税方式

　税金の納税方法には、納税者が自分で税額を計算して、自らが納めるべき金額を申告する**申告納税方式**と、国や地方公共団体が計算した税額を納める**賦課課税方式**があります。

課税方式による税金の区分

申告納税方式	所得税、法人税、相続税など
賦課課税方式	住民税、固定資産税、自動車税、過怠税など

賦課課税の場合は
納税通知書が
送られてくるよ

申告納税の場合は
自分で計算する必要が
あるんだね！

所得と所得税

　所得とは、収入から、これを得るためにかかった必要経費等を差し引いたもので、どのような収入かによって**10種類**（詳しくは次ページ）に分けられます。所得税とは、個人が1年間（**1月1日～12月31日**）に得た所得に対して課税される税金です。

 収入−必要経費等＝所得

「所得」とは収入から必要経費を引いたもの。
収入とは違うことを覚えておきましょう。

ナビゲーション

収入とは、会社員の場合、給与と賞与ですが、お金だけでなく、食事などの現物給与も含みます。

納税義務者（のうぜいぎむしゃ）

　所得税の納税義務者とは、所得を得た個人と法人であり、個人の納税義務者は**居住者**か**非居住者**かによって課税の対象となる所得が異なります。ただし、国籍は問われません。

　居住者とは、国内に住所を有している、あるいは現在まで引き続き1年以上、国内に居所（きょしょ）がある個人。一方、**非居住者**とは居住者以外の個人のことをいいます。

用語の意味

居所（きょしょ）
一定期間継続して居住する、住所とは異なる場所。生活の場として住所に近い状況にある場所。

個人の納税義務者

納税義務者の区分		課税される所得
居住者	永住者 （非永住者以外の居住者）	国内・国外すべての所得
	非永住者 日本国籍がなく過去10年以内に日本国内に住所または居所を有していた期間が5年以下の個人	国内源泉所得、国内で支払われた国外源泉所得、または国内に送金されたもの
非居住者	居住者以外	国内源泉所得のみ

用語の意味

国内、国外源泉所得
国内においての勤務等による給与、賞与などのほか、国内で保有している債券の利子や株式の配当金、不動産の賃貸収入などによる所得のこと。対して、国外源泉所得は海外に保有する資産などから得られる所得。

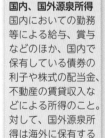

3 所得の種類

　個人の所得は、その性質に応じて以下の10種類に区分されます。

① **利子所得** → 預貯金や債券の利子等

② **配当所得** → 株式の配当金等

③ **不動産所得** → 不動産等の貸付による賃料等

④ **事業所得** → 事業から生じた所得

⑤ **給与所得** → 会社員の給与、賞与等

⑥ **退職所得** → 退職金等

⑦ **山林所得** → 山林伐採の譲渡による所得等

⑧ **譲渡所得** → 資産の売却等で得た所得

⑨ **一時所得** → 生命保険の満期保険金等

⑩ **雑所得** → 公的年金等や業務(副業)、その他の収入

非課税となる所得

所得には税金が課されないものがあります。

非課税となる主な所得

- 社会保険の給付金
  - →遺族年金、障害年金、雇用保険、健康保険の給付など

- 生活用動産の売却による所得
  - →衣類、家具などの譲渡。ただし、1個ないし1組の価額が30万円を超える貴金属や絵画などは課税対象

- 会社員等の通勤手当のうち月額15万円まで

- 宝くじの当選金

- 損害保険、生命保険からの給付金のうち身体の傷害に基因して支払われたもの
  - →入院給付金、手術給付金など

ワンポイント

会社員等の通勤手当のうち「月15万円まで非課税」と、「入院給付金は非課税」は、よく出題されるので、覚えておきましょう。

過去問チャレンジ

電車・バス等の交通機関を利用して通勤している給与所得者が、勤務先から受ける通勤手当は、所得税法上、月額10万円を限度に非課税とされる。

[23年9月・学科]

× 通勤手当の非課税限度額は、月額15万円です。

4 所得税の計算

重要度

所得税の課税方法

　10種類の所得は、各所得を合計して課税する**総合課税**と、所得ごとに課税する**分離課税**に分けられます。所得税は原則、総合課税ですが、一部の所得については分離課税となります。

　また、分離課税には、所得を得た者が税額を申告する**申告分離課税**と、収入からあらかじめ税額が差し引かれて（天引き）課税関係が完了する**源泉分離課税**（申告不要）の2つがあります。

課税方法と所得の分類（原則）

課税方法		対象となる所得
総合課税		不動産所得 事業所得 給与所得 譲渡所得（土地・建物等、株式等以外） 〈以下の所得は分離課税になる場合もある〉 利子所得 配当所得 一時所得 雑所得
分離課税	申告分離課税	特定公社債等の利子所得 上場株式等の配当所得 退職所得 山林所得 譲渡所得（土地・建物等、株式等）
	源泉分離課税	国内預貯金の利子所得等

総合課税の対象となる所得をすべて合計して損益通算等したあとの金額を総所得金額といいます。

譲渡所得は土地、建物、株式を売った場合とそれ以外で課税方式が違うのか…

253

過去問 チャレンジ

所得税において、国債や地方債などの特定公社債の利子は、総合課税の対象となる。

[23年5月・学科]

✕　特定公社債の利子は申告分離課税になります。

所得税の税率

ナビゲーション

2013年から2037年（令和19年）まで、東日本大震災からの復興財源として、所得税に加えて復興特別所得税（復興税）が創設されました。税額は所得税額に2.1%を掛けた額となります。

　総合課税の所得税率は、課税所得金額が増えるにつれて税率が段階的に高くなる**超過累進税率方式**となっています。算出方法は、課税の対象となる所得金額に超過累進税率を掛け合わせ、そこから所定の控除額を差し引いたものが所得税額になります。

数式　　所得税額＝課税所得金額×税率－控除額

「控除」とは、ある金額から一定額を差し引くことで、タックスプランニングでは頻繁に使われる言葉です

所得税額の速算表 （そくさんひょう）（所得税額＝課税所得金額×税率－控除額）

課税所得金額		税率	控除額
	195万円以下	5%	0円
195万円超	330万円以下	10%	9万7,500円
330万円超	695万円以下	20%	42万7,500円
695万円超	900万円以下	23%	63万6,000円
900万円超	1,800万円以下	33%	153万6,000円
1,800万円超	4,000万円以下	40%	279万6,000円
4,000万円超		45%	479万6,000円

※別途、復興特別所得税（所得税額×2.1%）もかかります。

ワンポイント

すべての所得税率を覚える必要はありませんが、所得税率は超過累進税率であり、最低税率は「5%」、最高税率は「45%」であることは覚えておきましょう。

過去問チャレンジ

課税総所得金額250万円に対する所得税額（復興特別所得税額を含まない）は、下記の＜資料＞を使用して算出すると、（　　）である。

＜資料＞所得税の速算表（一部抜粋）

課税所得金額	税率	控除額
195万円以下	5%	0円
195万円超330万円以下	10%	97,500円

1) 97,500円
2) 152,500円
3) 250,000円

[20年9月・学科]

2 所得税額は〈課税所得金額×税率－控除額〉で求められます。これを設問の金額と〈資料〉に当てはめると、〈250万円×10%－97,500円〉ですから、所得税額は152,500円となります。

所得税計算の全体像（概要）

所得税の計算は、この5つの順番で行います。詳細は、次ページ以降で説明しますが、ここでは全体の流れをつかんでおきましょう。

STEP 1 ＜所得金額の算出＞

各収入金額から必要経費や所定の控除額を差し引く

STEP 2 ＜課税標準（か ぜいひょうじゅん）の算出＞

所得の相殺や損失の繰越控除が可能な所得はそれに則して計算する
⇨ 総合課税の課税対象となる金額（総所得金額）および分離課税の
　 課税対象となる金額がそれぞれ課税標準となる

STEP 3 ＜課税所得金額の算出＞

所得金額から所得控除額を差し引いて
課税所得金額を算出する

納税額までの
道のりは
5ステップ！

STEP 4 ＜所得税額の算出＞

課税所得金額に所定の税率を掛けて
税額控除があれば差し引いて
所得税額を算出する

STEP 5 ＜納税額の算出＞

給与所得等の源泉徴収税額があれば所得税額から差し引いて
申告納税額を確定する

総合課税							分離課税			
利子所得	配当所得	不動産所得	事業所得	給与所得	雑所得	一時所得	譲渡所得		山林所得	退職所得
							株式等以外、土地・建物等	土地・建物等		
								株式等		

収入金額−必要経費
各所得金額

▼

損益通算。その後、一時所得と総合長期譲渡所得は1/2をする
合計所得金額
損失の繰越控除をする

総所得金額	短期譲渡所得・長期譲渡所得の金額	株式等に係る譲渡所得等の金額	山林所得の金額	退職所得の金額

▼

所得控除額を差し引く

課税総所得金額	課税短期譲渡所得・課税長期譲渡所得の金額	株式等に係る課税譲渡所得等の金額	課税山林所得の金額	課税退職所得の金額

▼

× 税率	× 分離課税率	× 1/5 × 税率 × 5	×税率

税額控除額を差し引く
所得税額

▼

源泉徴収税額を差し引く
所得税の申告納税額

2

所得の10分類と計算

所得税の対象となる所得は10種類に分けられます。
それぞれの分類や課税方法、所得金額を算出する公式は
試験に多く出題されますのでしっかり覚えましょう。
合わせて、減価償却や各種控除の内容も把握することで
所得の出し方への理解がより進みます。

1 利子所得　　　　　　　　　　　　　　重要度 A

利子所得の範囲

　利子所得とは**預貯金**や**公社債の利子**、**公社債投資信託の収益分配金**などによる所得をいいます。利子所得は「経費がかからない」とされ、収入金額がそのまま利子所得の金額となります。

 　利子所得の金額＝収入金額

利子所得の課税方法

　原則、**総合課税**ですが、国内の預貯金の利子は、20.315％※の税率による**源泉分離課税**のため、受け取るときに源泉徴収等されます（利子所得額は源泉徴収される前の金額になります）。また、国債や地方債などの特定公社債の利子や公社債投資信託の収益分配金などは、20.315％の税率による**申告分離課税**となります。

※20.315％の内訳：所得税15％、復興特別所得税0.315％、
　住民税5％

ワンポイント

預貯金の利子は外貨預金であっても利子所得ですが、為替差益によって得た利益は雑所得となります。また、個人的に貸し付けた資金の利子も雑所得となります。

国内において支払を受ける預貯金の利子は、原則として、所得税および復興特別所得税と住民税の合計で（ ① ）の税率による（ ② ）分離課税の対象となる。

1) ① 10.21%　　② 申告
2) ① 20.315%　② 申告
3) ① 20.315%　② 源泉

[21年1月・学科]

3 税率は20.315%（所得税・復興特別所得税15.315%、住民税5%）となり、課税は源泉分離課税です。

2 配当所得

重要度 **C**

配当所得の範囲

　配当所得とは、法人から受け取る利益の配当（株式の**配当金**）や、株式投資信託、上場投資信託（ETF）、不動産投資信託（J-REIT）の**収益分配金**などによる所得をいいます。配当所得の計算方法は、株式等の取得のための負債利子（取得のための借入金の利子）が経費となりますので、それを差し引いた額となります。

ワンポイント

投資信託の収益分配金でも、公社債投資信託は利子所得ですが、株式投資信託、上場投資信託（ETF）、不動産投資信託（J-REIT）は配当所得となりますので注意しましょう。

公式

配当所得の金額
＝収入金額−株式等取得のための負債利子

負債の利子が経費になるんだね！

配当所得の課税方法

　配当金は、原則、総合課税です。**上場株式等**（一定の大口株主以外）の配当金は、**総合課税、申告分離課税、申告不要制度**を選択できます。総合課税では配当控除を受けることができ、申告分離課税では上場株式等に譲渡損失がある場合に、配当金との損益通算（利益と損失を相殺すること）が可能となります。なお、申告不要制度の場合、配当金等はその支払いを受けるときに20.315%（一定の大口株主、非上場株式は20.42%）の**源泉徴収等**で課税関係が終了します。

上場株式等（一定の大口株主以外）の配当所得の課税方法の違い

課税方法	確定申告	配当控除	損益通算※
総合課税（原則）	総合課税の所得として確定申告	適用あり	できない
申告分離課税	分離課税の所得として確定申告	適用なし	できる
申告不要制度	源泉徴収等だけで課税関係を終了できるので確定申告は不要	適用なし	できない

※上場株式等の譲渡損失との損益通算

ナビゲーション

発行済み株式総数の3％以上を保有する大口株主が受け取る配当金や、非上場株式からの配当金は、総合課税となり、申告分離課税にはできません。

ワンポイント

上場株式以外（非上場株式等）も原則は総合課税ですが、少額配当の場合は申告不要にできます。

3 不動産所得

重要度 **A**

不動産所得の範囲

　不動産所得とは、土地の賃料やアパート・マンションの家賃など、**不動産の貸付による所得**をいいます。一方、土地などの売却益は不動産所得ではなく譲渡所得となります。

不動産所得に「該当するもの」と「しないもの」の例

不動産所得に該当するもの	・賃貸マンションなどの賃料 ・月極駐車場の賃料 ・賃貸マンションなどの礼金、更新料
不動産所得に該当しないもの	・下宿など食事を供する場合の家賃 　→ 事業所得または雑所得 ・時間貸駐車場の賃料 　→ 事業所得または雑所得 ・従業員宿舎の家賃収入 　→事業所得

レック先生のズバッと解説

不動産所得について「事業的規模の貸付の場合は事業所得である」という正誤問題がよく出題されます。事業的規模とは貸家なら5棟以上、アパートなどは10室以上を指しますが、その規模にかかわらず不動産の賃料、家賃は「不動産所得」となります。

そうか！
不動産所得って
不動産を持っていることで
得られる所得なんだね！

不動産所得の計算と課税方法

　不動産所得は以下の公式で算出し、**総合課税**となります。必要経費には、その収入を得るために負担した、様々な経費が含まれます。

公式
> 不動産所得の金額
> ＝総収入金額－必要経費（－青色申告特別控除額）
> ---
> ・総収入金額＝家賃、地代、礼金、更新料など
> ・必要経費＝固定資産税、都市計画税、不動産取得
> 　税、損害保険料、修繕費、募集広告費、管理費、
> 　減価償却費、借入金の利子など

以下の場合も収入金額に計上します。
①年内の支払期限を過ぎている未払いの家賃
②入居者に返還しないことが確定している敷金、保証金
　等

用語の意味

青色申告特別控除
青色申告を行うことで得られる控除。不動産所得では、貸付を事業的規模で行い、電子申告等の要件を満たせば最高65万円（詳細はP310）の控除です。

ワンポイント

不動産を取得するための借入金の利子は必要経費になりますが、元金は対象外です。

過去問チャレンジ

不動産の賃貸に伴い受け取った敷金のうち、不動産の貸付期間が終了した際に賃借人に返還を要するものは、受け取った年分の不動産所得の金額の計算上、総収入金額には算入しない。

[19年5月・学科]

○　不動産所得における「総収入金額」に含まれるものは家賃、地代のほか、更新料や礼金などです。一方、敷金や保証金等で返還を要しないものは総収入金額に含みますが、設問にあるように「賃借人に返還する」ものについては含みません。

4 事業所得　重要度 B

事業所得の範囲と計算

　事業所得とは、**農業、漁業、製造業、卸売業、小売業、サービス業**、その他の事業を営む個人事業主の、その事業から生じる所得のことをいいます。課税方法は**総合課税**となります。

> 事業所得の金額
> ＝総収入金額－必要経費（－青色申告特別控除額）
>
> ・総収入金額＝事業による収入。未収金額も含む
> 　年内の確定金額。
> ・必要経費＝収入に対する売上原価、従業員など
> 　の賃金・給与、通信費、減価償却費、水道光熱費、
> 　宣伝費など。

ワンポイント

個人事業税、固定資産税（自宅兼店舗の場合、店舗の使用分だけ）は必要経費とすることができます。

売上原価の計算

　必要経費に計上される売上原価とは、当期に売り上げた商品の原価（製造原価、仕入原価）のことで、以下の計算式で求められます。

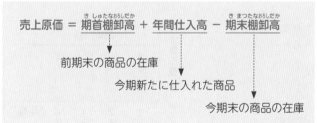

売上原価 ＝ 期首棚卸高 ＋ 年間仕入高 － 期末棚卸高

　　　　　　前期末の商品の在庫

　　　　　　　　今期新たに仕入れた商品

　　　　　　　　　　今期末の商品の在庫

減価償却とは

建物や車両、備品や機械などの固定資産は、時間の経過とともに価値が減少していきます。こうした固定資産は、購入した年に購入金額の全額を経費として計上はせず、定められた耐用年数で各年分に分割して必要経費として計上します。これを**減価償却**といいます。

減価償却費の算出

当年の必要経費となる減価償却費の算出方法には、資産の種類ごとに**定額法**と**定率法**があり、どちらかを選択します。個人の場合、選択をしなければ法定償却方法である定額法で計算します。ただし、1998年4月1日以降に取得した建物、2016年4月1日以降に取得した建物附属設備、構築物は定額法しか選択できません。

定額法

毎年同額（定額）を費用として計上する方法。

＜計算方法＞

$$減価償却費 ＝ 取得価額 × 定額法の償却率 × \frac{使用月数}{12カ月}$$

＜計算例＞

年の途中で購入した資産を例に、定額法で計算してみると…

取得価額／3,000万円
取得年月／本年11月1日
耐用年数／24年
耐用年数が24年の場合の
定額法の償却率／0.042

↓

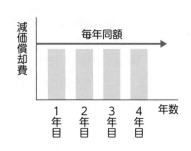

$$本年の減価償却費 ＝ 3,000万円 × 0.042 × \frac{2カ月}{12カ月} ＝ 21万円$$

（※）2カ月→本年11月～本年12月

定率法 (ていりつほう)

取得価額からすでに必要経費として計上した減価償却費分を差し引いた金額（未償却残高）に対して、一定の償却率を乗じて算出した金額を必要経費として計上していく方法。結果的に、年々必要経費への計上額が減少していきます。

<計算方法>

減価償却費 ＝（取得価額－既償却額）× 定率法の償却率 × $\dfrac{使用月数}{12カ月}$

だんだん減少

過去問チャレンジ

固定資産のうち、（　　　）は減価償却の対象とされない資産である。

1）特許権
2）ソフトウエア
3）土地

［23年9月・学科］

3 建物は減価償却の対象ですが、土地は対象ではありません。

減価償却費の算出方法は
定額法と定率法、
2種類あると覚えよう！

5 給与所得

重要度 B

給与所得の範囲と計算

給与所得とは、勤務先から受け取る**給与**、**賞与**、**役員報酬**などの所得をいいます。所得金額は以下の公式で計算します。

 公式 給与所得の金額＝給与等の収入金額－給与所得控除額

給与所得控除額の速算表

給与等の収入金額	給与所得控除額
162万5,000円以下	55万円
162万5,000円超 180万円以下	収入金額×40％－10万円
180万円超　360万円以下	収入金額×30％＋8万円
360万円超　660万円以下	収入金額×20％＋44万円
660万円超　850万円以下	収入金額×10％＋110万円
850万円超	195万円（上限）

<給与所得の計算例>

[給与等の収入金額が500万円の場合]

●給与所得控除額
　500万円×20％＋44万円＝144万円

●給与所得の金額
　500万円－144万円＝356万円

バイト代も
給与所得になるんだね

レック先生のスパッと解説

給与所得控除とは会社員などの「みなし必要経費」といった意味合いです。速算表を使って計算できるようにしておきましょう。

ワンポイント

通勤手当（限度額が月額15万円まで）や出張手当は非課税所得なので、給与所得には含まれません。

源泉徴収と年末調整

　給与所得は**総合課税**の対象ですから、原則として**確定申告が必要**です。会社員等の給与所得者は原則、勤務先が所得税を計算し、給与等の支払時に差し引く**源泉徴収**により納税が済み、源泉徴収された税額に過不足があった場合には、**年末調整**によって精算されるため、確定申告は不要です。

　ただし、給与所得者でも以下のケースでは確定申告が必要となります。

> ・給与収入が2,000万円超
>
> ・給与所得、退職所得以外の所得が20万円超
>
> ・2カ所以上から給与を受け取っている

ナビゲーション

給与所得者が医療費控除や住宅ローン控除を受けるには、やはり確定申告が必要（住宅ローン控除は初年度で必要）。合わせて覚えておきましょう（詳細はP301～）。

所得金額調整控除

　所得金額調整控除とは、所得税法の改正により2020年以降、給与収入と年金等の受給があるなど、一定の要件に該当すれば、総所得金額計算の際に、一定金額を給与所得から控除できるものです。

6　退職所得　　　　　　　　　　重要度 Ⓐ

退職所得の範囲と計算

　退職所得とは、退職によって勤務先から一時金として受け取る退職金や、確定拠出年金の老齢給付金を一時金で受け取った場合などの所得をいいます。

公式

$$退職所得の金額 = (収入金額 - 退職所得控除額) \times \frac{1}{2}$$

退職所得控除額

退職所得控除額は、勤続年数によって異なります。

勤続年数※	退職所得控除額
20年以下	40万円×勤続年数（最低80万円）
20年超	800万円＋70万円×（勤続年数－20年）

※勤続年数の1年未満の端数は1年に切り上げます。

退職所得の計算例

［退職金2,400万円、勤続年数32年7カ月の場合］

●退職所得控除額

800万円＋70万円×（33年－20年）＝1,710万円

●退職所得

（2,400万円－1,710万円）×1/2＝345万円

課税方法

　退職所得は**分離課税**です。退職一時金を受け取るまでに、その支払者に「**退職所得の受給に関する申告書**」を提出していれば、支払者が適正な税額を源泉徴収するので**確定申告は不要**です。

　提出がない場合は、退職一時金に対して一律**20.42%**（所得税20%、復興特別所得税0.42%）が源泉徴収されるので、確定申告を行い、適正な税額との差額を精算します。

短期退職手当等

　勤続年数が5年以下の民間従業員が退職一時金を受けた場合、退職所得控除額を控除した残額のうち300万円を超える部分については、退職所得金額の計算上2分の1を乗じることはできません。

退職所得控除額は20年以下の部分は1年当たり40万円で、20年を超えた部分は1年当たり70万円を加算すると覚えましょう。

退職一時金についての源泉徴収は「退職所得の受給に関する申告書」を提出する場合は、住民税も特別徴収されます。

ワンポイント

勤務年数が5年以下の特定役員（短期勤務役員等）の場合、1/2は乗じません。

過去問チャレンジ

給与所得者が35年間勤務した会社を定年退職し、退職金3,000万円の支給を受けた場合、退職所得の金額の計算上、退職所得控除額は（　　）となる。

1）{800万円＋70万円×（35年－20年）}×1/2＝925万円
2）800万円＋40万円×（35年－20年）＝1,400万円
3）800万円＋70万円×（35年－20年）＝1,850万円

[23年1月・学科]

3 退職所得控除額は、勤続年数が20年以下の部分は1年につき40万円（20年で800万円）、20年超の部分は1年につき70万円として計算します。なお、2分の1を乗じるのは退職所得を求める際です。

7 山林所得   重要度 C

山林所得の範囲と計算

　山林所得とは、山林を伐採したり立木のまま譲渡（売却）したことによる所得をいいます。山林所得の課税方法は、分離課税となります。

ワンポイント

山林を取得して5年以内の譲渡であれば、**事業所得**または**雑所得**となります。

公式

山林所得
＝総収入金額－必要経費－特別控除額（－青色申告特別控除額）
〈最高50万円〉

8 譲渡所得

譲渡所得の範囲と区分

譲渡所得とは、資産を譲渡（売却）したことで得る所得をいいます。譲渡所得は、譲渡した資産によって課税方法と、計算式が異なります。さらに、所有期間によって**短期譲渡所得**か**長期譲渡所得**に区分され、税率が変わります。代表的な資産の譲渡でどのように区分されるか見ていきましょう。

2019年3月に土地を取得して、2024年7月に売却した場合、実際の所有期間は5年超ですが、2024年1月1日の時点では5年以下となり、短期譲渡所得となります。

短期譲渡所得と長期譲渡所得の区分

譲渡資産	課税方法	所有期間	譲渡所得の区分
①土地・建物等	分離課税	譲渡した年の1月1日時点で所有期間が5年以下	短期譲渡所得
		譲渡した年の1月1日時点で所有期間が5年超	長期譲渡所得
②株式・特定公社債など		短期長期の区分はない	
③ゴルフ会員権、書画、金地金など	総合課税	譲渡した日で所有期間が5年以下	短期譲渡所得
		譲渡した日で所有期間が5年超	長期譲渡所得

非課税となる資産の譲渡

以下の資産の譲渡等は非課税となります。

非課税となるもの

・生活用動産（家具、衣服など）

・1個または1組の価額が30万円以下の貴金属、書画、骨董など

・国または地方公共団体に寄附した財産

譲渡所得の計算

　譲渡所得は譲渡した資産によって計算式が異なります。計算式に必要となる**取得費**と**譲渡費用**には以下のようなものが該当します。

取得費：その資産の**購入代金**と、取得のためにかかった**付随費用**（購入時の仲介手数料、登録免許税、印紙税など）。取得費が不明な場合は、**譲渡収入金額の5%**を**概算取得費**とすることができます。

譲渡費用：資産を譲渡するために直接かかった費用（仲介手数料、印紙税、取り壊し費用など）。

実際の取得費が譲渡収入金額の5%に満たない場合も、概算取得費として5%で計算することができます。

計算式❶　**土地・建物の譲渡〈分離課税〉**

特別控除後の課税譲渡所得金額＝総収入金額 −（取得費＋譲渡費用）− **特別控除額**

　　　　　　　　　　　　　　　　　　一定の要件を満たした場合のみ適用

計算式❷　**株式などの譲渡〈分離課税〉**

譲渡所得金額＝総収入金額 −（取得費＋譲渡費用＋**負債利子**）

　　　　　　　　　　　株式等を購入した場合の借入金に係る利子

計算式❸　**ゴルフ会員権等の譲渡〈総合課税〉**

譲渡所得金額＝総収入金額 −（取得費＋譲渡費用）− 特別控除額（最高50万円）※

　　　　　　　短期譲渡所得と長期譲渡所得を合計して最高で50万円

　　　　　　　※特別控除額の50万円は、まず短期譲渡所得から控除し、残りを長期譲渡所得から控除します。

　総合課税の譲渡所得を他の所得と合算して総所得金額を算出するときは、短期譲渡所得金額が全額なのに対し、長期譲渡所得金額は損益通算後の2分の1の金額を合算します。

土地・建物等の譲渡の税額

　土地・建物等の譲渡所得に対する税率は、短期譲渡所得か長期譲渡所得かで異なります。

土地・建物等の譲渡における2つの税率

●**短期譲渡所得の場合**

　税額＝課税短期譲渡所得金額×**39.63%**

　　　（所得税30%、復興特別所得税0.63%、住民税9%）

●**長期譲渡所得の場合**

　税額＝課税長期譲渡所得金額×**20.315%**

　　　（所得税15%、復興特別所得税0.315%、住民税5%）

9 一時所得 重要度 A

一時所得の範囲

　一時所得とは、ここまで説明した8種類の所得以外で、次のような一時的な所得のことをいいます。

主な一時所得

・契約者（保険料負担者）が受け取る生命保険の満期保険金、解約返戻金

・ふるさと納税の返礼品

・競馬や競輪の払戻金

・法人からの贈与金品

ナビゲーション

宝くじの当せん金、高度障害保険金や入院給付金、自動車保険や火災保険の保険金等は非課税となります。

一時所得の金額と計算

　一時所得は**総合課税**の対象です。一時所得が黒字の場合、損益通算後に残った一時所得の**2分の1**を総所得金額に算入します。一方、赤字であれば、一時所得はないものとみなされます。

公式

一時所得＝
総収入金額－収入を得るための支出金額－特別控除額（最高50万円）

過去問チャレンジ

所得税における一時所得に係る総収入金額が500万円で、その収入を得るために支出した金額が250万円である場合、総所得金額に算入される一時所得の金額は、（　　）である。

1）100万円
2）125万円
3）250万円

[22年9月・学科]

1　総所得金額に算入する際に、一時所得を2分の1にします。
　500万円 － 250万円 － 50万円（特別控除額）= 200万円（一時所得）
　200万円（一時所得）× 1/2 = 100万円（総所得金額に算入される一時所得）

10 雑所得

重要度 **A**

雑所得の範囲

　雑所得とは、これまで説明してきたどの所得にも該当しない所得をいい、原則は総合課税です。

ナビゲーション

暗号資産（仮想通貨）の取引による所得は雑所得となります。

> **主な雑所得**
>
> ---
>
> **公的年金等**
> 　国民年金、厚生年金、国民年金基金、厚生年金基金、確定拠出年金からの老齢給付金など
>
> ---
>
> **業務に係るもの**
> 　副業（事業ではない）の原稿料や講演料など
>
> ---
>
> **その他**
> 　個人年金保険（契約者＝年金受取人）からの年金、外貨預金の為替差益など
>
> ---

　「業務に係るもの」であっても、その所得を得るための活動の規模や営利性等により社会通念上は業務から生じる所得で、その取引の帳簿書類等の保存があれば事業所得として扱うことがあります。

＜雑所得と事業所得の分け方＞

収入金額	記帳・帳簿書類の保存あり	記帳・帳簿書類の保存なし
300万円以下	概ね事業所得	業務に係る雑所得
300万円超		概ね、業務に係る雑所得（事業所得としての扱いもあり）

雑所得の計算

それぞれ分けて計算し、合算します。

 公的年金等の雑所得①
= 公的年金等の収入金額 − 公的年金等控除額

 業務に係る雑所得② = 総収入金額 − 必要経費

 その他の雑所得③ = 総収入金額 − 必要経費

 雑所得 = ① + ② + ③

こうてきねんきんとうこうじょがく
公的年金等控除額

公的年金等の受給者の年齢（その年の12月31日時点）と、公的年金等の収入金額に応じて、**公的年金等控除額**が決められています。上限額（公的年金等の雑所得以外の合計所得金額が1,000万円以下）は原則、195万5,000円です。

レック先生の
ズバッと解説

公的年金等控除額の**収入金額と控除額**については、上限が195万5,000円、下限は、原則、65歳未満が60万円、65歳以上が110万円という金額を覚えておけばいいでしょう。

公的年金等控除額

(公的年金等の雑所得以外の所得に係る合計所得金額が1,000万円以下の場合)

受給者年齢	公的年金等の収入金額		公的年金等控除額
65歳未満		130万円以下	60万円
	130万円超	410万円以下	収入金額×25%+27万5,000円
	410万円超	770万円以下	収入金額×15%+68万5,000円
	770万円超	1,000万円以下	収入金額×5%+145万5,000円
	1,000万円超		195万5,000円
65歳以上		330万円以下	110万円
	330万円超	410万円以下	収入金額×25%+27万5,000円
	410万円超	770万円以下	収入金額×15%+68万5,000円
	770万円超	1,000万円以下	収入金額×5%+145万5,000円
	1,000万円超		195万5,000円

過去問チャレンジ

所得税において、老齢基礎年金や老齢厚生年金を受け取ったことによる所得は、（　　　）となる。

1）　雑所得
2）　一時所得
3）　非課税所得

[22年5月・学科]

1 老齢年金や個人年金保険は雑所得に該当します。なお、公的年金のうち障害年金と遺族年金は非課税所得となります。

「所得の10分類」は、
10種類もあるのかー
と考えると
大変そうだけど

基本的には
・所得の範囲
・所得の計算
・課税の方法
という3つの要素で考えると
わかりやすいです！

所得の範囲も、
利子所得とか
給与所得は
そのものズバリで
わかりやすいね

一時所得、雑所得あたりは
今一度しっかり
確認しとこうっと！

3 損益通算と繰越控除

そんえきつうさん　くりこしこうじょ

所得を10種類に分け、それぞれの所得金額を算出したら、次に行う作業が損益通算です。

損益通算ができる所得は限られているため、出題傾向も似ています。パターンで覚えると効率的です。

1 損益通算のしくみ　重要度 A

損益通算と対象になる損失

　損益通算とは、所得に生じた損失（赤字）を、他の所得の利益（黒字）と相殺させることをいいます。ただし、先に説明した10種類の所得のうち、損益通算ができるのは以下4つの所得に生じた損失です。これらの所得は、1年間で赤字となった場合、その金額を他の黒字の所得から差し引くことができます。

講義図解

損益通算できる損失

不動産所得　事業所得　山林所得　譲渡所得

レック先生のズバッと解説

損益通算ができる損失は、その所得の頭文字「ふ」「じ」「さん」「じょう」から「富士山上」と覚えましょう。また、試験では特に不動産所得と譲渡所得の損失が出題されます。

損益通算の対象とならない損失

　不動産所得と譲渡所得には、他の所得と損益通算できない損失があります。

損益通算できないケース

①不動産所得の損益通算できないケース

・土地を取得するための借入金の利子
　→建物取得のための借入金の利子は損益通算が可能

②譲渡所得の損益通算できないケース

・土地・建物（賃貸用など）等の譲渡損失
　→一定の要件を満たす自己の居住用財産は損益通算が可能

・生活に通常必要ではない資産の譲渡損失
　→資産例＝ゴルフ会員権、別荘、貴金属（1個ないし1組30万円超）など

・株式等の譲渡損失
　→上場株式等の譲渡損失については、申告分離課税を選択した配当所得、利子所得と損益通算が可能

・生活用動産（家具、衣類など）の譲渡損失
　→生活用動産の譲渡は所得税が非課税のため、他の所得と損益通算できない

損（失）と（利）益を
通算できる、
というわけか！

下記の＜資料＞において、所得税における不動産所得の金額の計算上生じた損失の金額のうち、他の所得の金額と損益通算が可能な金額は、（　　）である。

＜資料＞不動産所得に関する資料

総収入金額	200万円
必要経費	400万円 （不動産所得を生ずべき土地等を取得するために要した負債の利子の額50万円を含む）

1) 150万円
2) 200万円
3) 400万円

[23年1月・学科]

1　不動産所得の計算式は「総収入金額−必要経費」ですから、「200万円−400万円＝▲200万円」となり、200万円の赤字です。不動産所得の損失は損益通算が可能ですが、土地等の取得に要した負債の利子50万円を除くため、200万円−50万円＝150万円が損益通算可能な金額となります。

土地取得の借入金
利子は損益通算の
対象外！

2 損失の繰越控除
くりこしこうじょ

重要度 C

純損失の繰越控除
じゅんそんしつ

　損益通算をしても引ききれない損失を**純損失**といいます。青色申告をした年の純損失は、損失発生の翌年以降、3年間にわたって繰り越すことができます。これを**純損失の繰越控除**といいます。

講義
図解

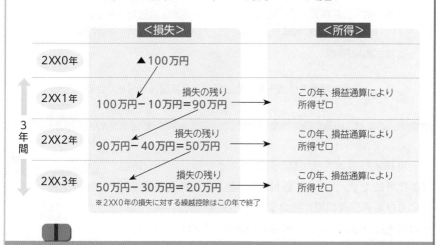

純損失の繰越控除の考え方

例）2XX0年の所得は、不動産所得で150万円、
　　事業所得で▲250万円であり、損益通算後の所得は▲100万円だった。
　　翌年以降は、事業所得のみで2XX1年に10万円、
　　2XX2年に40万円、2XX3年に30万円となった場合。

	<損失>	<所得>
2XX0年	▲100万円	
2XX1年	損失の残り 100万円－10万円＝90万円	この年、損益通算により 所得ゼロ
2XX2年	損失の残り 90万円－40万円＝50万円	この年、損益通算により 所得ゼロ
2XX3年	損失の残り 50万円－30万円＝20万円	この年、損益通算により 所得ゼロ

3年間

※2XX0年の損失に対する繰越控除はこの年で終了

株式等の譲渡損失の損益通算と繰越控除

　上場株式等を譲渡して損失が発生した場合、申告分離課税を選択した他の上場株式等の譲渡益や上場株式等の配当所得、特定公社債の利子や譲渡損益・償還損益との間で**損益通算**ができます。また、損失が残った場合、損失発生の翌年から3年間にわたって**繰越控除**ができます。

株式等の譲渡所得等の損益通算と繰越控除
（申告分離課税を選択した場合）

| 上場株式・公募株式投資信託の
譲渡損益・償還差損益 | 特定公社債・公社債投資信託の
譲渡損益・償還差損益 |
| 上場株式・公募株式投資信託の
配当金・収益分配金 | 特定公社債・公社債投資信託の
利子・収益分配金 |

→は損益通算が可能

残った損失は損失発生の翌年から3年間繰り越しできる

　上場株式等の譲渡損失は、上記のような損益通算や繰越控除は可能です。しかし、**新NISA口座**（少額投資非課税制度における非課税口座）内で発生した譲渡損失については、**その損失は「ないもの」とみなされます。**したがって、特定口座や一般口座内で生じた配当金や譲渡益と、新NISA口座との損益通算や繰越控除はできません。

純損失の繰越控除を
受けるためには
必要な条件があるよ

用語の意味

特定公社債
国債、地方債、外国国債、外国地方債、公募公社債、上場公社債などの債券のことです。

まず、
損益通算できるものと
できないものに
わけて考えよう

ただし、
できるものの中にも
例外のケースがあるのを
覚えておいてね

そして、
損益通算しても
引き切れない場合は
繰越控除だね！

損失発生の
翌年以降3年間
可能だからね！

283

4 所得控除

しょとくこうじょ

所得控除は所得税を計算するための、課税所得金額を算出する重要なステップです。
所得控除はその種類が多く、控除額もそれぞれ異なります。その金額や、所得控除が適用されるケース、されないケースなど、しっかり覚えることが大切です。

1 所得控除の基本

 重要度 C

所得控除とは

所得控除とは、所得税額を計算するときに、納税者の事情を加味して、所得金額から控除できるものをいいます。この所得控除が増えると課税所得金額が減るため、結果的に税負担が軽減されます。

 収入から所得税が算出されるまでの流れ

所得税がどのように算出されるかの流れを計算式で理解しましょう。

① 総収入金額 − 必要経費 ＝ 所得金額（課税標準）

② 所得金額 − 所得控除額 ＝ 課税所得金額

③ 課税所得金額 × 所得税率 ＝ 所得税額

用語の意味

課税所得金額
税率がかけられる所得のこと。税金は所得金額にかかるのではなく、所得控除を差し引いた金額（課税所得金額）に税率を掛けて算出します。

所得控除の種類

　所得控除は、全15種類あります。その内容から人的控除（人に対する控除）と物的控除（支出等に対する控除）に分けられます。

所得控除の分類

人的控除（8種類）	物的控除（7種類）
・基礎控除	・社会保険料控除
・配偶者控除	・生命保険料控除
・配偶者特別控除	・地震保険料控除
・扶養控除	・小規模企業共済等掛金控除
・障害者控除	・医療費控除
・寡婦控除	・雑損控除
・ひとり親控除	・寄附金控除
・勤労学生控除	

2　所得税における各所得控除のポイント　　重要度

　ここでは所得税の計算に適用される所得控除を解説しています。所得控除は住民税の計算のときにも用いられます。

基礎控除

　基礎控除は、一定所得内であれば誰でも受けることができる控除です。合計所得金額が**2,400万円**を超えると段階的に減額し、**2,500万円**を超えると適用されません。

ナビゲーション

2019年分までの基礎控除額は、合計所得金額に関係なく、一律38万円でした。

基礎控除の控除額

合計所得金額		控除額
	2,400万円以下	48万円
2,400万円超	2,450万円以下	32万円
2,450万円超	2,500万円以下	16万円
2,500万円超		適用なし

配偶者控除

配偶者控除は、納税者本人の合計所得金額が1,000万円以下で、**控除対象配偶者**がいる場合に適用を受けることができます。控除額は、原則、最高38万円です。

控除対象配偶者とは、以下の要件を満たした配偶者のことです。なお、**70歳以上**（その年の12月31日時点）の控除対象配偶者を**老人控除対象配偶者**といい、控除額が異なります（最高48万円）。

ナビゲーション

「生計を一にする」とは、日常生活の資を共にすること。例えば、納税者本人が単身赴任等で同居していなくても、生活費を仕送りしていることなどをいいます。

控除対象配偶者の要件

- 納税者本人と生計を一にしている
  ただし、内縁関係は対象外

- 青色事業専従者として給与を受けていない、または、事業専従者ではない

- 合計所得金額が**48万円以下**
  （給与収入なら年収103万円以下）

ワンポイント

控除対象配偶者の要件に「給与収入なら年収103万円以下」という表記があるのは、給与所得控除が55万円あり、103万円−55万円＝48万円（要件である合計所得金額）となるためです。

配偶者控除の控除額

納税者本人の合計所得金額		控除額	
		控除対象配偶者	老人控除対象配偶者
	900万円以下	**38万円**	48万円
900万円超	950万円以下	26万円	32万円
950万円超	1,000万円以下	13万円	16万円

青色事業専従者、事業専従者とは

控除対象配偶者の要件にある「青色事業専従者」「事業専従者」は耳慣れない言葉ですが、要件とともに覚えておきましょう（青色申告制度はP309参照）。

【青色事業専従者】

青色申告を行う者の事業に専従していて、その青色申告者と生計を一にする配偶者、およびその他の親族をいいます。

【事業専従者】

白色申告（青色申告ではない申告）を行う者の事業に専従していて、その白色申告者と生計を一にする配偶者、およびその他の親族をいいます。

> **用語の意味**
>
> **親族**
> 民法の規定で、配偶者および6親等内の血族と3親等内の姻族を親族と定めています。本人および配偶者の親、子、孫、兄弟姉妹、祖父母のほか、叔父叔母、甥姪、本人の従兄弟姉妹など、広範囲にわたります。

過去問チャレンジ

所得税において、納税者の合計所得金額が1,000万円を超えている場合、配偶者の合計所得金額の多寡にかかわらず、配偶者控除の適用を受けることはできない。
[22年5月・学科]

○ 配偶者控除、および配偶者特別控除は、納税者の合計所得金額が1,000万円を超えている場合は適用を受けられません。なお、配偶者控除の適用要件における配偶者の合計所得金額は48万円以下です。

配偶者特別控除
<ruby>配偶者特別控除<rt>はいぐうしゃとくべつこうじょ</rt></ruby>

配偶者特別控除は、納税者本人の合計所得金額が1,000万円以下で、配偶者の合計所得金額が48万円超～133万円以下の場合に、前述の控除対象配偶者の所得以外の要件が満たされていれば、適用を受けることができます。控除額は、納税者本人と配偶者の合計所得金額に応じて最高38万円です。

配偶者特別控除の控除額

			納税者本人の合計所得金額		
			900万円以下	900万円超 950万円以下	950万円超 1,000万円以下
配偶者の合計所得金額	48万円超	95万円以下	38万円	26万円	13万円
	95万円超	100万円以下	36万円	24万円	12万円
	100万円超	105万円以下	31万円	21万円	11万円
	105万円超	110万円以下	26万円	18万円	9万円
	110万円超	115万円以下	21万円	14万円	7万円
	115万円超	120万円以下	16万円	11万円	6万円
	120万円超	125万円以下	11万円	8万円	4万円
	125万円超	130万円以下	6万円	4万円	2万円
	130万円超	133万円以下	3万円	2万円	1万円

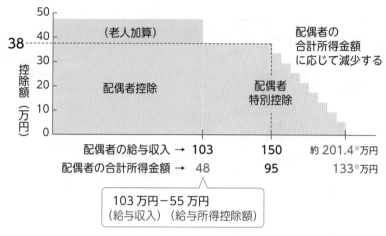

配偶者控除と配偶者特別控除

納税者本人の合計所得金額が900万円以下の場合

（老人加算）

配偶者の
合計所得金額
に応じて減少する

配偶者控除

配偶者
特別控除

控除額（万円）

38

| 配偶者の給与収入 → | 103 | 150 | 約201.4※万円 |
| 配偶者の合計所得金額 → | 48 | 95 | 133※万円 |

103万円－55万円
（給与収入）（給与所得控除額）

※それぞれこの金額を超えると配偶者特別控除はゼロ

扶養控除

　扶養控除は、納税者本人に控除対象扶養親族がいる場合に適用を受けることができます。また、その親族の年齢によって**一般の控除対象扶養親族、特定扶養親族、老人扶養親族**に区分され、控除額が異なります。

控除対象扶養親族の要件

・納税者本人と生計を一にしている16歳以上の親族

・青色事業専従者として給与を受けていない、または、事業専従者ではないこと

・合計所得金額が48万円以下（給与収入なら年収103万円以下）

扶養親族の区分と控除額

扶養親族の年齢※	区分	控除額
16歳未満	対象外	—
16歳以上 19歳未満	一般の控除対象 扶養親族	38万円
19歳以上 23歳未満	特定扶養親族	63万円
23歳以上 70歳未満	一般の控除対象 扶養親族	38万円
70歳以上	老人扶養親族	**58万円**（同居老親等） 48万円（上記以外）

※その年の12月31日時点での年齢

用語の意味

同居老親等
納税者本人または配偶者どちらかと同居していて、控除対象扶養親族に該当する70歳以上の直系尊属（父母、祖父母など自分よりも上の世代）。

過去問チャレンジ

所得税において、納税者の本年分の合計所得金額が1,000万円を超えている場合、本年末時点の年齢が16歳以上の扶養親族を有していても、扶養控除の適用を受けることはできない。

［22年9月・学科］

✕　扶養控除において納税者本人の所得に要件はありませんが、扶養親族の合計所得金額は48万円以下であることが適用要件です。

障害者控除

障害者控除は、納税者本人や生計を一にする配偶者、16歳未満を含む扶養親族が一定の障害者である場合に適用を受けることができます。

障害者控除の控除額

・障害者	27万円
・特別障害者	40万円
・同居特別障害者	75万円

寡婦控除

寡婦控除は、納税者本人が寡婦である場合に適用を受けることができます。その主な要件は、合計所得金額が500万円以下であり、かつ①夫と死別した後に再婚していない、もしくは②夫と離婚後に再婚しておらず、その上で一定の扶養親族がいる等に該当する人になります（下記「ひとり親控除」の適用に該当する場合は、ひとり親控除を優先して適用します）。

・寡婦控除額	27万円

ひとり親控除

ひとり親控除は、納税者本人がひとり親である場合に適用を受けることができます。その要件は、①合計所得金額が**500万円以下**、②現在婚姻していない、もしくは同様の事情にあると認められる人がいない、③総所得金額等が48万円以下の生計を一にする子がいる、等の**すべてに該当する**人になります。

・ひとり親控除額	35万円

ひとり親控除と寡婦控除

ひとり親控除は2020年分から適用されている控除です。該当する男性については、同様の控除を「寡夫控除」としていましたが、名称が変わり、同じ要件に該当する女性を加え、ひとり親控除となりました。

勤労学生控除

勤労学生控除は、納税者本人が勤労学生（給与等の所得がある学生）で、かつ、合計所得金額**75万円以下**で、勤労にもとづく所得以外の所得が10万円以下である場合に適用を受けることができます。

・勤労学生控除額	27万円

社会保険料控除

社会保険料控除は、納税者が、本人または生計を一にする配偶者、その他の親族が負担すべき社会保険料を支払った場合に適用を受けることができます。

・社会保険料控除額	支払った社会保険料の全額

用語の意味

社会保険料
国民健康保険、健康保険、国民年金、厚生年金保険、介護保険などの保険料のほか、国民年金基金や厚生年金基金の掛け金なども含まれます。

生命保険料控除

　生命保険料控除は、一定の生命保険料を支払った場合に適用を受けることができます。**一般生命保険料控除、個人年金保険料控除、介護医療保険料控除**に区分され、契約年の新旧の違いにより控除額が異なります。

所得税は合計12万円、住民税は合計7万円が限度です。

生命保険料控除の区分と最高控除額

契約年			一般 生命保険料控除※	個人年金 保険料控除	介護医療 保険料控除※
旧	2011年 12月31日 以前に締結	所得税	50,000円	50,000円	なし
		住民税	35,000円	35,000円	なし
新	2012年 1月1日 以降に締結	所得税	40,000円	40,000円	40,000円
		住民税	28,000円	28,000円	28,000円

※保険金の受取人が納税者本人またはその配偶者、一定の親族でなければ、生命保険料控除は適用できません。

2012年以降の契約における生命保険料控除の控除額

年間の支払保険料	控除額
2万円以下	支払保険料等の全額
2万円超　4万円以下	支払保険料等×1/2＋1万円
4万円超　8万円以下	支払保険料等×1/4＋2万円
8万円超	一律4万円

地震保険料控除

地震保険料控除は、自宅建物や家財を保険の対象とする地震保険料を支払った場合に適用を受けることができます。

> ・地震保険料控除額　支払った地震保険料の全額（最高5万円）

小規模企業共済等掛金控除

小規模企業共済等掛金控除は、納税者本人の小規模企業共済の掛金や確定拠出年金の掛金等を支払った場合に適用を受けることができます。

> ・小規模企業共済等掛金控除額　支払った掛金等の全額

過去問チャレンジ

夫が生計を一にする妻に係る確定拠出年金の個人型年金の掛金を負担した場合、その負担した掛金は、夫に係る所得税の小規模企業共済等掛金控除の対象となる。
[22年1月・学科]

✕　小規模企業共済等掛金控除の対象となる確定拠出年金の個人型年金の掛金は、社会保険料控除とは異なり、加入者本人（設問では妻）が負担した掛金に限られます。

医療費控除

　医療費控除は、納税者が、本人や納税者本人と生計を一にする配偶者、その他の親族の医療費等を支払った場合に一定額を超えると適用を受けることができます。ただし、支払った医療費等には控除対象にならないものもあります。

医療費控除額を求める式にある「10万円または総所得金額等の5%のいずれか少ない金額」は「総所得金額等が200万円以上なら10万円、200万円未満ならその5%」と同じことです。どちらも覚えておくと便利です。

医療費控除の控除額

$$
\begin{array}{c}\text{医療費控除額}\\（上限200万円）\end{array} = \begin{array}{c}\text{支出した}\\\text{医療費}\end{array} - \begin{array}{c}\text{保険金など}\\\text{の金額}^{※}\end{array} - \begin{array}{c}\text{10万円または総所得金額等}\\\text{の5%のいずれか少ない金額}\end{array}
$$

※健康保険や生命保険、医療保険から補てんされる給付金など

医療費控除額を計算してみると……

以下はAさんと家族が、その年に支払った医療費の内訳です。ただし、Aさんは加入している医療保険から入院給付金として5万円を受け取っています。また、Aさんの総所得金額等は360万円とします。

医療を受けた人	医療の内容	支出した医療費
Aさん（納税者）	骨折による手術・入院	25万円
配偶者	療養に必要なかぜ薬の購入	3,000円
長男	虫歯の治療	4万5,000円

＜計算式＞
医療費控除額 ＝（25万円－5万円）＋3,000円＋4万5,000円－10万円
　　　　　　 ＝14万8,000円

控除対象に「なるもの」と「ならないもの」

	対象になるもの	対象にならないもの
診療費・治療費など	・医師または歯科医師によるもの（出産費用を含む） ・先進医療の技術料 ・重大な疾病が発見されて治療を行った場合の人間ドック、健康診断の費用	・美容整形 ・疾病の治療を行うものではない人間ドック・健康診断、予防接種等の費用 ・未払い分
医薬品など	・治療または療養のための薬代	・病気予防、健康増進などのための医薬品、健康食品
診療費・治療費以外の費用	・入院費、病院に支払う食事代 ・通院のための交通費	・入院時の差額ベッド代 ・通院のための自家用車のガソリン代や駐車料金 ・タクシー代※
器具等の購入費	・診療、療養のための医療用器具	・近視等一般のメガネ、コンタクトレンズの代金

※電車、バスで通院できる場合

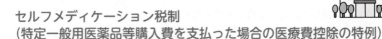

自家用車で病院に行ったときの
駐車料金は
医療費控除の対象には
ならないんだって！

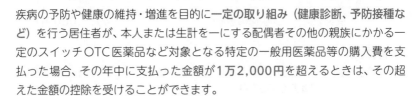

セルフメディケーション税制
（特定一般用医薬品等購入費を支払った場合の医療費控除の特例）

疾病の予防や健康の維持・増進を目的に一定の取り組み（健康診断、予防接種など）を行う居住者が、本人または生計を一にする配偶者その他の親族にかかる一定のスイッチOTC医薬品など対象となる特定の一般用医薬品等の購入費を支払った場合、その年中に支払った金額が1万2,000円を超えるときは、その超えた金額の控除を受けることができます。

セルフメディケーション税制のポイント

・控除額（上限8万8,000円）
　＝医薬品の購入費−1万2,000円

・医療費控除との併用はできない

・「一定の取り組み」は、本人が対象

用語の意味

スイッチOTC医薬品
ドラッグストア、薬局で販売されている医薬品のこと。従来なら医師が処方することでしか購入できなかった医薬品（処方薬）のうち、市販薬に転用した医薬品をスイッチOTC医薬品といいます。

過去問チャレンジ

所得税において、医療費控除（特定一般用医薬品等購入費を支払った場合の医療費控除の特例を除く）の控除額は、その年中に支払った医療費の金額（保険金等により補填される部分の金額を除く）の合計額から、その年分の総所得金額等の合計額の（　①　）相当額または（　②　）のいずれか低いほうの金額を控除して算出される。

1）① 5％　　② 88,000円
2）① 5％　　② 100,000円
3）① 10％　　② 100,000円　　　　　　　　　　　　　　［21年5月・学科］

2　医療費控除は、年間の医療費から保険金等で補填される金額を差し引き、さらに10万円、または総所得金額等の5％相当額を差し引いた金額となります。

医薬品の
パッケージに
マークが付いています！

スイッチOTC医薬品には
どんな商品があるんだろう？
どこで確認できるの？

雑損控除

雑損控除は、納税者本人もしくは一定の生計を一にする配偶者、その他の親族が保有する生活に必要な資産（住宅、家財、現金など）が、**災害、盗難、横領**による損失を受けた場合に適用を受けることができます。

なお、控除しきれなかった損失（雑損失）は、翌年以降、原則、**3年間**繰り越すことができます（**雑損失の繰越控除**）。

雑損控除の控除額
次のうち金額が大きい方

① （損失金額＋災害関連の支出金額－保険金等の額）－総所得金額等×10％

② （災害関連の支出金額－保険金等の額）－5万円

寄附金控除

寄附金控除は、特定寄附金（国や地方公共団体等への寄附金等）を支出した場合に適用を受けることができます。

自治体に寄付できる**ふるさと納税**も寄附金控除の対象です。確定申告が不要な給与所得者等で、寄附先（納税先）が1年間に**5自治体以内**の場合には、原則、確定申告が不要で寄附金控除が受けられる「**ふるさと納税ワンストップ特例制度**」があります。

寄附金控除の控除額
寄附金控除額 ＝ 次のうちいずれか低い金額 －2,000円

①その年に支出した特定寄附金の合計額

②その年の総所得金額等の40％相当額

ワンポイント

給与所得者でも、医療費控除、雑損控除、寄附金控除（ふるさと納税のワンストップ特例を除く）は、確定申告をする必要があります。

ここまで
よく頑張ったね！

次のパートでは
いよいよ最終段階、
税額計算と税額控除を
勉強します！

所得税計算の
全体の流れも
今一度確認してね

5 税額計算と税額控除

所得税の計算もいよいよ大詰め。
ここでは税額控除を学習します。
税額控除は、算出した税額からさらに控除分を差し引くことです。
これにより実際に申告する納税額が算出されます。

1 税額計算までの流れ

重要度 C

　所得税の税額計算は、課税所得金額に所定の税率を乗じて算出し、適用できる税額控除を差し引きます。そこで算出された税額を申告します。

所得税の計算の流れ

①所得を10種類に分け、それぞれの所得金額を算出

②各所得金額を合算し、所得金額（課税標準）を算出。（損益通算、損失の繰越控除などを計算）

③所得金額から所得控除額を差し引き、課税所得金額を算出

④課税所得金額に所定の税率を掛け所得税額を算出

⑤所得税額から税額控除を差し引き、申告する所得税額（申告納税額）を算出

レック先生の
ズバッと解説

同じ「控除」でも、税額控除は所得税額が算出されたあとの控除です。つまり、控除額がそのまま減税額となります。対して、所得控除は、課税対象を下げる、いわば所得税を算出する前の控除です。混同しやすいので、しっかり覚えましょう。

2 税額控除の基礎

重要度 **C**

税額控除は、算出された所得税額から直接差し引きます。

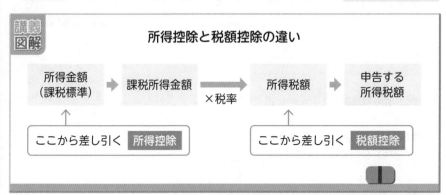

所得控除と税額控除の違い

所得金額（課税標準） ➡ 課税所得金額 ──×税率──→ 所得税額 ➡ 申告する所得税額

ここから差し引く　所得控除

ここから差し引く　税額控除

3 配当控除

重要度 **A**

　国内法人から支払いを受けた配当金や上場投資信託（ETF）等の収益分配金などの配当所得は、**総合課税**により確定申告をすると**配当控除**の適用を受けることができます。控除率はその年の課税総所得金額等により配当所得の10％もしくは5％に分けられます。

　ただし、以下の配当所得は、配当控除の対象になりません。

配当控除の対象にならない配当所得

・申告分離課税や申告不要を選択した配当金

・上場不動産投資信託（J-REIT）から受け取る分配金

・新NISA口座による受取配当金・収益分配金

・外国法人（外国株式）から受け取る配当金

配当控除の計算式

●課税総所得金額等が配当所得を加えても
　1,000万円以下の場合

1,000万円

配当所得以外の所得	配当所得

⬇

配当所得の金額×10% ＝ 配当控除額

●課税総所得金額等に配当所得を加えると
　1,000万円を超える場合

1,000万円

配当所得以外の所得	配当所得①	配当所得②

⬇

① 1,000万円以下の部分に含まれる
　配当所得の金額×10%
② 1,000万円超の部分に含まれる配当所得の金額×5%
③ ①＋② ＝ 配当控除額

●課税総所得金額に配当所得を加えてなくても
　1,000万円を超える場合

1,000万円

配当所得以外の所得	配当所得

⬇

配当所得×5% ＝ 配当控除額

国内の非上場株式等の配当金は、確定申告により配当控除を受けられます。少額配当（1年間10万円以下）の場合は申告不要制度も選択できますが、配当控除は受けられません。

課税総所得金額等が
1,000万円を超えた部分が
5%になります！

所得税において、上場株式の配当に係る配当所得について申告分離課税を選択した場合、配当控除の適用を受けることができない。

[24年1月・学科]

○ 申告分離課税や申告不要を選択した場合は、配当控除の適用を受けることはできません。

4 住宅借入金等特別控除（住宅ローン控除） 重要度

控除要件と控除額

　住宅ローンを利用して住宅を取得（または増改築）した場合、一定の要件を満たせば、所得税等の税額控除が受けられます。この制度を**住宅借入金等特別控除**（以下、**住宅ローン控除**）といい、住宅ローンの年末残高に一定割合を乗じて求めた金額を控除額の上限として、適用期間中、所得税等から控除できます。

控除を受ける要件（2022年以降に取得・居住の場合）

住宅要件	新築住宅等	床面積50㎡以上※で2分の1以上が自己居住用であること
	その他 （既存住宅）	・新耐震基準適合住宅であること（築年数基準は撤廃された） ・昭和57年1月1日以降に建築されたもの
住宅ローン要件		金融機関等からの借入れで、**償還期間10年以上であること**
居住要件		住宅取得の日から**6カ月以内**に居住を開始し、控除を受ける年の12月31日まで引き続き居住していること
所得要件		控除を受ける年の合計所得金額が**2,000万円以下**※であること

※2024年末までに建築確認を受けた床面積40㎡以上50㎡未満の新築住宅等について、合計所得金額が1,000万円以下の年は控除を受けられます。

住宅ローン控除の控除率や控除対象借入限度額（2024年以降取得・居住）

種別	控除期間	控除率	居住年 / 住宅性能	控除対象借入限度額 2024年 子育て特例※	控除対象借入限度額 2024年～25年
新築住宅等	13年	0.7%	認定住宅	5,000万円	4,500万円
			ZEH水準省エネ住宅	4,500万円	3,500万円
			省エネ基準適合住宅	4,000万円	3,000万円
その他（既存住宅）	10年		認定住宅 ZEH水準省エネ住宅 省エネ基準適合住宅	3,000万円	
			上記以外	2,000万円	

※19歳未満の扶養親族がいる世帯か、子の有無に関わらず夫婦のどちらかが40歳未満の世帯。

講義図解

住宅ローン控除適用のイメージ

（2024年に新築の認定住宅へ入居した場合）

住宅ローンの支払い年	その年の住宅ローンの年末残高	×0.7%	その年の控除額
1年目	3,108万円		21万7,500円
2年目	3,015万円	→	21万1,000円
3年目	2,921万円		20万4,400円
⋮	⋮		⋮
13年目	1,939万円	→	13万5,700円

どんどん控除額は減少していきます

住宅ローン控除のその他のポイント

給与所得者（会社員、公務員など）が住宅ローン控除を利用するには、初年度に限り確定申告が必要で、通常、2年目以降は年末調整により控除が反映されます。

繰上げ返済によって償還期間が10年未満になった場合は、控除が受けられなくなります。

その年の控除限度額よりも納める所得税額の方が少ない場合、翌年度の住民税から控除されます（上限あり、申告不要）。

店舗併用住宅であっても、建物の床面積が一定規模以上で、住宅部分の床面積が1/2以上あれば控除を受けられます。

過去問チャレンジ

住宅ローンを利用して住宅を新築した個人が、所得税の住宅借入金等特別控除の適用を受けるためには、当該住宅を新築した日から1カ月以内に自己の居住の用に供さなければならない。

[23年1月・学科]

✕　住宅借入金等特別控除の適用を受けるためには、取得日から6カ月以内に自己の居住の用に供さなければなりません。

5 外国税額控除　　重要度 C

　国外で発行された外国株式の配当金は、国外および国内で源泉徴収されるため、国際間の二重課税を調整するために、申告分離課税か総合課税のどちらかを選択して外国税額控除を受けることができます。

6 所得税の申告と納税 (のうぜい)

所得税の税額計算も終わり、最後の申告と納税となります。
会社員などの給与所得者で確定申告が必要なケース、
さらに青色申告とその特典も出題頻度の高い項目です。

1 確定申告　　　　　　重要度 A

確定申告とは

　所得税は申告納税方式ですから、納税者が自らの所得税額を計算して納税をします。このような手続きを**確定申告**といいます。所得税の確定申告は原則、**2月16日から3月15日**までに、前年**1月1日から12月31日**までの納税額を計算して、納税地の税務署長に確定申告書を持参か郵送して、同時に納税します。なお、確定申告書を持参・郵送する方式のほかに、**e-Tax**を利用した申告と**電子納税**する方法もあります。

ナビゲーション

1回で納税できない所得税は、その2分の1以上の税額を納期限までに納めることで、残りの税額の納期限を5月31日まで延長できます（延納）。ただし、その場合は所定の利子税が発生します。

過去問チャレンジ

所得税の確定申告をしなければならない者は、原則として、所得が生じた翌年の2月16日から3月15日までの間に、納税地の所轄税務署長に対して確定申告書を提出しなければならない。

[19年9月・学科]

○　所得税の確定申告の時期は、所得を得た翌年の2月16日から3月15日までとなっています。

準確定申告とは

じゅんかくていしんこく

死亡した人の所得税は、その相続人等が、相続の開始があったことを知った日の翌日から**4カ月以内**に申告、納税しなくてはなりません。これを**準確定申告**といいます。課税対象となるのは、その年の1月1日から死亡日までの所得金額です。

給与所得者と確定申告

給与所得者は一般に、勤務先が所得税を源泉徴収し、**年末調整**で過不足の精算をしているので、確定申告は不要です。ただし、以下に該当する場合は確定申告が必要となります。

給与所得者で確定申告が必要な人

・給与収入金額（年収）が2,000万円を超える場合

・給与所得および退職所得以外の所得金額が20万円を超える場合

・2カ所以上から給与の支払いを受けている場合

・雑損控除、医療費控除、寄附金控除を受ける場合

・住宅ローン控除（住宅借入金等特別控除）の初年度の適用を受ける場合（通常、2年目以降は確定申告不要）、など

レック先生のズバッと解説

控除を受けるために、給与所得者でも確定申告の必要があるケースとは、言い換えれば、確定申告により還付が受けられるケースでもあります。また、そのケースとして、住宅ローン控除だけは初年度のみ必要という部分は出題されやすいのでしっかり覚えましょう。

ワンポイント

寄附金控除の対象となる「ふるさと納税」の場合、寄附先が5自治体以内であれば、原則、確定申告は不要（ワンストップ特例制度）となります。

令和○年分　　**給与所得の源泉徴収票**

支払を受ける者	住所又は居所	東京都中野区○○町4-5-6

（受給者番号）
（個人番号）
（役職名）
氏名　（フリガナ）　ショトク　タロウ　　所得　多郎

種別	支払金額	給与所得控除後の金額（調整控除後）	所得控除の額の合計額	源泉徴収税額
給与・賞与	❶ 7 000 000	❷ 5 200 000	❸ 2 553 000	❹ 内 170 700

（源泉）控除対象配偶者の有無等		配偶者（特別）控除の額	控除対象扶養親族の数（配偶者を除く。）				16歳未満扶養親族の数	障害者の数（本人を除く。）		非居住者である親族の数
有	従有	老人	特定	老人		その他		特別	その他	
○		Ⓐ 380 000	Ⓑ 1 人 従人	内　　人 従人	人 従人	人 従人	人	内　　人	人	人

社会保険料等の金額	生命保険料の控除額	地震保険料の控除額	住宅借入金等特別控除の額
Ⓒ 928 000	Ⓓ 120 000	Ⓔ 15 000	

（摘要）

生命保険料の金額の内訳	新生命保険料の金額	150,000	旧生命保険料の金額		介護医療保険料の金額	100,000	新個人年金保険料の金額	120,000	旧個人年金保険料の金額	
住宅借入金等特別控除の額の内訳	住宅借入金等特別控除適用数		居住開始年月日（1回目）	年　月　日	住宅借入金等特別控除区分(1回目)		住宅借入金等年末残高(1回目)			
	住宅借入金等特別控除可能額		居住開始年月日（2回目）	年　月　日	住宅借入金等特別控除区分(2回目)		住宅借入金等年末残高(2回目)			

（源泉・特別）控除対象配偶者	（フリガナ）氏名	ショトク　タカコ　所得　高子	区分		配偶者の合計所得	0	国民年金保険料等の金額		旧長期損害保険料の金額	
	個人番号						基礎控除の額	Ⓕ	所得金額調整控除額	

控除対象扶養親族	1	（フリガナ）氏名	ショトク　タカシ　所得　高志	区分		16歳未満の扶養親族	1	（フリガナ）氏名		区分		（備考）
		個人番号										
	2	（フリガナ）氏名		区分			2	（フリガナ）氏名		区分		
		個人番号										
	3	（フリガナ）氏名		区分			3	（フリガナ）氏名		区分		
		個人番号										
	4	（フリガナ）氏名		区分			4	（フリガナ）氏名		区分		
		個人番号										

未成年者	外国人	死亡退職	災害者	乙欄	本人が障害者		寡婦	ひとり親	勤労学生	中途就・退職				受給者生年月日			
					特別	その他				就職	退職	年	月	日	元号	年	月	日
															昭和	47	12	10

支払者	個人番号又は法人番号		（右詰で記載してください。）
	住所（居所）又は所在地	東京都八王子市×××1-2-3	
	氏名又は名称	株式会社△△物産	（電話）

375

308

源泉徴収と年末調整

　源泉徴収とは、給与、報酬などの支払者（会社など）が、それを支払う際に所得税等を計算し、あらかじめその税額を差し引くことをいいます。また、一般に給与所得者は、支払者が給与等から源泉徴収してきた概算の所得税を、年末に正しい所得税に精算します。これを**年末調整**といいます。

源泉徴収票の見方

　会社員などの給与所得者には、支払者が年末調整後に、その年の年間給与の金額や源泉徴収された金額などが記載された**源泉徴収票**を交付します。

ワンポイント
給与所得の源泉徴収税額は、通常、概算の所得税です。それを年末に精算するのが年末調整の目的です。その結果、納めすぎていれば税金は還付され、不足であれば徴収されます。

---

❶ 1年間の給与等の総額　7,000,000円

❷ 給与所得の金額
給与所得控除額＝7,000,000円×10％＋1,100,000円＝1,800,000円
（上記の給与所得控除額の算出は次ページ［表1］を参照）
給与所得＝7,000,000円－1,800,000円＝**5,200,000円**
　　↑給与所得＝給与等の収入金額－給与所得控除額

❸ 所得控除額
380,000円（Ⓐ配偶者控除）＋630,000円（Ⓑ特定扶養親族の控除）＋
928,000円（Ⓒ社会保険料控除）＋120,000円（Ⓓ生命保険料控除）＋
15,000円（Ⓔ地震保険料控除）＋480,000円（Ⓕ基礎控除※）
＝合計**2,553,000円**　　　※基礎控除が48万円の場合は空欄とする。

❹ 源泉徴収税額
課税所得金額＝5,200,000円－2,553,000円＝2,647,000円（千円未満は切り捨て）
〈1〉所得税額＝2,647,000円×10％－97,500円＝167,200円
　　（上記の所得税額の算出は次ページ［表2］を参照）

〈2〉復興特別所得税　167,200円×2.1％＝3,511円（1円未満は切り捨て）
　　　↑所得税額×2.1％＝復興特別所得税

源泉徴収税額（復興特別所得税を含む所得税額）＝
〈1〉167,200円＋〈2〉3,511円＝170,711円→**170,700円**
（100円未満は切り捨て）

[表1] 給与所得控除額の速算表

給与等の収入金額		給与所得控除額
	162万5,000円以下	55万円
162万5,000円超	180万円以下	収入金額×40%－10万円
180万円超	360万円以下	収入金額×30%＋8万円
360万円超	660万円以下	収入金額×20%＋44万円
660万円超	850万円以下	収入金額×10%＋110万円
850万円超		195万円（上限）

[表2] 所得税額の速算表

課税所得金額		税率	控除額
	195万円以下	5%	0円
195万円超	330万円以下	10%	9万7,500円
330万円超	695万円以下	20%	42万7,500円
695万円超	900万円以下	23%	63万6,000円
900万円超	1,800万円以下	33%	153万6,000円
1,800万円超	4,000万円以下	40%	279万6,000円
4,000万円超		45%	479万6,000円

※実際には復興特別所得税（所得税額×2.1%）がかかります。

源泉徴収票と、給与所得控除額や
所得税額の速算表を使うことで
給与等の総額から源泉徴収税額を
算出できます。

年末調整の対象となる給与所得者は、所定の手続により、年末調整で所得税の
（　　　）の適用を受けることができる。

1）雑損控除
2）寄附金控除
3）小規模企業共済等掛金控除 　　　　　　　　　　　　　　　　［24年1月・学科］

3　年末調整では受けられない所得控除は、雑損控除、医療費控除、寄附金控除の
3つであり、それ以外の所得控除は原則、年末調整の際に控除を受けることが
できます。したがって、正解は小規模企業共済等掛金控除となります。

3　青色申告制度（個人事業主の場合）　　　　重要度　A

青色申告制度とは

　青色申告制度とは、一定の種類の所得において、一定水準
の記帳をもとに確定申告をすることで、税法上の特典を受け
ることができる制度です。この制度を利用して確定申告する
ことを青色申告といい、青色申告によらない申告を一般的に
白色申告といいます。

　なお、帳簿・記録データの保管期限は確定申告書の提出期
限から**7年間**（一部は5年間）です。

青色申告できる要件

・不動産所得、事業所得、山林所得のいずれかがある人

青色申告の申請

・原則、その年の**3月15日**までに「所得税の青色申
告承認申請書」を納税地の所轄税務署長に提出して
承認を受ける

用語の意味

正規の簿記の原則
損益計算書と貸借対
照表を導き出せるも
ので、一般には複式
簿記のことです。

ナビゲーション

1月16日以降に開
業（新規開業）する場
合、「所得税の青色
申告承認申請書」の
税務署長への提出は、
個人であれば開業日
から2カ月以内です。

青色申告による特典

青色申告を行うことで、**青色申告特別控除**、**青色事業専従者給与の必要経費への算入**などの特典が受けられます。

特典1 | **青色申告特別控除**

以下の適用要件により65万円、55万円、または10万円を所得金額から控除できます。

●適用要件

控除額	適用要件
55万円 (65万円※)	事業的規模(貸家なら5棟以上、アパートなら10室以上)の不動産所得がある、または事業所得のある人が、以下の要件を満たした場合 ・正規の簿記の原則にもとづいて作成された貸借対照表、損益計算書を添付する ・法定申告期限内(原則、翌年の3月15日)に確定申告をする
10万円	上記以外

※電子申告(e-Tax)、優良電子帳簿の保存要件を満たした場合

過去問チャレンジ

不動産所得のみを有する青色申告者は、その事業の規模にかかわらず、最高65万円の青色申告特別控除の適用を受けることができる。

[21年1月・学科]

✕　青色申告特別控除額は最高65万円ですが、不動産所得のみの人がその適用を受けるには、不動産の貸付けが「事業的規模(5棟10室基準)」でなくてはなりません。さらに、電子申告(e-Tax)、優良電子帳簿の保存要件を満たす必要があります。

特典2　青色事業専従者給与の必要経費への算入

青色申告者の事業に、生計を一にする配偶者その他の親族が従事し（青色事業専従者）、所定の届出をした上で、適正な範囲の給与を支払った場合、**青色事業専従者給与**として**全額必要経費に算入**できます。

ワンポイント

青色事業専従者で給与の支払いを受けている者は、配偶者控除、配偶者特別控除、扶養控除の対象者になりませんので、合わせて覚えておきましょう。

特典3　純損失の繰戻還付と繰越控除

前年も青色申告していれば、本年に生じた純損失（赤字）を前年分の合計所得金額から控除し、前年分の所得税の還付を受けられます（**繰戻還付**）。また、純損失は翌年以降、3年間にわたって合計所得金額から控除が可能となります（**純損失の繰越控除**）。

特典4　棚卸資産の低価法の選択

低価法とは、在庫を評価する際に、原価法で評価した金額と期末時点の時価を比較していずれか低い方を棚卸資産の金額とすることができる評価方法です。原価法に比べ、棚卸資産の額が下がるため、売上原価を高くすることができます。

青色申告をしている人はメリットが多いね！

▶ 個人住民税と所得税との違い

個人住民税と個人事業税

所得税がメインのタックスプランニングですが、個人住民税と個人事業税も合わせて学びます。

特に個人住民税は均等割と所得割があり、同じ所得控除でも所得税とは違ってきますので、混同しないように注意が必要です。

1 個人住民税 重要度 C

個人住民税とは

個人住民税とは、都道府県が課税する**道府県民税**（東京都は都民税）と市町村が課税する**市町村民税**（東京都は特別区民税）の2種類を合わせたものをいいます。また、個人住民税は、所得金額にかかわらず一定金額が課税される**均等割**と、所得金額に応じて課税される**所得割**とを合わせたものです。

個人住民税の構成

```
個人住民税 ── 道府県民税 ── 均等割
          │            └─ 所得割
          └─ 市町村民税 ── 均等割
                       └─ 所得割
```

個人住民税の所得控除

個人住民税には所得税とほぼ同様の**所得控除**があります。

> **ワンポイント** 👉
>
> 「基礎控除」「配偶者控除」など控除名は同じでも、所得税と個人住民税では控除額が異なりますので注意しましょう。

314

主な所得控除の比較

	控除額	
	個人住民税	所得税
基礎控除	43万円※	48万円※
配偶者控除	最高33万円 （70歳以上は 最高38万円）	最高38万円 （70歳以上は 最高48万円）
配偶者特別控除	最高33万円	最高38万円
扶養控除	33万円など	38万円など

※合計所得金額が2,400万円以下の場合

個人住民税の課税方式と納付

　個人住民税は1月1日現在の住所地で、前年の課税所得金額をもとに課税されます。課税方法は賦課課税方式（国や地方公共団体が税額を計算する）なので、税額は納税者に通知されます。徴収（＝納税）方法は普通徴収と特別徴収に分かれます。

普通徴収と特別徴収の違い

普通徴収	納税通知書で、年4回（6月、8月、10月、翌年1月）に分けて納税する
特別徴収 （原則）	給与所得者は年税額を12回（6月から翌年5月）に分けて、給与から天引で徴収される

所得割の部分は
前年度の所得によって
金額が変わってくるよ

住民税の均等割の部分は
所得にかかわらず原則、
一律で払う必要があるんだね

ナビゲーション

個人住民税の基礎控除額は2021年度から10万円アップしました。同時に、それまで控除額は一律でしたが、所得税同様、所得制限が加わり、合計所得金額が2,400万円超で段階的に控除額が引き下げられ、2,500万円超では控除適用がなくなります。

2 個人事業税

個人事業税と税額計算

個人事業税とは、一定の事業を営む個人（事業所得、事業的規模の不動産所得を得ている人）に対して、都道府県が課す税金です。税額の計算式は以下に示すとおりです。

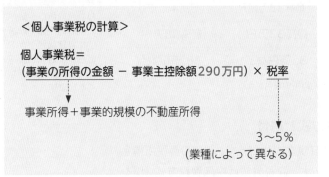

```
＜個人事業税の計算＞

個人事業税＝
（事業の所得の金額 － 事業主控除額290万円）× 税率

    ↓                                         ↓
事業所得＋事業的規模の不動産所得              3～5％
                                        （業種によって異なる）
```

個人事業税の申告と納税

翌年の3月15日までに申告する必要がありますが、所得税の確定申告書や住民税の申告書を提出している場合、個人事業税の申告をする必要はありません。なお、納税は納税通知書により、原則8月、11月の年2回に分けて行います。

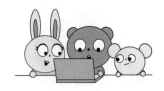

個人事業税は地方税、
納税通知書は
8月に送付されるよ！

税金は、
課税主体が国なのか
地方公共団体なのかによって、
国税と地方税とに分かれます

今一度
税の分類も
おさらいしよう！

所得税は国税！

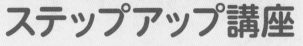

FP3級からFP2級をめざす人のための

> 3級レベルの問題で
> 復習してみよう！

ステップアップ講座

3級が基礎力とすれば、2級は応用力。
3級で学んだことを組み合わせて
1つの問題に仕上げるケースが多いです。

Q1 損益通算の計算問題 （21年9月・学科）

下記の<資料>において、所得税における不動産所得の金額の計算上
生じた損失の金額のうち、他の所得の金額と損益通算が可能な金額は、
（　　　）である。

<資料>不動産所得に関する資料

総収入金額	150万円
必要経費	300万円（不動産所得を生ずべき土地等を取得するために要した負債の利子の額10万円を含む）

　1）　140万円
　2）　150万円
　3）　300万円

正解：1

不動産所得の計算上生じた損失のうち、土地取得のための負債利子は損益通算できません。そのため不動産所得は▲150万円ですが、他の所得と損益通算が可能な金額は土地負債利子10万円を除いた▲140万円です。

損益通算について3級では主に以下の2つを学びました。

損益通算できる損失	・不動産所得　・事業所得　・山林所得 ・譲渡所得（総合課税）
上記の対象外 となるケース	・不動産所得のうち、土地取得の負債利子 ・生活に必要でない資産の譲渡損失 ・上場株式等の譲渡損失（一部を除く）など

3級では、上記のどちらかに絞った出題ですが、2級では上記の2つを組み合わせた出題になるため、3級での学習成果が試されます。

減価償却費の計算問題　　　　　　　　　　（21年5月・日本FP協会実技）

西里さんは、202X年7月に新築のアパートを購入し、新たに不動産賃貸業を開始した。購入したアパートの建物部分の情報は下記<資料>のとおりである。西里さんの202X年分の所得税における不動産所得の金額の計算上、必要経費に算入する減価償却費の金額として、正しいものはどれか。

<資料>

取得価額：75,000,000円
取得年月：202X年7月
耐用年数：47年
不動産賃貸の用に供した月：202X年7月

<耐用年数表（抜粋）>

耐用年数	定額法の償却率	定率法の償却率
47年	0.022	0.043

1.　　825,000円
2.　1,612,500円
3.　1,650,000円

正解：1

75,000,000円×0.022×6カ月／12カ月＝825,000円
減価償却費の計算はポイントが2つあります。1つ目は「1998年4月以降に取得した建物は定額法のみ」、2つ目は「使用月数は何カ月なのか」です。資料部分には取得年月と、不動産賃貸の用に供した月の記載があり、どちらも7月からその年の12月まで使っていたと判断できます。そのため計算式の分子に6カ月を置き計算をします。なお、購入は7月だが使い始めたのは10月というように、購入と使用開始の月が異なることもあります。そのような場合には、分子に置くのは使用月数なので3カ月となります。

> ここまで
> 理解できたかな？
> それでは最近の過去問に
> チャレンジしてみましょう！

2級の問題に
挑戦して
みよう！

2級では こう出る・こう解く！

Q 損益通算の計算問題

(22年1月・日本FP協会実技)

会社員である湯本さんの本年分の所得等が下記<資料>のとおりである場合、湯本さんが本年分の所得税の確定申告を行う際に、給与所得と損益通算できる損失に関する次の記述のうち、最も適切なものはどれか。なお、▲が付された所得の金額は、その所得に損失が発生していることを意味するものとする。

<資料>

所得の種類	所得金額	備考
給与所得	680万円	勤務先からの給与で年末調整済み
不動産所得	▲160万円	収入金額：250万円 必要経費：410万円（※）
譲渡所得	▲80万円	上場株式の売却に係る損失
雑所得	▲8万円	趣味で行っている作詞作曲活動に係る損失

（※）必要経費の中には、土地の取得に要した借入金の利子の額50万円が含まれている。

1. 不動産所得 ▲160万円が控除できる。
2. 不動産所得 ▲110万円と譲渡所得 ▲80万円が控除できる。
3. 不動産所得 ▲160万円と雑所得 ▲8万円が控除できる。
4. 不動産所得 ▲110万円が控除できる。

正解：4 　2級ではこう解く！

3級レベルの知識を組み合わせて解きます。<資料>のうち雑所得の損失は損益通算できませんから選択肢3.は除かれます。次に、不動産所得は▲160万円ですが、このうち、土地取得の借入金利子50万円（※部分）は損益通算できないため、損益通算は▲110万円となり、選択肢1.が除かれて、残るのは2.と4.です。次に、譲渡所得の▲80万円は上場株式の譲渡損失のため、給与所得とは損益通算できず、2.が除かれます。よって、正解は4.となります。

個人事業主の千田さんは、202X年4月1日に建物を購入したが、営業開始が遅延し、同年10月25日から事業の用に供している。千田さんの202X年分の所得税における事業所得の計算上、必要経費に算入すべき減価償却費の金額として、正しいものはどれか。なお、建物は、事業にのみ使用しており、その取得価額は5,000万円、法定耐用年数は50年である。

<耐用年数表（抜粋）>

法定耐用年数	定額法の償却率	定率法の償却率
50年	0.020	0.040

1. 25万円
2. 50万円
3. 75万円
4. 150万円

正解：1 　2級ではこう解く！

5,000万円×0.020×3カ月／12カ月＝25万円

3級レベルの知識を組み合わせて解きます。本問のポイントは2つあり、1つ目は定額法か定率法かの判断、2つ目は購入月と使用開始月が異なっている場合の判断です。ステップアップ講座で学んだとおり、1998年4月以降に取得した建物は定額法のみでした。そして、減価償却費の計算では、その年に（法人は事業年度末までに）何カ月使用したかで計算します。このとき、1カ月未満の日数は切り上げて1カ月と数えます（10月25日使用開始 → 10月から使用開始）。そのため、この場合は定額法の償却率を選び、使用月数は10月から12月までの3カ月間とするのが正解です。もしも4月から12月までの9カ月間で計算すると選択肢3を選び不正解になります。

3級で基礎力を十分に付けておくことで、
2級の組合せ問題は難なくクリアできます

4 タックスプランニング
復習のまとめ

しっかり確認しましょう！
出題頻度の高い論点　総ざらい

・計算問題の頻出は、退職所得と総所得金額の計
　算です。損益通算できる損失とできない損失、
　一時所得を総所得金額に含めるときの計算を
　しっかり押さえておきましょう。

・配偶者控除と扶養控除、医療費控除や住宅ロー
　ン控除は生活に密着していることもあり頻出
　です。

・退職所得と一時所得、雑所得、医療費控除の計
　算式はしっかり覚えておきましょう。

・青色申告と確定申告はコンスタントに出題さ
　れていますので、押さえておきましょう。

第5章

不動産

人が不動産を持っていると聞くと、持ち家をイメージします。つまり「住むためのもの」です。しかし、お金の視点で見れば、「不動産＝資産」となります。資産ですから、価格があり、権利があり、そして取引があります。この章では、身近な不動産をFPの視点で捉えることを目指します。

この章で
学ぶ内容

●不動産の評価と登記
　土地の価格と登記の基本

●不動産取引
　不動産取引にかかわる法律

●不動産の税金
　不動産関連の各種税金

323

不動産

ここをしっかり押さえておけば問題の正解率がアップします。

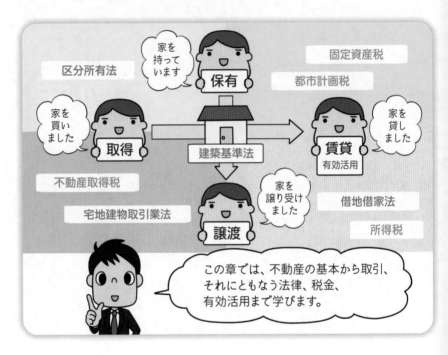

不動産の評価と登記

土地の価値を決める4つの公的な価格を学びます。

公示価格、基準地標準価格、相続税路線価、そして固定資産税評価額のそれぞれの利用目的や基準日、所管、価格水準をしっかり覚えましょう!!

不動産登記の基礎を理解します。

登記記録の内容、登記事項証明書の交付請求はよく出題されますので押さえておきましょう。

不動産取引

不動産の売買契約に関するポイントを学びます。

不動産取引に不可欠な法律が宅地建物取引業法です。宅地建物取引業者に適用されるルールを整理しておきましょう。手付金も大事なポイントです。

建築基準法は出題頻度が高く、必ず押さえたい法律です。

セットバックもからめた建蔽率、容積率の計算方法もしっかり身につけましょう!!

**借地借家法、区分所有法、都市計画法も、
それぞれよく出題されるポイントをマスターします。**

不動産の税金と有効活用

不動産に関する税金の基礎と特例を学びます。

不動産を取得したときにかかる不動産取得税を押さえておきましょう。

不動産を保有している間にかかる固定資産税は、特例が出題されますのでマスターしておきましょう。

不動産の譲渡所得については、居住用財産の特例について整理しておくことが学習のポイントです。

不動産の有効活用について理解します。

土地の有効活用の各事業手法について、特に内容の違いを整理しておくことが大事となります。また、投資利回りについても計算できるようにしておきましょう。

1 不動産の基本

不動産の基本として、
ここでは土地の価格や鑑定手法について学習します。
合わせて、不動産の権利につながる不動産登記記録の内容や、
対抗力、公信力についても押さえておきましょう。

---

1 土地の価格

重要度 **A**

　土地にはその価値を評価するものとして、公的機関が公表している4つの価格があります。

土地の公的価格

- ●公示価格（こうじ かかく）
- ●基準地標準価格（きじゅんち ひょうじゅん か かく）
- ●相続税路線価（そうぞくぜい ろ せん か）
- ●固定資産税評価額（こ てい し さんぜいひょう か がく）

　これら4つの価格は、**基準日**や**発表時期**、**所管**、**価格水準**が異なります。

> **ワンポイント**
>
> 土地の価格には、4つの公的な価格とは別に、売主と買主で取引する際に決まる「実勢価格」があります。

4つの価格は
様々な場面で使います！

土地の公的価格の内容

	公示価格	基準地標準価格 （都道府県地価調査）	相続税路線価	固定資産税 評価額
内容・ 利用目的	一般の土地取引の指標となる価格	一般の土地取引の指標となる価格（公示価格の補完的役割）	相続税、贈与税等の評価額の算出基準	不動産取得税、固定資産税、都市計画税等の算出基準
基準日	毎年1月1日	毎年7月1日	毎年1月1日	1月1日（3年ごとに見直し）
発表時期	3月	9月	7月	4月
所管	国土交通省	都道府県	国税庁	市町村 （東京23区は都）
価格水準	100%	公示価格の100%	公示価格の80%	公示価格の70%

公示価格は
よくニュースに出るよね

土地の4つの
価格の違いは、
出題頻度が高いので
しっかり覚えておきましょう！

過去問チャレンジ

相続税路線価は、相続税や（①）を算定する際の土地等の評価額の基準となる価格であり、地価公示法による公示価格の（②）を価格水準の目安として設定される。

1）① 贈与税　　　②70%
2）① 贈与税　　　②80%
3）① 固定資産税　②80%

[23年9月・学科]

2 相続税路線価は相続税や贈与税を算定する際の土地評価額の基準であり、価格水準（＝価格の目安）は、公示価格の80%を目安としています。

不動産価格の適正な評価は不動産鑑定士によって行われ、これを**鑑定評価**といいます。不動産の鑑定評価の手法には、次の3つがあります。

●原価法　●取引事例比較法　●収益還元法

不動産の鑑定評価は、複数の手法を併用すべきとされています。試験に「〇〇法のみを適用すべき」と出たら、それは誤りです。

偏りが出ないよう
複数の視点から評価！

3つの鑑定評価手法

原価法	対象となる不動産の再調達原価（例えば、同程度の建物が今ならいくらで建てられるか）を求め、これに減価修正（老朽化分を差し引く）を行い、価格を求める方法
取引事例比較法	対象となる不動産の近隣地域や同一需給圏内から複数の取引事例を参考にし、その取引価格に時点修正や事情補正等をして価格を求める方法
収益還元法	対象となる不動産が将来生み出すと期待される純収益（収益—費用）の現在価値の総和から価格を求める方法 具体的な算出法として、以下の2つがある ・直接還元法＝単年度の純収益を還元利回りで割り戻して現在価値を求める方法 ・DCF法＝連続する複数年の純収益と将来予想される売却価額（復帰価格）を現在価値に割り戻して価格を求める方法

3 不動産登記

ふ どうさんとう き

重要度

不動産登記とは

　不動産登記とは、土地や建物の状況（所在地、面積、構造など）や権利関係を**法務局**（登記所）の**登記記録**に記録しているものです。

ほう む きょく　　　　　　　　　　とう き きろく

不動産登記記録の内容

　登記記録は、**一筆の土地**または**一個の建物**ごとに**表題部**や**権利部**に区分して作成されます。**権利部**はさらに**甲区**と**乙区**に区分されています。

いっぴつ　　　　　　　　　　　　　　　　ひょうだい ぶ
けん り ぶ

「筆」は昔、土地の情報を
筆で一行で書いたことから来ているそう

不動産登記記録の記載内容

表題部＝ 表示に関する登記		土地・建物に関する**物理的な状況**が記載されている ・土地→ 所在、**地番**、地目、地積等 ・建物→ 所在、家屋番号、床面積等
権利部＝ 権利に関する登記	**甲区**	**所有権**に関する事項が記載されている → 所有権の保存、移転、差押え等
	乙区	**所有権以外の権利**に関する事項が記載されている → **抵当権**、賃借権等

レック先生のズバッと解説

登記されている地番や家屋番号は、実際の住居表示と一致するとは限りません。

用語の意味

一筆の土地
登記上のひとつの土地の単位。田畑でも宅地でも同様に数えます。

用語の意味

抵当権
金融機関等が住宅ローンなどの融資をする際、借主が返済できない場合に備えて土地や建物を担保とする権利のこと。

不動産登記の効力

　不動産登記をすることで、第三者に対して、自身が当該不動産に関し何らかの権利者であることを主張することができます。これを**対抗力**といいます。ただし、以下のケースでは、登記がなくても、第三者に対抗（権利主張）できます。

登記がなくても第三者に対抗できるケース

●**借りている土地に建物を建てた場合：借地権（しゃくちけん）**

借地上に借地権者が、自己を所有者として登記した建物を所有していれば、借地権に関する登記がなくても第三者に対抗できる。

●**賃貸物件の引き渡しを受けた場合：借家権（しゃくやけん）**

建物の賃借人が建物の引渡し（カギの引渡しなど）を受けていれば、借家権の登記がなくても第三者に対抗できる。

仮登記における対抗力

　不動産登記は、先順位に登記した方（所有権を有効に取得していることが前提）が第三者に権利を主張できます。

　もしも、本登記をするための要件が整わない場合、**順位保全（じゅんいほぜん）**のために仮登記をすることができます。

　ただし、あくまで順位保全の登記なので、本登記を備えて初めて対抗力を有することになります。

カギの
引渡しって
大事なんだな

不動産登記の公信力

不動産登記には対抗力はありますが、**公信力**はありません。「公信力」とは、公示されている内容が真実と異なる場合に、公示どおりの権利を発生させる効力です。よって、不動産登記に公信力がないということは、登記されている人が真の権利者であることは公には保証されないということです。そのため、登記記録の内容を信頼して取引をし、実際には登記記録上の権利者と真実の権利者が異なっていた場合、登記を信頼して取引をした人は**原則、法的に保護されません**。

レック先生の
スバッと**解説**

不動産登記には対抗力はありますが公信力はありません。

過去問チャレンジ

土地の登記記録において、抵当権に関する事項は、（　　　）に記録される。

1）　表題部
2）　権利部（甲区）
3）　権利部（乙区）　　　　　　　　　　　　　［23年1月・学科］

3 抵当権は、所有権以外の権利に関する事項のため、権利部（乙区）に記録されます。

登記記録の交付と申請

法務局（登記所）で手数料を納付して申請すれば、**誰でも**
登記事項証明書や**登記事項要約書**の交付請求をすることが
できます。

登記事項証明書は、**オンラインによる交付請求**もできま
すが、受け取りは登記所窓口か郵送となります。

登記事項証明書 ➡	登記記録の記載事項を証明した書面
登記事項要約書 ➡	登記記録の記載事項の概要を記載した書面

登記記録へ権利等を登記するには、書面申請（出頭か郵
送）とオンライン申請ができます。ただし、登記識別情報通
知の受け取りは登記所窓口か郵送となります。

申請だけは
ネットから
できる！

相続登記の義務化

権利部の登記は原則、任意です。ただし、2024年4月1日
から不動産を相続したことを相続人が知った日から3年以
内に相続登記を申請することが義務化されました。この義
務は過去の相続についても適用されるため、今までに相続し
た不動産についても2024年4月1日から3年以内に登記する
義務があります。

過去問チャレンジ

不動産の登記事項証明書の交付を請求することができる者は、当該不動産の所有
者に限られる。　　　　　　　　　　　　　　　　　　　　　　　　　[21年1月・学科]

✕　法務局（登記所）に手数料を納付して申請すれば、所有者以外にも利害関係の
　　有無に関わらず、誰でも登記事項証明書の交付請求をすることができます。

登記記録以外の調査資料

登記記録以外にも、不動産の状況を調査・確認できる資料等があります。

登記記録以外の不動産の調査資料

資料	内容	特徴
公図	地図に準ずる図面	地図の代わりに備え付けられており、近隣地との位置関係が確認できる図面。**精度は低い**
地図 （14条地図）	土地の位置などが記載されている地図	すべての土地について備えられているわけではない。**精度が高い**
地積 測量図	土地の形状や面積測量の結果を示した図面	現地を測量して作成されている

不動産関係の調査資料とその設置場所

設置場所	調査資料
法務局 （登記所）	登記事項証明書、登記事項要約書、地図（14条地図）、公図、地積測量図など
市区町村役場	固定資産課税台帳※、都市計画図など

※東京23区は都税事務所

誰でも見られるのか！

法務局によく不動産屋さんが交付請求に来ているよ

2 不動産取引

「不動産取引」では、土地や建物の売買等において、
宅地建物取引業者が守るべき
「宅地建物取引業法」をベースに学びます。
媒介契約や不動産取引に関する法律は
出題頻度も高いのでしっかりマスターしましょう。

1 宅地建物取引業法

重要度 **A**

宅地建物取引業

　以下の不動産の取引を業として行う者を**宅地建物取引業者**といい、**宅地建物取引業の免許**が必要となります。

宅地建物の取引とは

・宅地や建物の売買、交換を自らが行う

・宅地や建物の売買、交換、貸借の代理をする

・宅地や建物の売買、交換、貸借の媒介（仲介）をする

> **ワンポイント**
>
> 宅地建物でいう「取引」に「貸借を自らが行う」が含まれていないのは、宅地建物取引業の免許が不要だからです。アパートの大家さんが免許不要なのはそのためです。

過去問チャレンジ

アパートやマンションの所有者が、当該建物の賃貸を自ら業として行うためには、宅地建物取引業の免許を取得しなければならない 。

[22年1月・学科]

× 　不動産の貸借（賃貸）の媒介や代理を業として営むには宅地建物取引業の免許を必要としますが、自らの物件の貸借を業として行う場合には免許不要です。

宅地建物取引士

<small>たくちたてものとりひきし</small>

　宅地建物取引業を行うには、原則、事務所ごとに従業者5人に1人の割合で成年の専任の**宅地建物取引士**を置くことが義務づけられています。

宅地建物取引士の独占業務

・重要事項の説明
（宅地建物取引士証を提示し、契約前に説明を行う）

・重要事項説明書への記名

・契約内容の記載書面（いわゆる37条書面）への記名

媒介契約

<small>ばいかいけいやく</small>

　宅地建物取引業者は、宅地や建物の売買等の媒介の依頼を受けた場合には、依頼者と媒介契約を結ぶ必要があります。**媒介契約**には、**一般媒介契約**、**専任媒介契約**、**専属専任媒介契約**の3種類があります。

媒介契約の種類と契約内容（○＝できる、×＝できない）

	一般 媒介契約	専任 媒介契約	専属専任 媒介契約
依頼者が重ねて 複数業者へ依頼する	○	×	×
自己発見取引 （依頼者が取引相手を探し 直接取引をする）	○	○	×
契約の有効期間	なし	3カ月以内	3カ月以内
業者から依頼者への 業務処理状況の報告義務	なし	2週間に 1回以上	1週間に 1回以上
業者による 指定流通機構への 物件情報の登録義務	なし	7営業日 以内	5営業日 以内

用語の意味

媒介
第三者の不動産の売買や賃貸借などの契約を成立させること。「仲介」と同じ意味です。

ナビゲーション

宅地建物取引業の免許は、1つの都道府県だけに事務所を置く場合は都道府県知事による免許、2つ以上の都道府県に事務所を置く場合は国土交通大臣による免許が必要です。

② 不動産取引

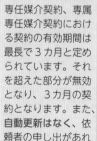

ワンポイント

専任媒介契約、専属専任媒介契約における契約の有効期間は最長で3カ月と定められています。それを超えた部分が無効となり、3カ月の契約となります。また、自動更新はなく、依頼者の申し出があれば更新できます。

宅地建物取引業者の報酬限度額

　宅地建物取引業者が依頼者から受け取ることができる**報酬**（仲介手数料）には限度額が定められています。

宅地建物取引業者の報酬限度額

●売買・交換の媒介の場合

取引金額		報酬の限度額（消費税別）
	200万円以下	取引金額×5％
200万円超	400万円以下	取引金額×4％＋2万円
400万円超		取引金額×3％＋6万円

●売買・交換の代理の場合

「売買・交換の媒介の場合」の2倍（消費税別）

●貸借の媒介の場合

原則、貸主と借主の双方から受け取る報酬の合計が借賃の1カ月分（消費税別）

2 不動産の取引に関する法律

重要度

手付金

　手付金とは、一般に不動産の売買契約を結ぶ際に買主が売主に渡すお金のことで、代金の一部です。通常は、**解約手付**<ruby>かいやくてつけ</ruby>として扱われます。

　解約手付を交付した場合、**相手方が契約の履行<ruby>りこう</ruby>に着手する**までは、買主は**手付金の放棄**、売主は手付金の**倍額を現実に**<ruby>ばいがく</ruby>提供することで、契約を解除できます。

　なお、売主が宅地建物取引業者であり、買主が宅地建物取引業者でない場合、売主は代金の2割を超える手付金を受け取ることはできません。

用語の意味

解約手付
一度締結した契約を後で解除できる権利を有する手付のことです。

ワンポイント

不動産の売買契約による「履行の着手」とは、売主であれば所有権移転登記、買主であれば代金の全額または一部の支払いなどです。

② 不動産取引

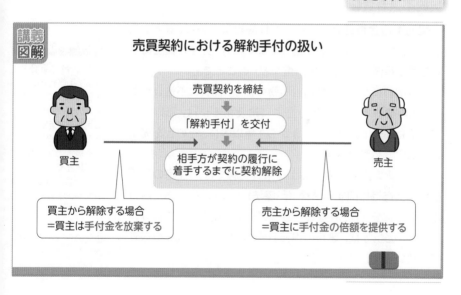

売買契約における解約手付の扱い

売買契約を締結
↓
「解約手付」を交付
↓
相手方が契約の履行に着手するまでに契約解除

買主　　　　　　　　　　　　　　　売主

買主から解除する場合
＝買主は手付金を放棄する

売主から解除する場合
＝買主に手付金の倍額を提供する

過去問チャレンジ

不動産の売買契約において、買主が売主に解約手付を交付した場合、売主は、（ ① ）が契約の履行に着手するまでは、受領した手付（ ② ）を買主に提供することで、契約の解除をすることができる。

1) ①買主　　②と同額
2) ①買主　　②の倍額
3) ①売主　　②と同額

[22年1月・学科]

2 解約手付を用いた契約の解除は、売主は受領済みの手付の倍額を提供し、買主は手付の放棄によってすることができます。ただし、相手方が契約の履行に着手するまでです。

契約不適合責任
けいやく ふ てきごうせきにん

契約不適合責任とは、売買の目的物について、種類、品質、数量などで契約内容に適合しない場合、**売主が買主に対して負う責任**（追完、損害賠償など）のことです。

売買契約において、契約目的物の種類、品質に不適合があり、その契約不適合責任を売主に追及するには、原則として、買主はそれを知ったときから**1年以内**に、その旨を売主に通知する必要があります。

なお、新築住宅の売買および請負契約では、「**住宅の品質確保の促進等に関する法律（品確法）**」に基づき、構造耐力
そくしん
上主要な部分（壁、柱など）および雨水の浸入を防ぐ部分について、売主等は、建物の引渡日から**10年間**の瑕疵担保責
かし
任を負います。

ナビゲーション

契約不適合責任は2020年施行の民法改正によって、それまでの瑕疵担保責任に代わって定められた売主側の責任に対する規定です。瑕疵担保責任では認められていなかった追完請求や代金減額請求が、買主の権利として新たに加わり、買主側の保護をより重視した内容となりました。

契約不適合責任における買主の権利

買主は売主に対して、契約不適合責任として、状況に応じて以下の請求ができます。

追完請求 ➡ 物件の修補、代替物の引渡しなどを請求

代金減額請求 ➡ 追完が不能などの場合に減額を請求

損害賠償請求 ➡ 売主が原因で生じた債務不履行による損害の賠償を請求

契約の解除（催告解除） ➡ 購入をやめ、支払った代金の返還を請求

建物の床面積の表示

　床面積には、壁の厚さの中心で測った**壁芯面積**と、壁の内側で測った**内法面積**があります。登記に使用する場合と、一般に、パンフレット等に記載する場合で使い分けられています。

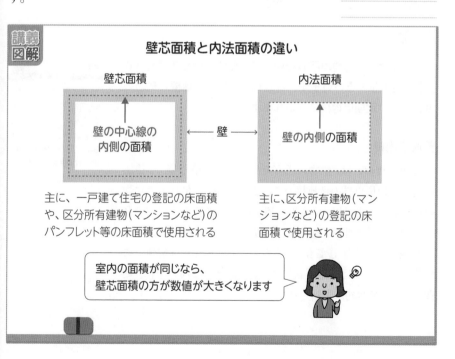

講義図解

壁芯面積と内法面積の違い

壁芯面積

壁の中心線の内側の面積

← 壁 →

内法面積

壁の内側の面積

主に、一戸建て住宅の登記の床面積や、区分所有建物（マンションなど）のパンフレット等の床面積で使用される

主に、区分所有建物（マンションなど）の登記の床面積で使用される

室内の面積が同じなら、壁芯面積の方が数値が大きくなります

不動産に関する法令

3

不動産は資産として、様々な法令が関与しています。
ここでは、ふだん目にする土地や建物が、法律において
どう管理、規制され、そして資産として守られているかを
学びます。耳慣れない法律用語や表現が多いですが、
しっかり基礎から学びましょう。

1 借地借家法 （しゃくちしゃくやほう）

重要度 A

借地借家法とは

借地借家法とは、土地や建物の賃貸借契約において**借主側
の保護**を目的として定めた法律です。

借地権（しゃくちけん）

借地権とは、**建物の所有を目的に、土地を借りる権利**（賃
借権・地上権）をいいます。借地権は、**普通借地権**と契約の
更新がない**定期借地権**に分かれます。

普通借地権

普通借地権とは、建物の所有を目的とする借地権で、後述
の定期借地権以外の借地権のことをいいます。借地上の建物
の用途には、住居用・事業用の制限はありません。契約の存
続期間（契約期間）は**30年以上**で定めます。

存続期間が満了しても、当事者の合意、もしくは借地上に
建物がある場合は法定更新により、原則として同一条件（期
間を除く）で**契約が更新**されます。

ワンポイント

普通借地権では、存
続期間を30年未満
と定めている契約の
場合、または期間の
定めがない契約の場
合の存続期間は30
年となります。

存続期間満了による更新のポイント

・借地上に建物がある場合、借地権者（借主）の請求が
あれば、契約は原則、更新される。更新後の存続期間
は、最初の更新後は**20年以上**、2回目以降の更新は
10年以上で設定する

・借地権設定者（貸主）が契約更新を拒絶するには、**正
当事由**が必要

・契約の更新がされない場合、借地権者は借地権設定者
に対して、建物を時価で買い取るよう請求できる（建
物買取請求権）

事業用定期借地権等
での建物の用途は
「事業用」に限られ
ています。一部を住
居用や社宅として利
用する建物、賃貸事
業を運営するための
居住用マンション、
老人ホーム等も対象
建物から除外されま
す。契約方法が公正
証書に限られる点も
含めて、出題されや
すい部分です。

定期借地権
（てい き しゃく ち けん）

　定期借地権とは、**契約の更新がない借地権**のことです。定
期借地権には、**一般定期借地権、事業用定期借地権等、建物
譲渡特約付借地権**の3種類があります。

　契約の存続期間（契約期間）が終了したら、借地権者は**必
ず土地を返還**しなくてはなりません。

普通借地権と定期借地権の比較

	普通借地権	定期借地権		
		一般定期借地権	事業用定期借地権等	建物譲渡特約付借地権
存続期間	30年以上	50年以上	10年以上50年未満※1	30年以上
利用目的	制限なし		事業用建物のみ	制限なし
契約方法	制限なし	書面※2	公正証書に限る	制限なし
契約更新	更新あり	更新なし		
契約終了後	貸主に建物の買取請求可	更地で返還（原則）		建物付きで返還

※1　30年以上（50年未満）とする場合、所定の特約の設定が必要。
※2　書面であれば公正証書でなくてもよく、電磁的記録も可。

借地借家法における定期借地権のうち、（　　）は、居住の用に供する建物の所有を目的として設定することができない。

1) 一般定期借地権
2) 事業用定期借地権等
3) 建物譲渡特約付借地権

[22年9月・学科]

2 事業用定期借地権等は、他2つの定期借地権とは異なり、居住の用に供する建物の所有を目的として設定することはできません。

借家権
<small>しゃっかけん</small>

　借家権とは、賃料を支払って建物（例えば賃貸アパート）を借りている、借主の権利をいいます。借家権には**普通借家権**と、契約の更新がない**定期借家権**の2つがあります。

普通借家権（普通借家契約）

　契約の期間を定める場合は、**1年以上**で定めます。契約期間を1年未満とした場合、「**期間の定めのない契約**」とみなされます。契約期間満了に際し、借主は契約の更新を請求でき、貸主が更新を拒絶するには、**正当事由が必要**です。

ワンポイント

普通借家権では契約期間を1年未満と定めた場合、それは期間の定めのない契約になります。対して、定期借家権では1年未満の契約でも定めた期間が有効となります。

定期借家権（定期借家契約）

定期借家契約は、契約の更新がない建物賃貸借契約です。

契約締結には、あらかじめ貸主が借主へ「契約の更新がなく期間満了により契約が終了する旨」を、書面を交付（借主の承諾を得て電磁的記録も可）して説明する必要があります。

普通借家権と定期借家権の比較

	普通借家権（普通借家契約）	定期借家権（定期借家契約）
契約の存続期間	1年以上	契約で定めた期間 （1年未満も可）
契約の更新	更新拒絶がなければ更新。貸主が更新を拒絶するには正当事由が必要	更新なし
契約方法	制限なし	書面（電磁的記録も可）
契約の終了	期間の定めがない契約の場合、貸主は正当事由をもって解約の申し出をすれば、その6カ月後に契約は終了。借主からの解約は、申し出から3カ月後に契約が終了	契約期間が1年以上の場合、貸主は期間終了の1年前～6カ月前の間に、借主に対して契約が終了する旨の通知をする（正当事由は不要）

過去問チャレンジ

借地借家法によれば、定期建物賃貸借契約（定期借家契約）では、貸主に正当の事由があると認められる場合でなければ、貸主は、借主からの契約の更新の請求を拒むことができないとされている。

[23年9月・学科]

✕ 定期借家契約には契約の更新がありません。「正当の事由があると認められる場合でなければ、借主からの契約の更新の請求を拒むことができない」のは普通借家契約の場合です。

2 区分所有法

区分所有法 ※は、分譲マンション等の集合住宅（区分所有建物）の、建物の使用や管理に関するルールを定めた法律です。

※正式名称「建物の区分所有等に関する法律」

区分所有権

区分所有建物には、各所有者（区分所有者）が専用で使用できる**専有部分**と、他の所有者等と共同で使用する**共用部分**があります。このうち、専有部分を所有する権利を**区分所有権**といいます。

●専有部分

区分所有権の対象となる部分

(例) マンションの一室（○○号室など）

●共用部分

建物における専有部分以外の部分

区分所有者全員の共有となり、持分は原則として専有部分の床面積の割合で決まります。共用部分は、法定共用部分と規約共用部分があります

・**法定共用部分**（構造上、共有で使うとされる部分）
　＝エントランス、階段、廊下、エレベーターなど

・**規約共用部分**（本来は専有部分だが、規約で共用部分とされた部分や附属建物部分）
　＝管理人室、集会所など

重要度 **A**

用語の意味

区分所有建物
1棟の建物の一部を独立して所有することができる建物で、所有者が専有する部分を持つ分譲マンションはその代表的なもの。

敷地利用権
<ruby>敷<rt>しき</rt>地<rt>ち</rt>利<rt>り</rt>用<rt>よう</rt>権<rt>けん</rt></ruby>

　専有部分を所有するための、敷地に関する権利を**敷地利用権**といい、原則は区分所有者で共有します。専有部分と敷地利用権は原則として分離して処分（売却など）することはできません。

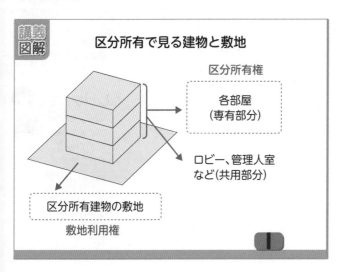

区分所有で見る建物と敷地

区分所有権

各部屋
（専有部分）

ロビー、管理人室
など（共用部分）

区分所有建物の敷地

敷地利用権

**レック先生の
ズバッと解説**

専有部分と敷地利用権を分離して処分することの具体例としては、マンションの部屋を売らずに、敷地利用権だけを売るといった行為です。

管理組合

　区分所有者は、区分所有建物やその敷地、附属施設の管理を行うための団体（管理組合）を構成します。区分所有者全員がその構成員となり、任意に脱退することはできません。

規約
<ruby>規<rt>き</rt>約<rt>やく</rt></ruby>

　区分所有法における**規約**とは、区分所有建物の管理などに関するルールのことです。管理者は少なくとも**毎年1回**は集会を招集しなければなりません。

　集会では、原則として区分所有者数と議決権（専有部分の床面積割合）により決議しますが、規約で別段の定めをすることができるものもあります。

用語の意味

管理者
区分所有建物における管理者とは、区分所有者全員の代表者。建物や敷地の管理等をする人で、通常は管理組合の理事長が就きます。

集会の決議

決議内容	必要な賛成数
一般的な事項（管理者の選任、共用部分の管理など）	区分所有者と議決権の各過半数※1
規約の設定、変更、廃止	区分所有者と議決権の各4分の3以上※2
建替え	区分所有者と議決権の各5分の4以上※2

※1 規約で別段の定めができる。
※2 規約で別段の定めはできない。

議決権だけで決定すると広い面積の部屋を専有する少数の区分所有者の意見が通ってしまいますが、区分所有者数の賛成も必要なので、頭数でも多数派の賛成が必要となります。

規約の設定、変更、廃止における必要な賛成数「4分の3以上」は、出題頻度の高い部分です。しっかり覚えましょう。

過去問チャレンジ

建物の区分所有等に関する法律（区分所有法）によれば、集会においては、区分所有者および議決権の各（　　　）以上の多数により、区分所有建物を取り壊し、その敷地上に新たに建物を建築する旨の決議（建替え決議）をすることができる。

1) 3分の2
2) 4分の3
3) 5分の4

［23年1月・学科］

3 建替えは、区分所有者および議決権の各5分の4以上の多数による決議が必要です。

3 都市計画法（としけいかくほう）　　重要度

都市計画法と都市計画区域

　都市計画法とは、計画を立てて住みよい街をつくるための法律です。そして、その計画は、まず区域を指定します。その区域を**都市計画区域**といいます。

　都市計画区域は、**市街化区域**と**市街化調整区域**（合わせて「線引き区域」といいます）と、非線引き区域に分けられます。

> **レック先生のズバッと解説**
> 「市街化区域」は、積極的に市街化を進める区域です。そのため、必ず「用途地域」を定めます。

用途地域の定め

　市街化区域には、建物の用途などを制限する13種類（住居系8種類、商業系2種類、工業系3種類）の**用途地域**が定められています。対して、**市街化調整区域**には、原則として用途地域の定めはありません。

> **レック先生のズバッと解説**
> 市街化調整区域は市街化のため準備を進めている区域と理解しがちですが、正しくは市街化を抑制、歯止めをかける区域。注意しましょう。

講義図解

都市計画区域とは

全国

　都市計画区域

　　［線引き区域］

　　　＜市街化区域＞
　　　・既に市街地となっている区域や、おおむね10年以内に優先的かつ計画的に市街化を図るべき区域
　　　・用途地域を定める

　　　＜市街化調整区域＞
　　　・市街化を抑制すべき区域（農林漁業などを守る区域）
　　　・原則、用途地域を定めない

　　［非線引き区域］
　　市街化区域、市街化調整区域の区分をしていない区域

　準都市計画区域
　未整備のままでは将来の街づくりに支障が出る可能性があるため定める区域

　その他の区域

用途地域の区分と該当地域の名称

住居系 （8地域）	➡ 住環境が優先される地域のイメージ
	〈該当地域〉 第一種低層住居専用地域、第二種低層住居専用地域、第一種中高層住居専用地域、第二種中高層住居専用地域、第一種住居地域、第二種住居地域、準住居地域、田園住居地域
商業系 （2地域）	➡ 商業等の利便を増進する地域のイメージ
	〈該当地域〉 近隣商業地域、商業地域
工業系 （3地域）	➡ 工業の利便を増進する地域のイメージ
	〈該当地域〉 準工業地域、工業地域、工業専用地域

自分の住んでいるエリアで
考えてみるとわかりやすいですね！

そうだね。
住宅地域に
突然工場できたら
困っちゃうし

民家の隣に
デパートができることも
ないしね

開発許可制度

　開発行為を行う場合、原則として事前に都道府県知事等
の許可が必要となります。ただし、その規模等に応じて不要
となるケースもあります。また、市街地再開発事業および土
地区画整理事業として行う開発行為も許可は不要です。

・条例による定めを除く

※1　三大都市圏の既成市街地等は500㎡以上等の定めあり。
※2　農林漁業用建築物や農林漁業従事者の居住用建物のための開発行為は
　　　許可が不要。

　開発許可を受けた開発区域内では、工事完了の公告があ
るまでは、原則として、建築物を建築することはできませ
ん。

ワンポイント

「開発行為」とは、建築
物や特定工作物（ゴ
ルフ場、遊園地など）
の建設目的での土地
の区画形質の変更を
いいます。主に建物
の建設の前段階とい
うことになります。

用語の意味

土地区画整理事業
道路や公園の新設、
宅地の形を整えるな
どの整備事業。

ワンポイント

試験では、都道府県
知事等の許可が必要
かどうかを問う設問
が多く見られます。
市街化区域での許可
の要否の基準となる
規模を中心にしっか
り覚えておきましょ
う。

都市計画法において、市街化調整区域は、市街化を抑制すべき区域とされている。
［22年5月・学科］

〇 市街化調整区域は街の発展を抑えていく区域であり、一方で市街化区域は街を発展させていく区域です。

---

4 建築基準法

重要度 **A**

建物を建築する際の敷地の接道、用途、構造などについて最低限度の基準を定めた法律が**建築基準法**です。

用途制限

建築基準法では、用途地域ごとに、建築できるものとできないものを具体的に定めています。これを**用途制限**といいます。

> **ワンポイント**
>
> 1つの敷地が複数の用途地域にまたがる場合、面積の大きい方の用途制限を受けます。

主な用途地域と用途制限

〇=建築できる 　 ✕=建築できない

	第一種低層住居専用地域	商業地域	工業地域	工業専用地域
住宅、老人ホーム、図書館	〇	〇	〇	✕
大学、病院	✕	〇	✕	✕
幼稚園、小学校、中学校、高等学校	〇	〇	✕	✕
神社、寺院、教会等、保育所等、診療所	〇	〇	〇	〇

※用途地域は実際には13種類ありますが、ここでは過去の出題を中心に抜粋しています。

> **レック先生のズバッと解説**
>
> 用途地域に対する用途制限は、似たようなものでも建築できたりできなかったりします。病院と診療所、大学と小学校〜高校、幼稚園と保育所など。覚える際は注意しましょう。

道路に関する制限
建築基準法上の道路

　建築基準法では、建物の日当たりの確保、通行の安全、災害時の救助活動などを想定し、建物の敷地が接する道路についても定義があります。

> ### 建築基準法上の「道路」とは
>
> ・幅員（道路幅）4m以上の道路
>
> ・4m未満の道は、建築基準法第42条第2項により道路とみなされるものもあり、これを「2項道路」という

4m以上あれば
2台の車が行き違い
できるから
これを基本としている…
と考えると
理解しやすいでしょ?

幅4m以上が「道路」で、
4m未満が「2項道路」か!

接道義務
<small>せつどうぎむ</small>

　建物の敷地は、原則として、建築基準法上の道路（原則、幅員4m以上）に2m以上接していなくてはなりません。これを**接道義務**といいます。

　また、幅員が4m未満（2項道路）の場合は、原則として、道路の中心線から2m手前に下がった線を道路との境界線とみなします。このときの敷地の後退を**セットバック**といい、セットバック部分は道路とみなされます。

セットバック部分には建物は建築できず、建蔽率や容積率の計算では、敷地面積に算入することもできません。

接道義務とセットバック

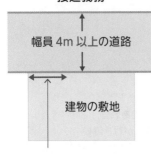

接道義務

幅員4m以上の道路

建物の敷地

2m以上
接していなければならない

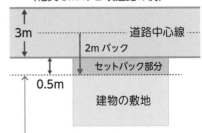

セットバック
（幅員3mの2項道路の例）

3m ………………………… 道路中心線 ……
2mバック
セットバック部分
0.5m
建物の敷地

このラインを道路と敷地の
境界線とみなす

敷地の反対側が、河川・崖・線路敷などの場合は、反対側の道路境界線から敷地側へ4mとった線を道路境界線（＝セットバックのライン）とみなします。

防災上などから、行政としては
道路幅を4m確保したい！
そのため足りない部分を
セットバックで補っているのです

過去問チャレンジ

都市計画区域内にある幅員4m未満の道で、建築基準法第42条第2項により道路とみなされるものについては、原則として、その中心線からの水平距離で（ ① ）後退した線がその道路の境界線とみなされ、当該境界線と道路の間の敷地部分は建蔽率や容積率を算定する際の敷地面積に算入（ ② ）。

1）① 2m 　② することができる
2）① 2m 　② することができない
3）① 4m 　② することができない

[24年1月・学科]

2 設問にある道路は、幅員4m未満の「2項道路」と呼ばれるものです。2項道路は、原則、道路の中心線から2m後退した線が道路と敷地の境界線とみなされます（＝セットバック）。セットバック部分は建蔽率や容積率を算定する際の敷地面積に算入することはできません。

けんぺいりつ
建蔽率

建蔽率とは

　建蔽率とは、敷地面積に対する**建築面積**の割合のことです。建蔽率は、用途地域ごとにその上限が決められており、これを**指定建蔽率**といいます。

計算式①建蔽率を求めるには

$$建蔽率（\%）= \frac{建築面積（㎡）}{敷地面積（㎡）} \times 100$$

計算式②建築面積の最高限度を求めるには

建築面積の最高限度（㎡）＝ 敷地面積（㎡）× 建蔽率（％）

※「敷地面積」はセットバック部分を除いた面積です。

建築面積とは
おおよそ1階の面積なんだね

建蔽率で見る敷地と建築面積

[例題]
指定建蔽率60％の地域で、敷地
面積200㎡の土地に建物を建て
る場合の建築面積の最高限度は？

[解答]
200㎡×60％＝120㎡

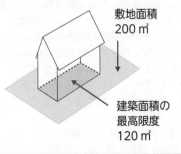

敷地面積
200㎡

建築面積の
最高限度
120㎡

過去問チャレンジ

下記の200㎡の土地に建築面積120㎡、延べ面積160㎡の2階建ての住宅を建築
した場合、当該建物の建蔽率は（　　）である。

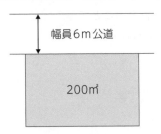

幅員6m公道

200㎡

1）　60％
2）　80％
3）100％

[23年9月・学科]

1　幅員6mの道路に面した土地ですから、セットバックの必要がなく、設問にあ
　る土地面積と建築面積の数値で建蔽率を割り出すことができます。建蔽率は
　120㎡÷200㎡×100＝60％となります。

指定建蔽率の緩和措置

指定建蔽率は以下の場合、緩和されます。

指定建蔽率の緩和措置

①防火地域・準防火地域内の緩和

A）建蔽率が80％ではない地域の**防火地域**内にある
耐火建築物等

B）準防火地域内にある耐火建築物等、準耐火建築物
等

→A・Bどちらかに該当すれば＋10％

②角地等の緩和

特定行政庁が指定する**角地等**の場合 → ＋10％

①②ともに満たせば＋20％となる

③建蔽率の制限が除外されるケース

指定建蔽率80％の地域内で、かつ、**防火地域**内にある
耐火建築物等は、建蔽率が100％になる。

用語の意味

「防火地域」「準防火地域」
防火地域は、駅前の建物密集地や幹線道路沿いなど、火災防止のため建築制限が厳しい地域のこと。防火地域は、準防火地域よりも規制が厳しい。

用語の意味

特定行政庁
都道府県知事、または建築主事（建築確認等を行う者）が置かれた市（区）町村では、当該市（区）町村の長（市長や町長など）のこと。

建蔽率が緩和される「角地等」とは

右の図は、建蔽率が緩和
される「角地等」のイ
メージです（特定行政庁
が指定した角地）。

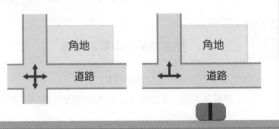

加重平均による建蔽率の上限の算出

　建築物の敷地が、指定建蔽率の異なる地域にわたる場合、
敷地全体の建蔽率は加重平均による計算で求めます。

加重平均を利用した建蔽率の計算例

例)
500㎡の敷地に、指定建蔽率の異なる
A部分とB部分がある場合

A部分	B部分
指定建蔽率／60% 敷地面積／300㎡	指定建蔽率／50% 敷地面積／200㎡

計算①建築面積の最高限度を求める

　A部分の建築面積の最高限度＝300㎡×60%＝180㎡
　B部分の建築面積の最高限度＝200㎡×50%＝100㎡
　敷地全体の建築面積の最高限度＝180㎡＋100㎡＝280㎡

計算②加重平均から建蔽率を求める

$$敷地全体の建蔽率 = \frac{建築面積の最高限度の合計}{敷地面積の合計} \times 100$$

$$= \frac{280㎡}{(300㎡ + 200㎡)} \times 100 = 56\%$$

容積率
（ようせきりつ）

容積率とは

　容積率とは、敷地面積に対する延べ面積の割合のことです。容積率は、用途地域ごとにその上限が決められており、これを**指定容積率**といいます。

<容積率の計算式>

$$容積率（\%）= \frac{延べ面積（㎡）}{敷地面積（㎡）} \times 100$$

延べ面積の最高限度（㎡）＝
敷地面積（㎡）× 指定容積率（%）

※「敷地面積」はセットバック部分を除いた面積です。

容積率は制限される
点が重要です。

延べ面積の最高限度の計算例

例）
指定容積率が150%の地域で、敷地面積250㎡の土地に建物を建てる場合の延べ面積の最高限度は？

延べ面積の最高限度＝
敷地面積250㎡ × 指定容積率150%
＝375㎡

3F 125㎡
2F 125㎡
1F 125㎡
敷地面積 250㎡

前面道路の幅員による容積率の制限

敷地と接する前面道路の幅員が12m未満である場合、以下の①か②のいずれか**低い方**が、容積率の上限となります。

① 都市計画で定められた指定容積率
② 前面道路の幅員（m）×法定乗数

> ここでの
> 「前面道路の幅員」には、
> 2項道路のセットバック
> 部分も道路とみなします。

法定乗数（原則）

住居系用途地域 $\dfrac{4}{10}$	その他の用途地域 $\dfrac{6}{10}$

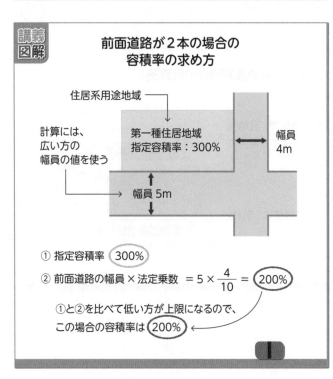

講義図解

前面道路が2本の場合の容積率の求め方

住居系用途地域 ——

第一種住居地域
指定容積率：300%

幅員
4m

計算には、
広い方の
幅員の値を使う

幅員 5m

① 指定容積率 （300%）
② 前面道路の幅員 × 法定乗数 $= 5 \times \dfrac{4}{10} =$ （200%）

①と②を比べて低い方が上限になるので、
この場合の容積率は （200%）

加重平均による容積率の上限の算出

建築物の敷地が、指定容積率の異なる地域にわたる場合、敷地全体の容積率の上限は、建蔽率と同様に、加重平均によって求めます。

防火規制

火災による被害から守るために指定される地域として**防火地域**、**準防火地域**があります。

建築物が、防火規制の異なる地域にわたる場合は、原則として、**厳しい方の規制**（準防火地域よりも防火地域の方が厳しい）が**敷地全体**に適用されます。

「規制が異なる地域にわたる」場合のおさらい

用途制限	敷地の過半を占める方の用途制限が適用される → 過半主義
建蔽率・容積率	それぞれの敷地面積と建蔽率・容積率をもとに加重平均して求めた率が適用される → 加重平均
防火規制	原則、厳しい方の規制が適用される

過去問チャレンジ

建築基準法において、建築物が防火地域および準防火地域にわたる場合、原則として、その全部について防火地域内の建築物に関する規定が適用される。
［22年9月・学科］

○ 建築物が防火規制の異なる地域にわたる場合、原則として、その建物すべてについて厳しい方の規制を適用します。

建築物の高さ制限

●絶対高さ制限

第一種低層住居専用地域、第二種低層住居専用地域、田園住居地域の3つの用途地域内で規定されている建築物の高さの上限を**絶対高さ制限**（または**高さ制限**）といいます。その高さは、都市計画により、原則、10mまたは12mのいずれかが設定されています。

●日影規制
<ruby>日影規制<rt>にちえい きせい</rt></ruby>

住宅の日照を確保するための高さ制限を日影規制といいます。住居系用途地域（8地域）、近隣商業地域、準工業地域の用途地域内では、条例により中高層の建築物に一定の高さ制限が設定されることがあります。

●斜線制限
<ruby>斜線制限<rt>しゃせんせいげん</rt></ruby>

斜線制限とは、建築物の高さが、隣地や道路の反対側の境界線上から一定の斜線を引いた線の内側におさまるよう制限する規定です。その目的や適用地域によって、**北側斜線制限**、**隣地斜線制限**、**道路斜線制限**の3つがあります。

ワンポイント

絶対高さ制限は、よい住環境を維持することが目的です。制限のある用途地域内では、容積率に関係なく、設定されている高さを超える建築物を建てることはできません。

レック先生のズバッと解説

日影規制は、商業地域、工業地域、工業専用地域は、原則、規制対象区域外。

この3つは、日照条件を良くしたり、空間を確保するための規制ですよ

3つの斜線制限の目的と適用地域

斜線制限	制限の目的	適用となる用途地域
北側斜線制限	住宅地における日当たりの確保	第一種・第二種低層住居専用地域、第一種・第二種中高層住居専用地域（日影規制対象区域を除く）、田園住居地域
隣地斜線制限	隣地との空間確保	低層の住居地域（第一種・第二種低層住居専用地域、田園住居地域）以外の用途地域、用途地域の指定がない区域
道路斜線制限	道路とその上空との空間の確保	すべての地域

5 農地法　　　　重要度 Ⓒ

　農地法とは、農地や農業従事者を保護することを目的として、農地や採草放牧地の売買、転用等を規制する法律です。

　農地に該当するかどうかは、**地目**（登記に記載されている土地の区分）ではなく、**現況**（現状が農地かどうか）で判断します。

> **用語の意味** ✎
>
> **農業委員会**
> 市区町村に設置される行政委員会。農地の維持、管理、調査、利用の推進などを、農業従事者の代表機関として行います。

農地法の主な条項と内容

	内容	許可をする者	市街化区域内の特例
第3条「権利の移動の制限」	農地をそのまま売買などをすること	農業委員会	適用なし
第4条「転用の制限」	農地を農地以外のもの（宅地など）に転用すること	都道府県知事等	市街化区域内の農地は、あらかじめ**農業委員会への届出**を行えば、許可は不要
第5条「転用目的での権利移動の制限」	農地を宅地等にする目的で売買などをすること		

4 不動産の税金

不動産には、様々な税金が課されます。
どういう状況でどのような税金が発生するのでしょうか。
また、非課税となるものや特例についても
出題されやすいので、しっかりマスターしていきましょう。

1 不動産と税金 重要度 C

　不動産は、「**取得**」「**保有**」「**譲渡**」「**賃貸**」の４つの状況において、それぞれに税金がかかります。

不動産にかかる税金

状況	税金
取得時	不動産取得税、登録免許税、消費税、印紙税
保有時	固定資産税、都市計画税
譲渡時	所得税（譲渡所得）、住民税
賃貸時	所得税（不動産所得）、住民税

課税の時期で
それぞれ違うんだね

2 不動産取得税 （ふどうさんしゅとくぜい）

不動産取得税とは

土地、建物等を取得（購入、受贈など）した者に対して、登記の有無に関わらず**都道府県**が課税する税金です。ただし、非課税の場合もあります。

不動産取得税の
「課税される場合」と「非課税の場合」

●課税される場合

・購入、贈与、交換、建築（新築、増改築）による取得

●非課税の場合

・相続による取得
・法人の合併や一定の分割による取得

ワンポイント

不動産取得税は増改築や贈与も課税対象となりますが、相続による取得は対象外です。間違いやすいので注意しましょう。

＜税額の計算式＞

税額＝固定資産税評価額（課税標準）×税率3％（本則4％）

不動産取得税の税率は、本則では4％です。ただし、2027年3月31日までの特例措置として、土地や住宅を取得した場合は3％に軽減されます。住宅以外の建物の取得は、本則の4％が適用されます。

課税標準の各種特例

　一定の条件を満たす住宅（特例適用住宅）には、課税標準（固定資産税評価額）に「**住宅の課税標準の特例**」があります。また、宅地には「**宅地等の課税標準の特例**」と「**住宅用地の税額軽減の特例**」があります。

住宅の取得に係る特例

住宅の課税標準の特例

●特例内容

	特例の控除額	主な適用要件
新築住宅 （自宅・貸家）	1,200万円※	床面積が50㎡以上（賃貸住宅は40㎡以上）240㎡以下
中古住宅 （自宅のみ）	築年数に応じて控除額は異なる	床面積が50㎡以上240㎡以下 新耐震基準に適合している、 など

※認定長期優良住宅は、1,300万円を控除できる（適用期間は2026年3月31日取得分まで）。

●税額の計算式

＜新築住宅（一般住宅）の場合＞
　税額 ＝（固定資産税評価額 － 1,200万円）× 3％

＜中古住宅の場合＞
　税額 ＝（固定資産税評価額 － 控除額）× 3％

宅地の取得に係る特例

宅地等の課税標準の特例

●特例内容
宅地等の固定資産税評価額が2分の1に引き下げられる※

●税額の計算式
税額 = 固定資産税評価額 × $\frac{1}{2}$ × 3%

※2027年3月31日までの特例措置。

住宅用地の税額軽減の特例

●特例内容
土地を取得後に一定の住宅を取得した場合、土地にかかる不動産取得税が軽減される

●税額の計算式
税額 = 固定資産税評価額 × $\frac{1}{2}$ × 3% − 控除額

↓

下記①②のどちらか高い方の額

① 45,000円

② 土地1㎡当たりの価格 × $\frac{1}{2}$ ×
住宅の床面積の2倍（200㎡が上限）× 3%

レック先生の
スパッと解説

「住宅の課税標準の特例」は建物に対するものですから、例えば土地とともに新たに取得した住宅であれば、「住宅の課税標準の特例」「住宅用地の税額軽減の特例」との併用が可能です。

過去問チャレンジ

不動産取得税は、相続人が不動産を相続により取得した場合には課されない。
[22年1月・学科]

○ 不動産取得税は、贈与による取得には課されますが、相続による取得には課されません。

登録免許税とは、土地や建物に関する権利等を法務局に登記するときにかかる税金（国税）です。ただし、**表題登記**（<ruby>表<rt>ひょうだいとう</rt></ruby>題部の登記）には課税されません。

<税額の計算式>

税額 ＝ 固定資産税評価額※ × 税率
※抵当権設定登記のときは債権金額

<ruby>不動産取得税<rt>ふどうさんしゅとくぜい</rt></ruby>と<ruby>登録免許税<rt>とうろくめんきょぜい</rt></ruby>の課税の有無

	不動産取得税	登録免許税
相続による取得	非課税	課税（原則）
贈与による取得	課税	課税
法人の合併による取得	非課税	課税

消費税は商品の購入やサービス提供に課される税金ですが、不動産の取引においては、課税される取引と課税されない取引があります。原則、**土地の譲渡・貸し付けは非課税**（<ruby><rt>ひ か ぜい</rt></ruby>）になります。

消費税の課税取引と非課税取引

課税取引	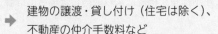	建物の譲渡・貸し付け（住宅は除く）、不動産の仲介手数料など
非課税取引		土地の譲渡・貸し付け※、住宅貸し付け※など

※1カ月未満の貸し付けは課税取引となる

5 印紙税

重要度 C

印紙税とは、売買契約書など課税対象となる文書に課される**国税**です。契約書等に印紙を貼り、消印することで納付します。

印紙税額は、課税文書に記載された金額に応じて異なります。金額の記載がない場合でも、一律200円の印紙税がかかります。

> 契約書に印紙の貼付・消印がなくても、契約自体は有効ですが、過怠税が課されます
>
> 売買契約書を電子化することで印紙税は課されません

印紙ってあの、切手みたいなヤツね

6 固定資産税

重要度 B

固定資産税とは

不動産の保有時にかかる税金で、不動産のある**市町村**が課税する地方税です（東京23区では、都が課税）。納税義務者は、**1月1日**時点で**固定資産課税台帳**に所有者として登録されている者です。

> ＜税額の計算式＞
>
> 税額 ＝ 課税標準（固定資産税評価額） × 1.4％（標準税率）

ナビゲーション

年の途中で不動産を売却や取り壊しをしても、1月1日時点で固定資産課税台帳に登録されていれば、その年の固定資産税は全額払う義務があります。ただし、売買における実務上は売主と買主で所有期間に応じて日割り精算することが慣例となっています。

固定資産税の納期

原則として、毎年4月、7月、12月、翌年2月の年4回での**分割納付**のほか、一括で**全額納付**することも可能です。また、固定資産税は都市計画税と合わせて納付します。

ワンポイント

固定資産税の標準税率1.4％は、市町村等の条例により変更が可能です。

住宅用地と新築住宅の特例

　住宅用地には、課税標準（固定資産税評価額）を引き下げる特例があります。また、**新築住宅**については税額の減額措置があります。

ワンポイント

住宅用地の課税標準の特例

小規模住宅用地（200㎡以下の部分）

課税標準＝固定資産税評価額 $\times \dfrac{1}{6}$

一般住宅用地（200㎡超の部分）

課税標準＝固定資産税評価額 $\times \dfrac{1}{3}$

新築住宅の税額の減額措置

新築住宅を取得した場合、一定の要件（床面積が**50㎡以上280㎡以下**の住宅など）を満たせば、一定の期間（下表）、床面積**120㎡**までの部分について**税額が2分の1**に減額されます。ただし、この措置は2026年3月31日までに新築された住宅に対して適用されます。

新築住宅の税額の減額期間

住宅	減額期間
新築一戸建て	税額が**3年間** （認定長期優良住宅は**5年間**）
新築マンション等※	税額が**5年間** （認定長期優良住宅は**7年間**）

※地上3階建て以上の耐火構造または準耐火構造の中高層住宅

ワンポイント

「新築住宅の税額の減額措置」は、税額（課税標準×税率1.4%）そのものが2分の1になります。課税標準が減る「住宅用地の課税標準の特例」とはそこが大きく異なります。

7 都市計画税

重要度

都市計画税とは

都市計画税とは、公園や道路等の都市計画事業の費用に充てるため、市町村が課税する地方税です（東京23区では、都が課税）。納税義務者は原則、1月1日時点の**市街化区域内**の土地・家屋の所有者で、固定資産税と合わせて納付します。

＜税額の計算式＞

税額 ＝ 課税標準
（固定資産税評価額） ×0.3%（**制限税率**）

住宅用地の特例

住宅用地には、課税標準（固定資産税評価額）を引き下げる特例があります。

住宅用地の課税標準の特例

小規模住宅用地（200㎡以下の部分）

課税標準＝固定資産税評価額 × $\dfrac{1}{3}$

一般住宅用地（200㎡超の部分）

課税標準＝固定資産税評価額 × $\dfrac{2}{3}$

④ 不動産の税金

用語の意味

制限税率
地方税における制限税率とは、市町村等が課税することのできる税率の上限。一方、固定資産税で用いられる「標準税率」は、通常用いる税率で、引き上げが可能です。

ワンポイント

「住宅用地の課税標準の特例」は、固定資産税にも同様の特例がありますが、減額の割合が異なります。混同しないよう、整理しておきましょう。

8 不動産譲渡時の税金

譲渡所得
じょうとしょとく

　土地、建物等を譲渡（売却）して得た収入は**譲渡所得**となり、**所得税**、**住民税**が課税されます。この場合の譲渡所得は、他の所得とは区分される、**分離課税**の対象となります。

＜譲渡所得の計算式＞

譲渡所得の金額 ＝ 譲渡収入金額 －（取得費＋譲渡費用）

譲渡収入金額	➡	譲渡した価額
取得費	➡	取得時の購入代金、購入時の仲介手数料、登録免許税、不動産取得税、設備費、改良費など
譲渡費用	➡	譲渡時の仲介手数料、賃借人への立退料、印紙税、建物の取り壊し費用など

ワンポイント

譲渡所得の計算における取得費には、固定資産税と都市計画税は含まれません。不動産の取得ではなく、維持・管理が目的の費用とされるためです。

様々なケースにおける取得費

譲渡所得の計算における取得費には様々なケースがあります。

取得費が不明な場合

概算取得費として「譲渡収入金額×5%」を取得費とすることができます。また、実際の取得費と比較して、多い方を選択できます

相続や贈与によって取得した場合

被相続人（亡くなられた方）や贈与者の取得費等（購入代金等）を引き継ぎます

相続した不動産を譲渡した場合

相続開始の翌日から相続税の申告期限の翌日以後3年以内に譲渡すると、支払った相続税のうち一定金額を取得費に加算できます（相続税の取得費加算）

建物などの取得費

建物は劣化するため、減価償却した後の金額になります

過去問チャレンジ

個人が土地を譲渡したことによる譲渡所得の金額の計算において、譲渡した土地の取得費が不明である場合、譲渡収入金額の（　　　）相当額を取得費とすることができる。

1) 5%
2) 10%
3) 15%

［21年5月・学科］

1 取得費が不明な場合は概算取得費として、譲渡収入金額の5%相当額を取得費とすることができます。

長期譲渡所得と短期譲渡所得

　不動産の譲渡所得は、譲渡した年の1月1日時点までの所有期間によって**長期譲渡所得**と**短期譲渡所得**に分かれ、税率が異なります。

　相続・贈与等により取得した場合、被相続人や贈与者の取得日を引き継ぎます。

譲渡所得の所有期間と税率

	所有期間※	税率
長期 譲渡所得	5年超	**20.315%**（所得税15％、復興特別所得税0.315％、住民税5％）
短期 譲渡所得	5年以下	**39.63%**（所得税30％、復興特別所得税0.63％、住民税9％）

※譲渡した年の1月1日までの期間

レック先生のズバッと解説

相続や贈与による取得日の引き継ぎは、例えば父親が4年前に取得した土地を受贈し、その2年後に譲渡した場合、受贈者（贈与を受けた人）の所有期間は6年間となります。

過去問チャレンジ

所得税の計算において、個人が土地を譲渡したことによる譲渡所得が長期譲渡所得に区分されるためには、土地を譲渡した年の1月1日における所有期間が（　　　）を超えていなければならない。

1) 5年
2) 10年
3) 20年

[23年1月・学科]

1　譲渡所得の計算における長期譲渡か短期譲渡かの判別は、譲渡した年の1月1日時点の所有期間が5年以下（短期）か超（長期）かによります。

譲渡した年の1月1日時点で「何年所有したか」を計算する！

9 居住用財産の譲渡に係る特例

<ruby>居住用財産<rt>きょじゅうようざいさん</rt></ruby>

重要度

居住用財産の譲渡に係る特例とは

居住用財産を譲渡した場合、一定の要件を満たすことで、各種の特例（税制上の優遇措置）を受けることができます。大別すると「**<ruby>譲渡益<rt>じょうとえき</rt></ruby>**が生じた場合」と「**<ruby>譲渡損失<rt>じょうとそんしつ</rt></ruby>**が生じた場合」です。

譲渡益が生じた場合の特例

居住用財産を譲渡して利益が出た場合、一定の要件を満たせば、税制上の特例が適用されます。特例は以下の3つです。

---

① 居住用財産の3,000万円の特別控除

---

② 居住用財産の軽減税率の特例

---

③ 特定の居住用財産の買換えの特例

3つの特例に共通する要件

・譲渡先が配偶者や親子など特別な関係者※ではないこと

・居住しなくなってから売るときは、居住しなくなった日から3年経過後の12月31日までに譲渡していること

・前年、前々年に居住用財産の譲渡の特例を受けていないこと

※特別な関係者には、配偶者や親子のほか、生計を一にする親族、内縁関係にある人、特殊な関係にある法人なども含まれます。

用語の意味

居住用財産
継続して生活のために利用している住宅家屋とその敷地のことです。一時的に入居した住宅や保養目的の別荘は該当しません。

④ 不動産の税金

①居住用財産の3,000万円の特別控除

　居住用財産を譲渡して得た譲渡所得から最高3,000万円を控除できます。居住用財産の所有期間の長短は問いません。この特例で譲渡所得金額が「0」になっても、確定申告は必要です。また、②「居住用財産の軽減税率の特例」との併用が可能です。

ワンポイント

居住用財産を複数人で共有している場合は、1人につき最高3,000万円控除することができます。

＜課税譲渡所得金額の計算式（所得控除は考慮しない）＞

　課税譲渡所得金額 ＝ 譲渡収入金額－（取得費＋譲渡費用）－3,000万円

過去問チャレンジ

「居住用財産を譲渡した場合の3,000万円の特別控除」は、自己が居住していた家屋を配偶者や子に譲渡した場合には、適用を受けることができない。

[22年9月・学科]

○　3,000万円の特別控除は、譲渡先が配偶者や子など特別な関係者である場合には、適用を受けることができません。

②居住用財産の軽減税率（けいげんぜいりつ）の特例

　譲渡した年の1月1日時点の所有期間が10年超の居住用財産を譲渡した場合、①の特別控除3,000万円を控除した後の金額のうち、6,000万円以下の部分について軽減税率が適用されます。また、この特例を受けるためには確定申告が必要となります。

「居住用財産の軽減税率の特例」の軽減内容

課税譲渡所得金額	所得税率	住民税率
6,000万円以下の部分 （軽減税率適用部分）	10％（復興特別所得税を含むと10.21％）	4％
6,000万円を超える部分 （軽減なし）	15％（復興特別所得税を含むと15.315％）	5％

③特定の居住用財産の買換えの特例

　譲渡した年の1月1日時点の**所有期間が10年超**で、居住期間が10年以上等の要件にあてはまる居住用財産を譲渡（譲渡対価は1億円以下）し、新たな居住用財産（床面積50㎡以上、敷地500㎡以下等の要件あり）を購入（買換え）した場合、譲渡益に対する課税を繰り延べることができます。繰り延べることができる金額は、以下の（a）と（b）で異なります。

　なお、先の**特例①②との併用は不可**です。また、この特例で譲渡所得金額が「0」になっても、確定申告は必要です。

レック先生のズバッと解説

①居住用財産の3,000万円の特別控除、②居住用財産の軽減税率の特例、③特定の居住用財産の買換えの特例、それぞれの併用についての出題頻度はとても高いのでしっかり覚えましょう。①②は併用可能、③は①②との併用は不可です。

（a）　譲渡価額　　　　　 ≦　買換資産の価額
　　　（旧居住用財産）　　　　（新居住用財産）の場合

　➡ 譲渡はなかったものとし、課税を繰り延べられます。

（b）　譲渡価額　　　　　 ＞　買換資産の価額
　　　（旧居住用財産）　　　　（新居住用財産）の場合

　➡ 譲渡価額に対する、譲渡価額と買換資産との差額の割合を、譲渡益に乗じて譲渡所得を求めます。譲渡所得と譲渡益の差額が、課税繰り延べとなります。

④ 不動産の税金

（a）の場合の税金の「繰り延べ」の考え方

例えば1,000万円で購入した自宅を5,000万円で売却した場合、通常は4,000万円の譲渡益が課税対象となります。しかし、7,000万円の自宅に買換えて特例を受けた場合は、売却した年の課税とはならず、買換えた自宅を将来売却するとき（図では8,000万円で売却）まで、その譲渡益の課税分を繰り延べることができます。

この例では、将来の売却時に、そのときの譲渡益1,000万円に、繰り延べされた譲渡益4,000万円が加算されて、計5,000万円が譲渡益として課税されることになります。

繰り延べの考え方

※減価償却は考慮していません。

出典：国税庁HP

[22年5月・学科]

個人が自宅の土地および建物を譲渡し、「居住用財産を譲渡した場合の長期譲渡所得の課税の特例」（軽減税率の特例）の適用を受けた場合、当該譲渡に係る課税長期譲渡所得金額のうち、（ ① ）以下の部分については、所得税および復興特別所得税（ ② ）、住民税4％の税率で課税される。

1) ① 6,000万円　　② 10.21％
2) ① 1億円　　　　② 10.21％
3) ① 1億円　　　　② 15.315％

1 軽減税率の特例は、課税長期譲渡所得金額のうち6,000万円以下の部分について税率が軽減され、所得税および復興特別所得税が10.21％（所得税10％＋復興特別所得税0.21％）、住民税は4％に軽減されます。

譲渡損失が生じた場合の特例

　居住用財産を譲渡した際に譲渡損失（取得費＋譲渡費用が譲渡収入金額を上回る）が生じた場合、一定要件を満たせば、他の所得と**損益通算**および**繰越控除**をすることができます。

　特例は「**買換えた場合**」と「**住宅ローンの残高がある場合**」の2つがあります。また、どちらも確定申告が必要です。

特例の要件

・譲渡した年の1月1日時点の所有期間が**5年超**の居住用財産

・繰越控除は合計所得金額が**3,000万円以下**の年に限る

ワンポイント

譲渡所得のうち、土地・建物の譲渡損失は損益通算することができません。ただし、例外として、一定の要件を満たす居住用財産については、給与所得などと損益通算することができます。

譲渡で損失が出たときの助けになる措置ですね

377

居住用財産の買換え等による譲渡損失の特例

　居住用財産の譲渡で**譲渡損失**が生じた場合、買換え等のため償還期間**10年以上**の住宅ローンを利用して、床面積50㎡以上の居住用財産を購入した場合、譲渡損失とその年の他の所得金額とを**損益通算**することができます。それでも控除しきれない損失は、翌年以降**3年間**にわたり、他の所得から**繰越控除**をすることができます。

特定居住用財産の譲渡損失の特例

　住宅ローンの残高があるなどの居住用財産を譲渡して譲渡損失が発生した場合、買換えをしなくても譲渡損失とその年の他の所得金額との**損益通算**をすることができます。それでも控除しきれない損失は、翌年以降**3年間**にわたり、他の所得から**繰越控除**をすることができます。

　損益通算が認められる金額は、(a) 住宅ローン残高－譲渡収入金額、(b) 譲渡損失の金額、のいずれか**少ない金額**となります。

カンタンにいうと
買い換えで損失が出ちゃったー！
まだ前の家のローンが残ってるー！
というときに使える
特例ということね

長い名前の特例だねえ…

特定居住用財産の 譲渡損失の損益通算の特例の計算例

例) 当初、5,000万円の住宅ローンを利用して住宅を購入。その後、取得費・譲渡費用が6,000万円のときに2,000万円で売却した時点で住宅ローン残高が3,000万円ある場合

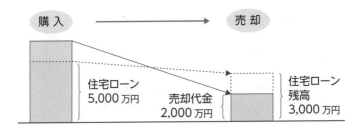

(a) 住宅ローン残高－譲渡収入金額＝3,000万円－2,000万円
　　　　　　　　　　　　　　　　　＝1,000万円

(b) 譲渡損失の金額＝2,000万円－6,000万円
　　　　　　　　　　＝△4,000万円（4,000万円の損失）

(c) 4,000万円＞1,000万円なので、**1,000万円**が損益通算できる金額

空き家に係る譲渡所得の特別控除

　被相続人の居住用であった一定の家屋（空き家）およびその敷地を相続・遺贈により取得して、一定期間内に譲渡した場合、譲渡所得の金額から最高**3,000万円**※を控除できます。この特別控除の利用には確定申告が必要です。

※2024年1月1日以後の譲渡で、被相続人の居住用家屋およびその敷地等を取得した相続人が3人以上の場合は2,000万円となります。

＜特別控除適用後の課税譲渡所得金額の計算式＞
課税譲渡所得金額 ＝ 譲渡収入金額 －（取得費 ＋ 譲渡費用）－ 最高3,000万円

〈主な適用要件〉

- 相続開始日から**3年**を経過する年の12月31日までに譲渡していること

- 譲渡対価の額が**1億円**以下であること

- 2027年12月31日までに譲渡していること

- 相続開始直前まで被相続人以外に居住をした人がおらず、その後に空き家となっていること。ただし、要介護認定等を伴う老人ホームへの入所等により、相続開始直前に被相続人が居住していなかった場合でも適用される

- 1981年5月31日以前に建築された家屋であること

- 区分所有建物として登記された建物ではないこと

- 新耐震基準に適合するリフォーム、または家屋を取り壊し等をして譲渡していること。なお、2024年1月1日以後は、譲渡から翌年の確定申告開始前までに上記要件を満たしても適用可

過去問チャレンジ

個人が相続により取得した被相続人の居住用家屋およびその敷地を譲渡し、「被相続人の居住用財産（空き家）に係る譲渡所得の特別控除の特例」の適用を受けるためには、譲渡資産の譲渡対価の額が6,000万円以下であることなどの要件を満たす必要がある。

[23年5月・学科]

✕　同特例の適用を受けるには、譲渡対価の額が1億円以下でなくてはなりません。

「空き家に係る
譲渡所得の特別控除」は、
今、社会問題になりつつある
空き家の発生を抑制するための
措置なんですよ

だから控除額も
最高3,000万円と、
大きいんですね！

5 不動産の有効活用と投資分析

不動産は「住む」だけではなく、建物を賃貸したり、土地を貸して地代を得るなど、「お金」を生む資産でもあります。ここでは、そういった不動産の有効活用の方法を、所有者側から学びます。

1 土地の有効活用

重要度 A

土地の所有者が土地を**有効活用**する、つまり収入を得る方法には様々なものがあり、以下がその代表的な方法です。

自己建設方式 ➡ 自分で行う

内容	土地所有者が土地を保有したまま建物を建設し、賃貸業を行う。企画、資金調達（借入れなど）から管理、運営まで自分で行う
メリット	外部委託等のコストが抑えられ、収益性が高い
デメリット	自分で行うため手間、時間がかかる 専門知識が必要

事業受託方式 ➡ 業者に任せる

内容	土地所有者が土地を保有したまま、土地活用のすべてをデベロッパー（開発業者）に任せて、賃貸業を行う
メリット	専門知識が不要。土地所有者の業務負担が少ない
デメリット	資金は土地所有者が負担。デベロッパーに報酬を支払う分、収益性は下がる

土地信託方式 ➡ 信託銀行に任せて配当を受け取る
<small>とち しんたくほうしき</small>

内容	信託銀行に土地を信託し、信託銀行が資金調達から建物の建設、運営などの賃貸事業を行う。土地所有者には、運用実績に応じて**信託配当金**が支払われる。信託期間中は**土地の名義や建物は信託銀行に移る**が、信託終了後、土地所有者に戻る
メリット	専門知識が不要。手元資金が不要
デメリット	実績に応じた信託報酬のため、収入が保証されていない

等価交換方式 ➡ 土地を譲渡し、建物を受け取る
<small>とうか こうかんほうしき</small>

内容	土地所有者は土地を拠出（出資）し、デベロッパー等が建物を建設する。土地建物は、それぞれの出資比率に応じて所有する。つまり、土地と建物を等価で交換する手法。その方式には「**全部譲渡方式**」と「**部分譲渡方式**」の2つがある。これにより、交換で受けた建物部分を賃貸するなどして収益を得られる
メリット	借入れ等の資金負担がない
デメリット	デベロッパーと土地の共有や建物の区分所有をする

> 等価交換方式の出資割合は、土地所有者は土地の価格分、デベロッパーは建築費となります。つまり、土地所有者は出資するかわりに、土地を譲渡（売却）するため、新たな資金負担はありません。

定期借地権方式 ➡ 一定期間土地を貸す
<small>ていき しゃくち けんほうしき</small>

内容	土地所有者が定期借地権を設定して貸し付けて借地代を受け取る。建築は借地権者が行い、建物の所有権も借地権者が有する
メリット	土地所有者は変わらず **建設資金の負担がなく、一定期間にわたり収益が見込める**
デメリット	契約期間が比較的長期にわたるため、その間の土地の転用等が難しくなる

建設協力金方式 ➡ 入居予定のテナントが出資する

内容	店舗等を建てたいテナントから、店舗等の建設資金を建設協力金（保証金）として預かり、その資金で土地所有者が自分名義で店舗等を建てる。テナントからは建設協力金を差し引いた額の賃料を受け取る
メリット	テナント入居による家賃収入が見込める。土地と建物の所有者が同じため、相続税の計算上、土地は貸家建付地とし、建物は貸家、建設協力金は債務控除の対象
デメリット	テナントが退居した後の汎用性が低い

過去問チャレンジ

土地の有効活用方式のうち、一般に、土地所有者が土地の全部または一部を拠出し、デベロッパーが建設資金を負担してマンション等を建設し、それぞれの出資比率に応じて土地や建物に係る権利を取得する方式を、建設協力金方式という。

[22年9月・学科]

✕ 本問いは、建設協力金方式ではなく等価交換方式の説明をしています。

2 不動産投資の収益性

重要度 **A**

　賃貸住宅経営などの不動産投資を行うとき、採算が取れるかどうかを判断、検討する必要があります。その代表的な指標として**投資利回り**があります。

　投資利回りは、投資額に対する収入の割合のことで、不動産投資の収益性を計る指標となります。その計算方法として、次の2つがあります。

表面利回り（単純利回り）

計算は簡単ですが、純利回りに比べ正確性は劣ります。

<計算式>
$$表面利回り（\%）= \frac{年間収入合計}{投資総額} \times 100$$

純利回り（NOI利回り・実質利回り）

諸費用を考慮するため、表面利回りよりも正確性が高くなります。

<計算式>
$$純利回り（\%）= \frac{年間収入合計 - 年間費用合計}{投資総額} \times 100$$

賃貸住宅で考えると

年間収入合計	年間の家賃収入等の合計額
投資総額	賃貸物件を得るためにかかった費用（自己資金＋借入金）
年間費用合計	火災保険料、修繕費、管理委託費など

用語の意味

NOI利回り
純利回り、または実質利回りのこと。「NOI」は「Net Operating Income」の略です。

ワンポイント

不動産投資の収益性を表す利回りは計算問題でよく出題されます。特に純利回り（＝実質利回り、NOI利回り）を求める問題は出題頻度が高いので、計算式はしっかり覚えましょう。

過去問チャレンジ

投資総額5,000万円で購入した賃貸用不動産の年間収入の合計額が270万円、年間費用の合計額が110万円である場合、この投資の純利回り（NOI利回り）は、（　　）である。

1）2.2％
2）3.2％
3）5.4％

[23年9月・学科]

2 純利回りの計算式で、分子は年間収入の合計額から年間費用の合計額を差し引いて計算するため、（270万円（年間収入合計）－110万円（年間費用合計））／5,000万円（投資総額）×100＝3.2％となります。

ステップアップ講座

2級学科試験の4肢のうち1～2つは
3級の学習で絞り込みができます。
残る2～3つの肢が2級の学習ポイントです。

Q1 | 借地借家法 (21年9月・学科 (改))

借地借家法上、定期建物賃貸借契約（定期借家契約）を締結するためには、建物の賃貸人は、あらかじめ、建物の賃借人に対し、建物の賃貸借は契約の更新がなく、期間の満了により当該建物の賃貸借は終了することについて、その旨を記載した書面（賃借人の承諾がある場合の電磁的記録を含む）を交付して説明しなければならない。

正解：適切

なお、設問の賃借人に対する説明は、あらかじめ「契約書とは別の書面（賃借人の承諾がある場合の電磁的記録を含む）」で事前説明することが義務づけられています。

参考 書面契約要件

<借地>
　一般定期借地権：書面で契約することが要件（電磁的記録も可）
　事業用定期借地権等：公正証書で契約することが要件
　建物譲渡特約付借地権：書面契約要件なし
　普通借地権：書面契約要件なし
<借家>
　定期借家契約：書面で契約することが要件（電磁的記録も可）
　普通借家契約：書面契約要件なし

借地借家法

借地借家法の規定では、定期建物賃貸借契約（定期借家契約）におい
て、貸主に正当の事由があると認められる場合でなければ、貸主は、借
主からの契約の更新の請求を拒むことができないとされている。

正解：不適切

定期借家契約は更新という概念はなく、契約が終了すれば、そのまま終了します。
なお、再契約することはできます。
一方、普通借家契約は、存続期間が満了したとき、借主は終了を選択することも、
正当事由なく更新を申し入れることも自由にできます。一方、貸主は正当事由がな
ければ更新を拒絶できません。

Q3 建築基準法 （21年5月・学科）

建築基準法において、建築物の敷地が2つの異なる用途地域にわたる
場合、その全部について、敷地の過半の属する用途地域の建築物の用
途に関する規定が適用される。

正解：適切

用途地域では、広い方の制限が適用されます。

参考

建築物が、防火規制の異なる地域にわたる場合：原則、厳しい方の制限
敷地が、建蔽率の異なる地域にわたる場合：加重平均
敷地が、容積率の異なる地域にわたる場合：加重平均

ここまで理解できたかな？
それでは最近の過去問に
チャレンジしてみましょう！

2級の問題に挑戦してみよう!

2級では こう出る・こう解く!

Q 建築基準法　　　　　　　　　　　　　　　　　　　（18年5月・学科）

都市計画区域および準都市計画区域内における建築基準法の規定に関する次の記述のうち、最も不適切なものはどれか。

1. 建築物の敷地は、原則として、建築基準法に規定する道路に、2m以上接していなければならない。
2. 建築物の敷地が異なる2つの用途地域にわたる場合の建築物の建ぺい率および容積率は、その敷地の全部について、敷地の過半の属する用途地域の規制が適用される。
3. 建築物の敷地が異なる2つの用途地域にわたる場合の建築物の用途は、その建築物の全部について、敷地の過半の属する用途地域の建築物の用途に関する規定が適用される。
4. 建築基準法第42条第2項の道路に面している敷地のうち、道路と道路境界線とみなされる線までの間の敷地部分（セットバック部分）は、建蔽率および容積率を算定する際の敷地面積に算入することができない。

正解：2　　**2級ではこう解く!**

選択肢3が、前述のQ3とほぼ同文で適切な肢のため、残る3つの中に正解（不適切）があると絞り込みができます。次に、選択肢4は、3級協会実技試験（2022年1月実施、他）で問われており適切だと絞り込めます。そうすると、残る選択肢1と2のどちらかが不適切（正解）です。選択肢1は3級でもよく出る問題で適切であり、最後に残った選択肢2は、前述Q3の解説で触れているように、不適切（正解）になると絞り込んできます。

民法および借地借家法に関する次の記述のうち、最も不適切なものはどれか。なお、本問においては、借地借家法第38条による定期建物賃貸借契約を定期借家契約といい、それ以外の建物賃貸借契約を普通借家契約という。また、記載された特約以外のものについては考慮しないものとする。

1. 期間の定めがある普通借家契約において、賃借人は、正当の事由がなければ、賃貸人に対し、更新しない旨の通知をすることができない。
2. 賃借人は、建物の引渡しを受けた後にこれに生じた損傷であっても、通常の使用および収益によって生じた建物の損耗ならびに経年変化によるものである場合、賃貸借が終了したときに、その損傷を原状に復する義務を負わない。
3. 定期借家契約を締結するときは、賃貸人は、あらかじめ、賃借人に対し、契約の更新がなく期間満了により賃貸借が終了することについて、その旨を記載した書面（賃借人の承諾がある場合の電磁的記録を含む）を交付して説明しなければならない。
4. 定期借家契約において、経済事情の変動があっても賃貸借期間中は賃料を増減額しないこととする特約をした場合、その特約は有効である。

正解：1　　**2級ではこう解く！**

選択肢3は、前述のQ1とほぼ同じ問題であるのがわかります。よって3は適切なため除かれる（不適切が正解）、というように早速、絞り込みが1つできました。次に前述のQ2に関連する選択肢1を見てみます。まず、「期間の定めがある普通借家契約において」と読んだときに、これを定期借家契約のことと勘違いしてしまうことがあるので、そこは注意をしましょう。さて、Q2の解説では「定期借家契約は更新がないため貸主に正当事由は不要」を学び、「普通借家契約では、借主（賃借人）が更新を拒む（契約を終了させる）のに正当事由は不要」も学びました。このことから、選択肢1は少し言い方をひねっていますが、不適切との判断ができます。

このように、3級の問題がそのまま出てくることは意外と多く、少し角度を変えて学習を深めていけば、さらに絞り込めるようになります。

5 不動産
復習のまとめ

しっかり確認しましょう！
出題頻度の高い論点　総ざらい

・様々な法律から出題されます。不動産登記法・
借地借家法・建築基準法などを、なぜそのよう
な法律があるのかを考えながら整理すると、
頭に入りやすいですよ。

・不動産の取得・保有・譲渡と、そのかかわり方
による税のルールをしっかりと学びましょう。
譲渡の特例は特に頻出問題です。

・純利回りの計算をしっかりできるように繰り
返し練習をしましょう。

第**6**章

相続・事業承継

亀くなった人の財産を残された家族が相続するときには、民法によって様々な決まりがあります。誰が受け継ぐのか、どのような配分になるのか。これらの内容が法律で定められていることで、残された家族間のトラブルを軽減することができます。誰もが必ず経験する相続について、正しい知識を身につけておきましょう。

この章で
学ぶ内容

● 相続人と法定相続分
　亡くなった人の財産は誰がどう相続する？

● 相続税と贈与税
　財産の相続時・贈与時には税金がかかります
　相続税・贈与税の計算方法と特例とは？

● 財産の評価
　宅地や株式の価値はどう評価する？

相続・事業承継

ここをしっかり押さえておけば問題の正解率がアップします。

相続の基礎知識

相続人の範囲と相続分

民法上の相続人・法定相続分と、相続税計算上の法定相続人・法定相続分の違いや、遺留分権利者、代襲相続の可否を理解しましょう。

遺言と遺産分割

自筆証書遺言と公正証書遺言の違い、遺産分割協議、相続放棄について理解しましょう。

自分の家族をベースに
相続を考えると、
理解度が深まります

相続税
（そうぞくぜい）

相続税の計算と特例

相続税計算の流れ、非課税財産、債務控除、基礎控除、暦年課税方式による生前贈与加算、相続税の2割加算、相続税の申告と納付を理解しましょう。

配偶者の税額軽減も押さえておきましょう。

贈与と贈与税

贈与の基礎知識

さまざまな贈与の形態と、贈与の成立、解除等を理解しましょう。
贈与税の課税対象を理解しましょう。

贈与税の基礎知識

暦年課税と相続時精算課税の制度概要を押さえましょう。
贈与税の配偶者控除、住宅資金贈与、教育資金贈与等の特例、贈与税の申告と納付についても理解しましょう。

財産の評価

宅地の評価
（たくち）

宅地の形態と評価額の違いを理解しましょう。
小規模宅地の特例の概要を押さえましょう。

その他財産の評価

上場株式、取引相場のない株式、生命保険契約に関する権利の価額等についても押さえておきましょう。

亡くなった人の財産を承継する

相続の基礎知識

家族が亡くなると、その人が持っていた財産が遺族に引き継がれます。その際、相続人の優先順位や相続する割合が法律（民法）で決められています。一定以上の財産を受け継ぐと相続税がかかりますが、その負担を軽減するために、生前に財産を贈与するという方法もあります。

1 相続

重要度 **C**

　人が亡くなると、死亡した人（**被相続人**）の財産（資産および負債）が残された家族（**相続人**）に引き継がれます。このことを**相続**といいます。民法上の相続人は、被相続人の配偶者と一定の血族です。これらの人を**相続人**といいます。

> **用語の意味**
>
> **血族**
> 両親や兄弟など、血縁関係のある人のこと。姻族は義理の兄や姉など、結婚によりつながった関係のことです。

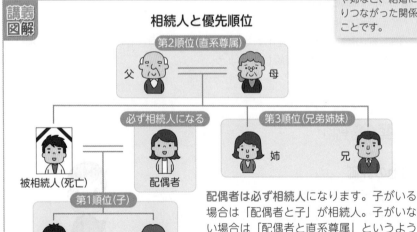

相続人と優先順位

配偶者は必ず相続人になります。子がいる場合は「配偶者と子」が相続人。子がいない場合は「配偶者と直系尊属」というように、**先の順位の人がいない場合に後の順位の人が相続人**になります。

2 相続人

重要度 **B**

被相続人の配偶者、子、直系尊属、兄弟姉妹が相続人になります。相続人は多くのケースで配偶者と子になりますが、子には、**養子や非嫡出子も含まれます**。また、胎児も相続人になります。

レック先生の ズバッと解説

民法上の相続人では、実子と養子、または嫡出子と非嫡出子の区別によって順位に違いはありません。同等に扱われます。

実子以外で相続人になれる子

胎児	被相続人が亡くなったときにまだ生まれていない子 ➡ 死産を除き、すでに生まれたものとして相続人に含まれる
非嫡出子	法律上の婚姻関係がない男女間に生まれた子 ➡ 実子。被相続人が男性の場合は認知が必要
普通養子	実父母と親子のまま、養父母と養子縁組をする ➡ 実父母と養父母両方の相続人になれる
特別養子	実父母との縁を切り、養父母と養子縁組をする ➡ 養父母のみの相続人になれる

用語の意味

父母や祖父母など被相続人よりも前の世代の直系する親族のことを**直系尊属**、子や孫など後の世代のことを**直系卑属**といいます。

相続人であっても、以下のようなケースの場合、相続人になれない人もいます。

講義図解

相続人になれない人

被相続人に対して許されないことをしたら相続人になれません

死　亡：相続時よりも前に亡くなっている人

欠　格：被相続人を殺害したり、脅迫などして遺言状を書かせたりした人

廃　除：被相続人を虐待するなどして、被相続人が家庭裁判所に申し立てして相続権を失わせた人

代襲相続

　相続時に相続人となれる人が亡くなっている場合、その人の**子が代わりに相続する**ことを代襲相続といいます。なお、相続放棄した者には代襲相続はありません。

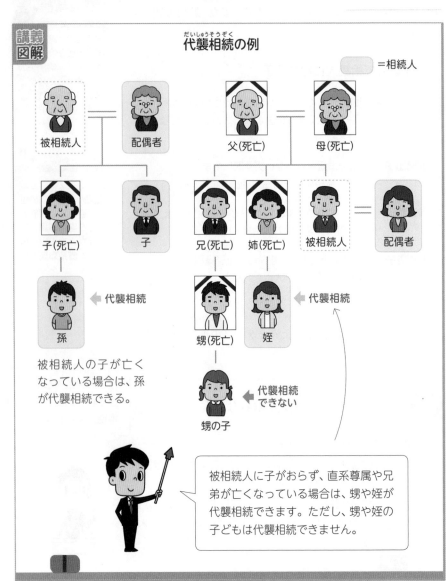

講義図解

代襲相続の例

　　　　　　　　　　　　　　　　　　　　　　　　　　=相続人

被相続人　配偶者　　　父(死亡)　母(死亡)

子(死亡)　子　　兄(死亡)　姉(死亡)　被相続人　配偶者

孫　←代襲相続

被相続人の子が亡くなっている場合は、孫が代襲相続できる。

甥(死亡)　姪　←代襲相続

甥の子　←代襲相続できない

被相続人に子がおらず、直系尊属や兄弟が亡くなっている場合は、甥や姪が代襲相続できます。ただし、甥や姪の子どもは代襲相続できません。

3 相続分

　被相続人の財産は、相続人に分割されます。その割合を**相続分**といい、**指定相続分**と**法定相続分**があります。指定相続分とは、被相続人が遺言で各相続人に何を譲るか指定した相続分のことで、**法定相続分より優先**されます。一方、法定相続分は民法で定められた相続分のことで、相続人の順位に合わせて、その割合が少なくなっていきます。

法定相続分

子の場合は1/2を子の人数で分割します。同様に直系尊属の場合は1/3を、兄弟姉妹の場合は1/4を相続人の人数で分割します。配偶者がいない場合は、各順位内で均等に分割します。

被相続人	配偶者（はいぐうしゃ）	子（第1順位）	直系尊属（第2順位）	兄弟姉妹（第3順位）
	全部			
	1/2	1/2		
	2/3		1/3	
	3/4			1/4

配偶者は
常に多いんだね

下記の＜親族関係図＞において、Aさんの相続における妻Bさんの法定相続分は、（　　）である。

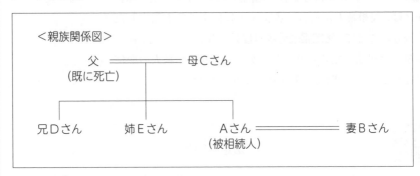

＜親族関係図＞

父（既に死亡）＝＝＝＝母Cさん

兄Dさん　　姉Eさん　　Aさん（被相続人）＝＝＝＝妻Bさん

1) 2分の1
2) 3分の2
3) 4分の3

［23年9月・学科］

2 設問における相続人は、妻Bさん、（第1順位の子がいないため）第2順位の母Cさんの2人です。配偶者と第2順位の場合、配偶者（妻Bさん）の法定相続分は2/3となります。

4　遺産分割

重要度　**B**

　被相続人の財産を相続人で分割することを、**遺産分割**といいます。

遺産分割の種類

　遺産分割には遺言がある場合の**指定分割**と、遺言がない場合等に相続人全員で協議して決める**協議分割**等があります。

遺産分割の種類

指定分割：遺言によって遺産を分割する方法。協議分割よりも優先される

協議分割：相続人全員で協議し、その合意で遺産を分割する方法。遺言と異なる分割をすることもできる。成立しない場合は家庭裁判所の調停によって決める。それでも決まらない場合は家庭裁判所の審判で分割する

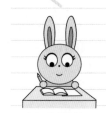

遺言の効力の方が大きいんだね

遺産分割の方法

遺産分割には、現物を分割する**現物分割**、遺産をお金に換えて分割する**換価分割**、一部の相続人が現物で受け取り、他の相続人に代償財産（現金など）を支払う**代償分割**等があります。

相続の承認と放棄

遺産にはプラスの資産だけでなく、借金など負債も含まれます。そこで相続人には以下の３つの選択肢が用意されています。限定承認と相続放棄は相続開始を知ったときから３カ月以内の申述が必要です。

レック先生のズバッと解説

被相続人の遺産に負債がある場合、相続放棄を選ぶことで、負債を引き継がなくて済みます。

相続の３つの選択肢

選択肢	相続内容	申述期限	手続き
単純承認	被相続人の財産を**全て相続**する	なし	なし
限定承認	被相続人の財産の**プラスの資産の範囲内**で負債を相続する	３カ月以内	相続人全員で家庭裁判所に申述する
相続放棄	被相続人の財産を全て**相続しない**	３カ月以内	放棄する相続人が単独で家庭裁判所に申述できる

　自分の死後の財産について、意思表示しておくことを**遺言**（ゆいごん）といいます（「いごん」と呼ぶこともあります）。遺言を書面にしたものが**遺言書**（ゆいごんしょ）（「いごんしょ」と呼ぶこともあります）で、遺言によって財産が相続人等に移転することを**遺贈**（いぞう）といいます。

遺言書の作成

・満15歳以上で意思能力があれば、誰でも作成が可能

・いつでも全部または一部を変更できる

・遺言書が複数ある場合は作成日の**一番新しいもの**が有効となる

遺言の方法

　被相続人が亡くなったときに、相続人が最初に確認しなければいけないことが、遺言書が残されているかどうかです。遺産分割では**遺言は何よりも優先**されます。
　正式な遺言には、**自筆証書遺言**（じひつしょうしょゆいごん）、**公正証書遺言**（こうせいしょうしょゆいごん）、**秘密証書遺言**（ひみつしょうしょゆいごん）の３つの方法があります。

遺言の３つの方法

　自筆証書遺言は自宅での保管が多く、相続開始時に見つからなかったり、相続人に破棄されたりするリスクがありました。そのため、法務局で保管でき、**法務局で保管されている場合、検認**（けんにん）**は不要**です。

用語の意味

検認
家庭裁判所が遺言書の存在や内容等を明確にし、遺言書の偽造や隠匿、消失等を防ぐための手続きのこと。遺言書の有効性を認めるものではありません。

	作成方法	証人	検認
自筆証書遺言	・遺言者が遺言の全文を自分で手書きし、日付と名前を記入して、押印する ・**財産目録はパソコン作成可能**。ただし、**ページごとに署名と押印が必要** ・法務局での保管制度あり（この場合、検認は不要）	不要	原則必要
公正証書遺言	・遺言者が口述したものを公証人が筆記する ・原本は公証役場に保管される ・実印の押印が必要	2人以上	不要
秘密証書遺言	・遺言者が遺言の内容を知られたくない場合に使用。作成した遺言書に署名、押印して封印する ・公証人が日付等を記入。遺言の内容は秘密だが、遺言の存在を証明してもらう ・**パソコン作成や代筆も可能**	2人以上	必要

遺言の証人

　証人は、遺言者が自分の意思に基づいて遺言書を作成していることを確認し、後のトラブルを防ぐ役割を果たします。そのため、利害関係がある人等は証人にはなれません。

証人になれない人

・未成年者

・推定相続人および受遺者（遺贈を受ける人）、これらの配偶者および直系血族

・公証人の配偶者ならびに4親等内の親族等

さすがに
財産目録は
パソコン作成も
OKになったんだね

自筆証書遺言は、遺言者が、その全文、日付および氏名を自書し、これに押印して作成するものであるが、自筆証書に添付する財産目録については、自書によらずにパソコンで作成しても差し支えない。 [22年1月・学科]

〇 財産目録についてはパソコンによる作成も認められています。ただし、各ページに遺言者の署名と押印が必要です。

6 遺留分 （いりゅうぶん） 重要度 B

　遺留分とは、一定の要件を満たす相続人の最低限度の遺産取得割合のことです。遺留分を侵害される分割である場合、侵害された相続人は、多くの遺産を譲り受けた人に、遺留分侵害額に相当する金銭の支払いを請求することができます。これを**遺留分侵害額請求権**といいます。遺留分の権利を持つ人が複数人いる場合は、遺留分は原則、本来の法定相続分に応じて求めます。

遺留分の権利者全体に対する遺留分割合

遺留分権利者	遺留分割合
配偶者のみ、子のみ、配偶者と子、配偶者と直系尊属の場合	相続財産の1/2
直系尊属のみの場合	相続財産の1/3

※兄弟姉妹には遺留分はありません。
※各権利者個別の遺留分は、原則、「**上記割合×各権利者の法定相続分**」となります。

遺留分侵害額請求権の行使期限と内容

・遺留分権利者が相続開始および遺留分侵害について知った日から1年、または相続開始から10年（相続開始や遺留分侵害を知らなくても）

・遺留分権利者は、遺留分侵害額に対して、自身の遺留分侵害額に相当する金銭の支払いを請求することができる

過去問チャレンジ

下記の＜親族関係図＞において、遺留分を算定するための財産の価額が2億4,000万円である場合、長女Eさんの遺留分の金額は、（　　　）となる。

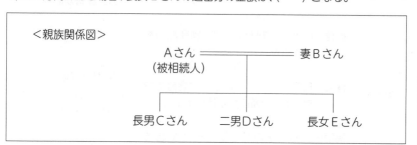

＜親族関係図＞

Aさん ＝＝＝＝＝＝ 妻Bさん
（被相続人）

長男Cさん　　二男Dさん　　長女Eさん

1) 1,000万円
2) 2,000万円
3) 4,000万円

[23年5月・学科]

2 遺留分権利者が直系尊属のみ以外の場合、遺留分全体の割合は1/2となるため、2億4,000万円×1/2＝1億2,000万円となります。各人の遺留分はこれに法定相続分を乗じて求めます。長女Eさんの法定相続分は1/2×1/3＝1/6なので、1億2,000万円×1/6＝2,000万円となります。

認知症、知的障害、精神障害などの理由で判断能力が不十分な人が、財産管理、協議、契約等をするときに不利益にならないよう保護し、支援する制度が**成年後見制度**です。成年後見制度は大きく**法定後見制度**と**任意後見制度**に分かれています。

ナビゲーション

法定後見制度は後見、保佐、補助に分かれていますが、申し立ての多くが後見です。

成年後見制度の種類

種類	法定後見制度	任意後見制度
利用時期	判断能力が衰えた後	判断能力が衰える前
選任方法	家庭裁判所が選任	本人が後見人を選ぶ ※公正証書が必要
種類	**後見**…ほとんど判断できず、判断能力を欠く常況	現在は判断能力があるが、将来、判断能力が不十分になったときに備える
	保佐…日常生活の簡単なことは自分でできるが、判断能力が特に不十分	
	補助…おおよそのことは自分でできるが、判断能力が不十分	

法定相続分、遺言、相続放棄は
頻出問題だから、しっかり覚えよう!

相続は
「自分の場合はどうだろう?」
と考えると覚えやすいね

家系図に
自分の家族を
あてはめてみるとか

② 相続税

相続人が相続した財産には相続税がかかります。
相続税がかかるケースは全体の1割に満たないものの、
その税収は年間2兆円超にもなります。

1 相続税の計算の流れ

重要度

　相続税とは、相続や遺贈によって財産を取得したときに、
課税される国税です。

　相続税の税額は、以下のようなステップで計算します。

Step 1	各人の課税価格の計算

それぞれの人の
財産はいくらか
な？

Step 2	相続税の総額の計算

基礎控除を
差し引き、
相続税を
計算します！

Step 3	各人の納付税額の計算

ここでやっと
それぞれの人の
実際の納税額が
決まります

2 相続税の具体的計算

重要度 Ⓐ

では、相続税の具体的な計算を流れに沿って見ていきましょう。

Step 1 各人の課税価格の計算

まず初めに、相続人ごとに被相続人から相続した財産（Ⓐ〜Ⓓ）から、非課税の財産（Ⓔ）や控除できる費用（Ⓕ）を差し引いて、相続税がかかる**課税価格**（Ⓖ）を計算します。

講義図解

各人の課税価格の計算方法

| Ⓐ 本来の相続財産 | − | Ⓔ 非課税財産 | ☐ 相続財産として加算 |
| | | Ⓕ 債務・葬式費用 | ☐ 相続財産から差し引き |

```
Ⓐ 本来の相続財産
     +
Ⓑ みなし相続財産
     +
Ⓒ 相続時精算課税に
  係る贈与財産
     +
Ⓓ 生前に贈与された
  財産
```

Ⓖ 課税価格

＝

これを各人で算出し合算した額が課税対象となります

相続財産として加算されるもの

Ⓐ 本来の相続財産
  →相続や遺贈などで相続人が受け継いだ、被相続人が所有していた財産。
   土地、建物、株式、預貯金、ゴルフ会員権など。

Ⓑ みなし相続財産
  →Ⓐ以外で被相続人が亡くなったことで相続人が受け継いだ、相続財産とみなされる財産。
   生命保険金や死亡退職金など。

ⓒ 相続時精算課税に係る贈与財産

→相続時精算課税制度により贈与された財産。相続時精算課税制度とは、生前に贈与された財産について、贈与者が亡くなったときに、原則、贈与時の価額につき、他の相続財産と合わせて相続税をまとめて支払う制度のことです。

※特別控除前に年間110万円を控除でき、110万円以内であれば、贈与税が課税されず、申告も不要です。（相続時精算課税に係る基礎控除）

ⓓ 生前に贈与された財産

→被相続人から相続または遺贈により財産を取得した者が、被相続人が亡くなる前に、暦年課税方式により**一定期間内**※**に被相続人から贈与**された財産は、贈与時の価額で加算されます。

※2024年1月1日以後の贈与により取得する財産にかかる相続税（2027年1月1日以後の相続）から3年超7年未満の期間で段階的に適用され、2031年1月1日から加算期間が7年となります。
ただし、相続開始前3年超7年以内に受けた贈与については合わせて100万円まで加算されません。

相続財産から差し引きされるもの

ⓔ 非課税財産

→相続税の課税対象にならない財産。
相続人が受け取る**生命保険金**や**死亡退職金**の**一定額**、墓地、墓石、祭具、仏壇・仏具など。弔慰金の一定額も非課税。

ⓕ 債務・葬式費用

→被相続人の債務や葬式費用。

相続税の計算の元になる金額

ⓖ 課税価格

→相続税の課税対象となる相続財産の価額。

過去問チャレンジ

本年に相続により財産を取得した者が、相続開始前3年以内に被相続人から暦年課税による贈与により取得した財産は、原則として、相続税の課税対象となる。

[22年1月・学科]

○ この制度を「生前贈与加算」といいます。改正により、2027年以降の相続については段階的に最長7年まで延びます。

みなし相続財産 （相続税の計算 Step1 **B**より）

　みなし相続財産の代表的なものが**生命保険金や死亡退職金**です。生命保険金は被相続人が契約者（保険料を支払う人）の場合、相続税の対象になります。

　死亡退職金は被相続人が在職中に亡くなった場合、遺族に対して支払われます。**死後3年以内に支給額が確定した死亡退職金**は、みなし相続財産として扱われます。

非課税財産 （相続税の計算 Step1 **E**より）

　相続税の対象となる**死亡保険金、死亡退職金**を**相続人**が受け取る場合、下記の一定額は非課税となります。

> 500万円 × 法定相続人の数 ＝ 非課税限度額

法定相続人には、相続を放棄した相続人も数えます。普通養子は被相続人に実子がいる場合は1人まで、実子がいない場合は2人まで、法定相続人に入れることができます。考え方は、基礎控除、相続税の総額、配偶者の税額軽減でも同じです。

<ruby>弔慰金<rt>ちょう い きん</rt></ruby>

業務上の死亡
→ 死亡時の普通給与×36カ月分＝非課税限度額

業務外の死亡
→ 死亡時の普通給与×6カ月分＝非課税限度額

レック先生のズバッと解説

相続放棄をしても、被相続人の生命保険金や死亡退職金を受け取ることができます。相続人ではないので、非課税の適用はありません。

②相続税

 用語の意味

弔慰金
企業が従業員やその家族が亡くなったときに支給するものです。一定の範囲まで非課税になります。

相続税額の計算上、死亡保険金の非課税金額の規定による非課税限度額は、「600万円×法定相続人の数」の算式により算出される。　　[22年1月・学科]

✕　「500万円×法定相続人の数」の算式により算出されます。

債務・葬式費用　（相続税の計算 Step1 **F**より）

　被相続人の債務を承継した場合は、課税価格から控除できます。葬式費用を負担した場合も、その費用が控除されます。

債務

控除できるもの
➡ 借入金、未払いの医療費、未払いの税金など

控除できないもの
➡ 生前にローンで購入した墓碑や仏壇などの未払部分など

3級では
「債務・葬式費用」の
理解を問う問題が
よく出題されるから、
しっかり覚えよう

葬式費用

控除できるもの
➡ 通夜・告別式の費用、火葬費用、納骨費用、戒名料など

控除できないもの
➡ 香典返しの費用、法要費用（初七日等）など

相続人が負担した被相続人の葬式の際の香典返戻費用は、相続税の課税価格の計算上、葬式費用として控除することができる。　　[21年5月・学科]

✕　香典返戻費用、初七日や法事などの費用は債務控除の対象になりません。

Step 2 | 相続税の総額の計算

遺産に係る基礎控除（き そ こうじょ）

相続税には基礎控除があり、その控除額以下の場合は相続税はかかりません。つまり、基礎控除を上回る場合に相続税がかかります。ここではその税額の計算方法について説明します。

講義図解

遺産に係る基礎控除額の計算

> 遺産に係る基礎控除額
> ＝3,000万円＋600万円×法定相続人の数

法定相続人が… 配偶者のみの場合
3,000万円＋600万円×1人＝3,600万円

配偶者と子1人の場合
3,000万円＋600万円×2人＝4,200万円

配偶者と子2人の場合
3,000万円＋600万円×3人＝4,800万円

 過去問チャレンジ

相続税額の計算において、遺産に係る基礎控除額を計算する際の法定相続人の数は、相続人のうちに相続の放棄をした者がいる場合であっても、その放棄がなかったものとしたときの相続人の数とされる。 ［22年9月・学科］

○ 記述のとおりです。

相続税の総額の計算

Step 1 で計算した各相続人の**課税価格を合計**し、課税価格の合計額を算出します。そこから基礎控除を差し引くと、**課税遺産総額**がわかります。

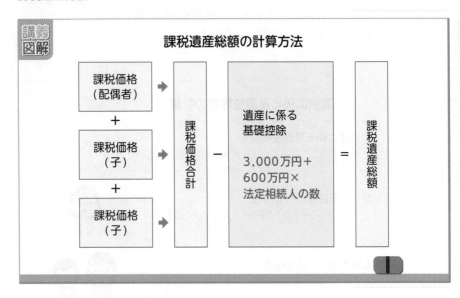

課税遺産総額の計算方法

算出した課税遺産総額を**各法定相続人が法定相続分で取得したと仮定**します。その取得金額に応じた**税率を乗じる**ことで、各人の仮の相続税額が算出でき、それらを合算したものが**相続税の総額**となります。

相続税の税率

相続税の総額を計算するときの税率は**速算表**の数値を使います。各人が課税遺産総額を法定相続分で受け取る場合、仮の相続税額は次の計算式で算出できます。

> 法定相続分に応じた取得金額×税率－控除額
> ＝仮の相続税額

ワンポイント

相続税額の計算は金財実技試験で頻出されます。
問題には速算表が記載されているので、表の数値を覚える必要はありません。

412

相続税の総額の計算方法

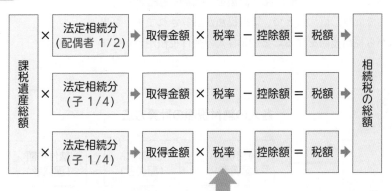

相続税の税額（速算表）

法定相続分に応じた取得金額		税率	控除額
	1,000万円以下	10%	−
1,000万円超	3,000万円以下	15%	50万円
3,000万円超	5,000万円以下	20%	200万円
5,000万円超	1億円以下	30%	700万円
1億円超	2億円以下	40%	1,700万円
2億円超	3億円以下	45%	2,700万円
3億円超	6億円以下	50%	4,200万円
	6億円超	55%	7,200万円

　Step 2 で計算した相続税の総額を、実際に遺産を取得する割合で計算し直すことで、算出税額が計算されます。算出税額から税額控除をすることで、各人の納付税額がわかります。

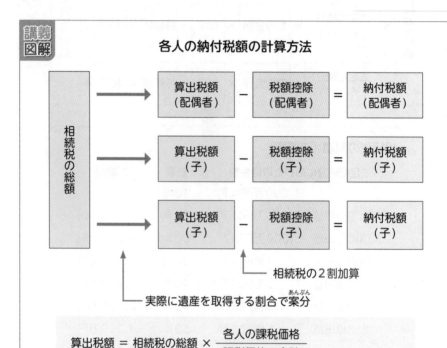

各人の納付税額の計算方法

$$算出税額 = 相続税の総額 \times \frac{各人の課税価格}{課税価格の合計}$$

税額控除

→配偶者の税額軽減、未成年者控除、障害者控除などがあります。

相続税の2割加算

→被相続人の配偶者および1親等の血族（子、父母、子は代襲相続人である孫も含む）以外の人（**兄弟姉妹等**）が相続や遺贈によって財産を取得した場合、各相続人の算出税額に2割が加算されます。

相続または遺贈により財産を取得した者が、被相続人の（　　　）である場合、その者は相続税額の2割加算の対象となる。

1）父母
2）配偶者
3）兄弟姉妹

［22年5月・学科］

3 相続または遺贈により財産を取得した者が、被相続人の1親等の血族（代襲相続人である孫を含む）または配偶者以外の場合、その者の相続税額の2割相当額が加算されます。

税額控除

　被相続人と相続人の関係や相続人の特質などに対して用意されている、相続税額から一定額が控除される制度です。

相続税の税額控除

税額控除	控除を受けられる人	内容
贈与税額控除	生前贈与で贈与税を支払った人	暦年課税方式で贈与を受け、相続税の課税価格に加算された財産について贈与税を支払っている場合は、その贈与税額を相続税額から控除できる
配偶者の税額軽減	配偶者（内縁は対象外）	配偶者が相続または遺贈により取得した財産が、以下のいずれか多い金額までの場合、相続税はかからない 1億6,000万円または配偶者の法定相続分相当額
未成年者控除	法定相続人である未成年者	法定相続人が未成年者の場合、以下の金額を相続税から控除できる （18歳－相続開始時の年齢）×10万円＝控除額
障害者控除	法定相続人である障害者	法定相続人が障害者の場合、以下の金額を相続税から控除できる （85歳－相続開始時の年齢）×10万円※＝控除額 ※特別障害者の場合は20万円

相続税の申告

　相続税の課税価格が**基礎控除以下の場合は申告不要**です。ただし、配偶者の税額軽減や小規模宅地等の特例などを適用した場合は、課税価格が0円でも申告が必要になります。原則、相続開始を知った日の翌日から10カ月以内です。被相続人の死亡時の住所地の所轄税務署長に申告します。

相続税の納付

　相続税の納付は申告書の提出期限までに、金銭で一括納付することが原則です。ただし、一括納付が難しい場合は**延納**や**物納**という方法で相続税を納めることも認められています。

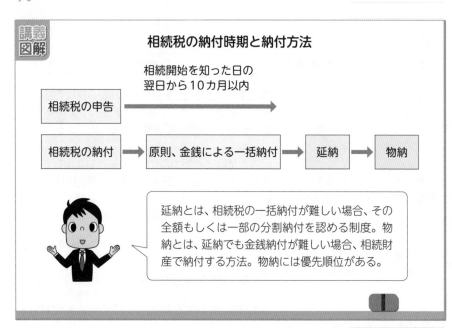

講義図解

相続税の納付時期と納付方法

相続開始を知った日の翌日から10カ月以内

相続税の申告	→

相続税の納付 → 原則、金銭による一括納付 → 延納 → 物納

延納とは、相続税の一括納付が難しい場合、その全額もしくは一部の分割納付を認める制度。物納とは、延納でも金銭納付が難しい場合、相続財産で納付する方法。物納には優先順位がある。

延納の条件

・相続税の納付税額が10万円を超えている

・金銭一括納付が難しい

・申告期限までに延納申請書を提出する

・原則、担保を提供する

ワンポイント

延納の条件の担保は、延納税額が100万円以下かつ延納期間が3年以下の場合は不要です。

ワンポイント

延納許可の相続税の申告期限から10年以内に申請することで、延納から物納に変更することができます。

物納の条件

・延納によっても金銭納付が難しい

・申告期限までに物納申請書を提出する

過去問チャレンジ

相続税額の計算において、「配偶者に対する相続税額の軽減」の適用を受けるためには、その適用を受けることにより納付すべき相続税額が算出されない場合であっても、相続税の申告書を提出しなければならない。　　　　　［22年9月・学科］

○　被相続人の配偶者が相続や遺贈で取得した財産が、1億6千万円または配偶者の法定相続分相当額の多いほうの金額までであれば相続税がかかりません。適用する場合、必ず相続税の申告書の提出が必要です。

過去問チャレンジ

相続税の申告書の提出は、原則として、その相続の開始があったことを知った日の翌日から（　　）以内にしなければならない。
1）4カ月
2）6カ月
3）10カ月　　　　　　　　　　　　　　　　　　　　［22年9月・学科］

3　相続税の申告書の提出は、原則として、相続の開始があったことを知った日の翌日から10カ月以内に、被相続人の死亡時の住所地を管轄する税務署長に提出します。

3 贈与税

財産をあげる・もらうことを贈与といいますが、贈与はどのように成立するのか、どのような形態があるのか、どのような場合に税金がかかるのか、また各種特例等についても理解を深めておきましょう。

1 贈与税の基本　　　　　　　　重要度 B

　財産をあげる・もらうことを**贈与**といいます。贈与は**贈与者（あげる人）**と**受贈者（もらう人）**の合意によって成立し、その贈与契約は書面でも、口頭であっても有効です。口頭で伝えた贈与契約は、すでに贈与した場合を除いて、各当事者で解除できます。一方、書面の場合は原則、贈与者が一方的に解除することはできません。なお、贈与にはその都度、贈与契約を結ぶ通常の贈与のほか、**定期贈与、負担付贈与、死因贈与**というものがあります。

ワンポイント

会社などの法人から財産をもらったときには贈与税はかかりませんが、所得税がかかります。

ナビゲーション

贈与税は原則、個人から贈与により財産を取得した個人に課税されます。

贈与の形態

贈与の形態	特　徴	対象となる税
単純贈与	・都度、贈与者と受贈者の意思表示で成立する贈与	贈与税
定期贈与	・最初から定期的に一定の贈与を行う 　（「10年間にわたって毎年100万円をあげる」など） ・贈与者、受贈者いずれかの死亡で契約終了	贈与税
負担付贈与	・贈与とともに、受贈者に一定の債務を負担させる契約 　（「マンションをあげるから残りのローンを払って」など）	贈与税
死因贈与	・贈与者の死亡を条件として効力を生ずる贈与契約 　（「私が死んだとき、この家と土地をあげる」など） ・受贈者が先に死亡した場合は無効	相続税

定期贈与とは、贈与者が受贈者に対して定期的に財産を給付することを目的とする贈与をいい、贈与者または受贈者のいずれか一方が生存している限り、その効力を失うことはない。　　　　　　　　　　　　　　　　　[24年1月・学科]

✕　贈与者、受贈者いずれかの死亡で効力を失います。

2 贈与税の計算　　　　　　　重要度 A

　贈与税は暦年課税で、**1年間（1月1日～12月31日）** の間に贈与された財産の合計額をもとに計算します。課税価格は以下のような方法で計算することができます。

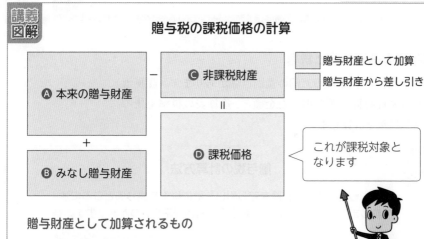

贈与税の課税価格の計算

　贈与財産として加算

　贈与財産から差し引き

Ⓐ 本来の贈与財産 － Ⓒ 非課税財産

＝

Ⓑ みなし贈与財産

Ⓓ 課税価格 ← これが課税対象となります

贈与財産として加算されるもの

Ⓐ 本来の贈与財産
→贈与によって取得した財産。
　土地、建物、株式、預貯金など。

Ⓑ みなし贈与財産
→贈与者の死亡により受贈者が受け取った、贈与とみなされる財産。
　生命保険金等※1、低額譲渡※2、借金免除など。
　※1 契約者、被保険者、受取人すべてが異なる場合の死亡保険金
　※2 著しく低い価額の対価で財産を譲り受けた場合に、その財産の時価と支払った対価の額との差額相当額

贈与財産から差し引きされるもの

ⓒ 非課税財産

→贈与税の課税対象にならない財産。以下は一例。

・法人から贈与された財産（所得税の対象）。

・**扶養義務者**から受け取った通常、必要となる範囲内の生活費や教育費。

・個人からの常識的な範囲内での祝い金、贈答、香典、見舞金など。

・相続または遺贈により財産を取得した者が、相続開始年に被相続人から贈与により取得した財産（相続税の対象）。

贈与税の計算の元になる金額

ⓓ 課税価格

→贈与税の課税対象となる贈与財産の価額。

用語の意味

扶養義務者
生計を同じくしている配偶者、直系血族、兄弟姉妹、3親等の親族。

贈与税の基礎控除と税率

　贈与税には年間110万円の基礎控除があります。課税価格から基礎控除を差し引いた金額と、速算表の税率を使って贈与税額を計算します。

講義図解

贈与税の計算方法

　課税価格から基礎控除を差し引いた額に税率を乗じるところに注意しましょう。税率には一般税率と特例税率の2つがあります。

$$\left(\boxed{\text{ⓓ 課税価格}} - \boxed{\begin{array}{c}\text{贈与に係る基礎控除}\\\text{1年間　110万円}\end{array}}\right) \times \boxed{\text{税率}} - \boxed{\text{控除額}} = \boxed{\text{贈与税額}}$$

速算表の数値を使用

贈与税の税率

　税率には一般贈与財産用（一般税率）と特例贈与財産用（特例税率）の2つがあり、特例税率は、原則、直系尊属（祖父母や父母など）から、その年の1月1日において18歳以上の人（子・孫など）への贈与税の計算に使用します。

贈与税の税率（速算表）

●一般贈与財産用（一般税率）

基礎控除後の課税価格		税率	控除額
	200万円以下	10%	−
200万円超	300万円以下	15%	10万円
300万円超	400万円以下	20%	25万円
400万円超	600万円以下	30%	65万円
600万円超	1,000万円以下	40%	125万円
1,000万円超	1,500万円以下	45%	175万円
1,500万円超	3,000万円以下	50%	250万円
3,000万円超		55%	400万円

●特例贈与財産用（特例税率）

基礎控除後の課税価格		税率	控除額
	200万円以下	10%	−
200万円超	400万円以下	15%	10万円
400万円超	600万円以下	20%	30万円
600万円超	1,000万円以下	30%	90万円
1,000万円超	1,500万円以下	40%	190万円
1,500万円超	3,000万円以下	45%	265万円
3,000万円超	4,500万円以下	50%	415万円
4,500万円超		55%	640万円

※教育資金の一括贈与、結婚・子育て資金の一括贈与の非課税制度の適用により取得する贈与資金のうち、非課税期間終了時に課税される一定の部分については一般税率が適用されます。

過去問チャレンジ

個人が法人からの贈与により取得した財産は、贈与税の課税対象とならない。

［22年1月・学科］

○ 個人が法人からの贈与により取得した財産は、所得税の課税対象となります。

3 贈与税の特例

　贈与税には特例があり、特定の受贈者への特定の目的の贈与に関しては非課税の措置が行われています。特例には以下のようなものがあります。

①贈与税の配偶者控除

②相続時精算課税制度

③直系尊属から住宅取得等資金の贈与を受けた場合の非課税制度

④教育資金の一括贈与に係る贈与税の非課税制度

⑤結婚・子育て資金の一括贈与に係る贈与税の非課税制度

①贈与税の配偶者控除

　婚姻期間が20年以上の夫婦間で、居住用不動産または居住用不動産を取得するための金銭の贈与が行われた場合、基礎控除110万円のほかに最高2,000万円まで配偶者控除ができる特例です。

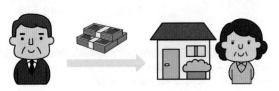

対象者	婚姻期間が20年以上の夫婦間
贈与の内容	居住用不動産または居住用不動産を取得するための金銭
控除額	最高2,000万円（同じ配偶者の間では一生に1回のみ）

<贈与税の配偶者控除の計算式>

（課税価格－2,000万円－110万円）× **税率－控除額** ＝ 贈与税額

速算表の数値を使用

〈条件〉

・贈与を受けた年の翌年3月15日までに受贈者が贈与によって取得した居住用不動産に住んでおり、その後も引き続き住む見込みであることなど

・特例適用により贈与税額が0円になった場合も、贈与税の申告書の提出が必要です

過去問チャレンジ

贈与税の配偶者控除は、婚姻期間が（ ① ）以上である配偶者から居住用不動産の贈与または居住用不動産を取得するための金銭の贈与を受け、所定の要件を満たす場合、贈与税の課税価格から基礎控除額とは別に（ ② ）を限度として控除することができるものである。

1) ① 10年　　② 2,500万円
2) ① 20年　　② 2,500万円
3) ① 20年　　② 2,000万円

[23年1月・学科]

3 贈与税の配偶者控除は、婚姻期間が20年以上の夫婦間での居住用不動産に対する控除。暦年課税の基礎控除110万円とは別に最高2,000万円まで控除されます。

配偶者は相続税だけでなく、贈与税でも優遇されるんだね！

②相続時精算課税制度

　原則60歳以上の父母または祖父母から、18歳以上の子または孫に対して財産を贈与した場合に、累計で贈与者ごと合計2,500万円まで贈与税がかかりません。この制度を利用した場合、贈与者が亡くなったときの相続税には、相続財産にこの制度を適用した贈与財産の価額（原則、贈与時の時価）を加算して計算します。

合計2,500万円
まで非課税

対象者	原則、贈与年の1月1日において、60歳以上の父母または祖父母から贈与を受ける18歳以上の子または孫
贈与の内容	贈与財産の種類、金額、贈与回数に制限はない
税率	一律20％

<相続時精算課税の計算式>　2023年まで
（課税価格 − 2,500万円）× 20％ = 贈与税額

<相続時精算課税制度の計算式>　2024年以降
（課税価格 − 受贈者ごと年間110万円 − 2,500万円）×20％ = 贈与税額

〈条件〉

・受贈者（子または孫）は、最初に贈与を受けた年の翌年2月1日から3月15日までに、「相続時精算課税選択届出書」を提出すること

・受贈者が贈与者（父母または祖父母）ごとに、相続時精算課税制度または暦年課税を選択できる

・一旦、選択すると、暦年課税に変更することはできない

暦年課税と相続時精算課税制度の違い（まとめ）

	暦年課税	相続時精算課税制度
控除対象	1年間（1月1日〜12月31日）の贈与額の合計	複数年にわたる贈与額の合計
控除額と贈与税の計算式	基礎控除110万円※	基礎控除110万円※ 特別控除2,500万円
	超過分 × 累進税率 − 控除額	超過分 × 税率20％

※各制度別で適用できます。

過去問チャレンジ

子が父親からの贈与により取得した財産について相続時精算課税の適用を受けた場合、その適用を受けた年以後、子は父親からの贈与により取得した財産について暦年課税を選択することはできない。

[21年9月・学科]

○ 記述のとおりです。

③直系尊属から住宅取得等資金の贈与を受けた場合の非課税制度

　2026年12月31日までの間に、贈与年の1月1日において18歳以上の人が居住用の住宅を取得するための資金を、直系尊属（父母や祖父母等）から贈与された場合、その一定額が非課税となります。

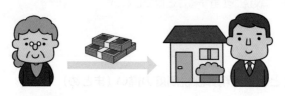

対象者	贈与年の1月1日に18歳以上の子・孫（合計所得金額が原則2,000万円以下）が、父母または祖父母から贈与を受けた場合
贈与の内容	居住用の住宅の新築、取得、増改築等のための金銭
非課税金額	省エネ等住宅は1,000万円、それ以外の住宅は500万円

〈条件〉

・受贈者の合計所得金額と取得した住宅の床面積が以下のとおり
　床面積が
　40㎡以上50㎡未満 ➡ 受贈者の合計所得金額1,000万円以下
　50㎡以上240㎡以下 ➡ 受贈者の合計所得金額2,000万円以下

・贈与年の翌年3月15日までに贈与資金の全額を充てて、住宅用の家屋の取得等をすること。また、贈与年の翌年3月15日までに居住が確実であること

・暦年課税または相続時精算課税制度との併用が可能

過去問チャレンジ

「直系尊属から住宅取得等資金の贈与を受けた場合の贈与税の非課税」は、受贈者の贈与を受けた年の年分の所得税に係る合計所得金額が2,000万円を超える場合、適用を受けることができない。　　　　　　　　　　　［23年1月・学科］

○　記述のとおりです。

④教育資金の一括贈与に係る贈与税の非課税制度

2026年3月31日までの間に、30歳未満の人が教育にあてる資金を直系尊属（父母や祖父母等）から贈与され、金融機関（受贈者名義の口座）に預け入れ等した場合、その一定額が非課税となります。

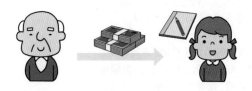

対象者	父母または祖父母から贈与を受けた30歳未満の子または孫で、贈与を受けた年の前年の受贈者の合計所得金額が1,000万円以下の人
贈与の内容	学校等の入学金や授業料、入園料、保育料、学用品の購入費、修学旅行費、給食費、塾や習い事の月謝、通学定期代、留学渡航費など
控除額	1人につき、上限1,500万円 （うち、学校等以外への支払いは500万円が限度）

過去問チャレンジ

「直系尊属から教育資金の一括贈与を受けた場合の贈与税の非課税」は、贈与を受けた年の前年分の受贈者の所得税に係る合計所得金額が1,000万円を超える場合、適用を受けることができない。　　　　　　　　　　　［22年5月・学科］

○　記述のとおり、受贈者の所得制限があります。

⑤結婚・子育て資金の一括贈与に係る贈与税の非課税制度

　2025年3月31日までの間に、18歳以上50歳未満の人が、結婚や子育てにあてる資金を直系尊属（父母や祖父母等）から贈与され、金融機関に預け入れ等した場合、その一定額が非課税となります。

対象者	父母または祖父母から贈与を受けた、18歳以上50歳未満で、贈与を受けた年の前年の合計所得金額が1,000万円以下の人
贈与の内容	挙式費用、衣装代等の婚礼費用、家賃、敷金等の新居費用、転居費用、不妊治療・妊婦健診の費用、分娩費、産後ケアの費用、子どもの医療費、幼稚園・保育所等の保育料など
控除額	上限1,000万円（うち、結婚費用は300万円が限度）

4 贈与税の申告と納付

重要度 **B**

　贈与を受けた人は、贈与税を申告しなくてはいけません。ただし、1月1日から12月31日までの1年間に贈与された財産の合計額が**基礎控除（110万円）以下**の場合は申告不要です。

　一方、以下の**特例**を受ける場合は、**納付税額が0円でも申告が必要**になります。

---

①贈与税の配偶者控除

②直系尊属から住宅取得等資金の贈与を受けた場合の非課税制度

　贈与税の申告書は贈与を受けた年の**翌年2月1日から3月15日**までに、受贈者の住所地の所轄税務署長に提出します。

贈与税の納付

　贈与税の納付は申告書の提出期限までに、原則として**金銭**による**一括納付**で行います。ただし、以下のような一定の要件を満たした場合には、**5年以内の延納**も認められています。

延納の条件

・贈与税の納付税額が**10万円**を超えている

・金銭一括納付が難しい

・申告期限までに延納申請書を提出する

・原則、担保を提供する

---

③ 贈与税

レック先生のズバッと解説

相続税では金銭一括納付ができない場合、延納や物納が認められていますが、贈与税の場合、物納は認められていません。

ワンポイント

延納税額が100万円以下かつ延納期間が3年以下の場合は担保不要です。

4 財産の評価

相続税や贈与税を計算するには、資産価値を金額で評価する必要があります。ただ、土地や家、株式などの場合、その時々で、価値は大きく変化します。そこで財産の評価は原則として時価で行います。財産をどのように評価するのか、しっかりと把握しましょう。

1 宅地の評価　　　　　　　　　　　　　　重要度 A

　土地の評価は地目（土地の用途）によって異なり、宅地、田、畑、牧場、山林などに分かれています。宅地は建物の敷地として用いられる土地のことで、評価は一画地（利用単位）ごとに行い、その評価方法には路線価方式と倍率方式があります。

宅地の評価方法

宅地の評価には路線価方式と倍率方式があり、どの宅地をどちらの方式で評価するのかは、国税庁が定めています。

路線価方式

路線価が定められた**市街地にある宅地**の評価方法です。路線価とは、路線（道路）に面する標準的な宅地の1㎡あたりの価額のことです。**千円単位**で表示します。評価額は以下のように計算します。

> 路線価 × 各種補正率 × 地積（宅地面積）＝ 評価額

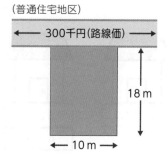

（普通住宅地区）

← 300千円（路線価）→

18 m

← 10 m →

この土地の評価額は
300 千円 × 1.00※ × 180 ㎡
= 54,000 千円

※路線価に奥行に応じて定められた
　奥行価格補正率等を乗じる。

倍率方式

路線価が定められていない、郊外地にある宅地の評価方法です。土地の価額は、その土地の固定資産税評価額に**一定の倍率**を乗じて計算します。

宅地の分類と評価

宅地は主に以下の4つに分類して評価されます。

①自用地 (じようち)	⇒	土地の所有者が自分のために利用している土地のこと
②借地権 (しゃくちけん)	⇒	建物の所有を目的に他人から土地を借りる権利
③貸宅地 (かしたくち)	⇒	借地権が設定されている土地のこと
④貸家建付地 (かしやたてつけち)	⇒	自分の土地にアパートなどを建てて他人に貸している場合の土地のこと

ナビゲーション

固定資産税評価額は、市区役所、町村役場などで確認することができます。

宅地の分類

①自用地
Aさんの土地にAさんの建物がある場合のAさんの土地。

②借地権
Aさんの土地をBさんが借りている場合の、Bさんの権利。

③貸宅地
Aさんの土地をBさんが借りている場合のAさんの土地。

④貸家建付地
Aさんの土地にAさんの建物があり、Cさんが借りている場合のAさんの土地。

①自用地の評価

　面積は同じでも、縦長だったり、横長だったりと、宅地の形状は様々です。うなぎの寝床のような間口が狭く細長い宅地は利用しづらいので、それらを一様に、路線価×地積（宅地面積）＝評価額と計算するのではなく、**各種補正率を乗じて評価額の補正を行います。**

> 路線価 × 各種補正率 × 地積 ＝ 評価額

②普通借地権の評価

　土地の権利には所有権と借地権があります。土地も家も所有している自用地の場合、所有権は100％となります。一方、他人の土地を借りて家を所有する場合は借地権となり、路線価図ではその割合を90％のAから30％のGまで10％刻みの7段階で示しています。

> 自用地評価額 × 借地権割合 ＝ 評価額

用語の意味

自用地
この言葉は、相続税において自宅の土地を評価する場合等に用いられます。青空駐車場も自用地として評価されます。

自用地と借地権の評価

（普通商業・併用住宅地区）

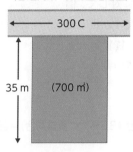

← 300 C →

35 m　（700㎡）

記号	借地権割合
A	90%
B	80%
C	70%
D	60%
E	50%
F	40%
G	30%

奥行価格補正率：0.97

路線価（300千円）の価額の横に、**借地権割合**を示す記号が表記されています。Cは借地権割合70%を表しています。

自用地の評価額の計算
（路線価）300千円×（奥行価格補正率）0.97×（地積）700㎡
＝203,700千円

借地権の評価額の計算
（自用地評価額）203,700千円×（借地権割合）70%
＝142,590千円

③貸宅地の評価

　借地権が借りている土地の上に存する権利の評価額なのに対して、貸宅地は貸している土地の評価額のことです。自分の土地から**借地権割合を差し引く**ことで、評価額を計算できます。

自用地評価額 ×（1 − 借地権割合）＝ 評価額

④貸家建付地の評価

自分の土地に建物を所有して貸している場合の土地の評価額です。

借地権割合は土地を借りる権利の割合なのに対して、**借家権割合**とは、建物を借りる権利の割合のことです。借家権割合は全国一律で30%と決められています。賃貸割合とは、全体の住戸のうち実際に貸している床面積の割合のこと。満室の場合は賃貸割合が100%になります。

> 自用地評価額 ×(1− 借地権割合×借家権割合(30%)× 賃貸割合)＝評価額

家屋の評価

固定資産税評価額に基づいて、家屋の価額を求めることができます。自分の家の場合は固定資産税評価額＝自用家屋の評価額になります。一方、他者に貸している場合は**借家権割合**と**賃貸割合**を乗じた価額を差し引くことで算出します。

> 固定資産税評価額 ×1.0 ＝ 自用家屋の評価額

> 固定資産税評価額 ×1.0 ×(1− 借家権割合(30%)×賃貸割合)
> ＝ 貸家の評価額

過去問チャレンジ

個人が、自己が所有する土地に賃貸マンションを建築して賃貸の用に供した場合、相続税額の計算上、当該敷地は貸宅地として評価される。

[22年5月・学科]

✕ 自己が所有する土地に自己が所有する貸家がある場合は、相続税額の計算上、貸家建付地として評価されます。なお、貸宅地は、自己の所有する土地を他人に借地権を設定して貸している場合の土地をいいます。

小規模宅地等の評価減の特例
<small>しょうきぼ たくち とう</small>

　被相続人の住居や事業用の土地に高額な相続税がかかる
と、親族がそれらの財産を引き継ぐことができなくなってし
まいます。そこで、一定要件を満たした宅地については、評
価を減額してくれる**小規模宅地等の特例**があります。

小規模宅地等の評価減の特例

利用区分		限度面積	減額割合
居住用	特定居住用宅地等	330㎡	80%
事業用	特定事業用宅地等	400㎡	80%
事業用	特定同族会社事業用宅地等	400㎡	80%
貸付用	貸付事業用宅地等	200㎡	50%

小規模宅地等の評価減の特例

例)
330㎡までの
自宅の敷地

80% 減額
相続税評価額

例)
400㎡までの
店などの敷地

80% 減額
相続税評価額

例)
400㎡までの
特定同族会社の敷地

80% 減額
相続税評価額

例)
200㎡までの
貸しビルなどの敷地

50% 減額
相続税評価額

〈利用区分〉

特定居住用宅地等 （居住用）	→	配偶者が取得した場合、同居親族等が取得し、申告期限まで所有・居住し続けた場合など
特定事業用宅地等 （事業用） 貸付事業用宅地等 （貸付用）	→	相続人が申告期限までに事業を引き継ぎ、かつ、申告期限まで所有し、その事業を営んでいる場合など

〈条件〉

・特例の適用で相続税額が0円になった場合も、相続税の申告が必要

・相続税のみの特例で、贈与税には適用されない

過去問チャレンジ

相続人が相続により取得した宅地が「小規模宅地等についての相続税の課税価格の計算の特例」における特定居住用宅地等に該当する場合、その宅地のうち（ ① ）までを限度面積として、評価額の（ ② ）相当額を減額した金額を、相続税の課税価格に算入すべき価額とすることができる。

1) ① 200㎡　② 50%
2) ① 330㎡　② 80%
3) ① 400㎡　② 80%

[23年1月・学科]

2 特定居住用宅地等に「小規模宅地等についての相続税の課税価格の計算の特例」を適用する場合は、330㎡までの部分につき、80%が減額されます。

2 株式の評価

　相続や贈与される財産には株式も含まれます。株式には上場株式と取引相場のない株式があり、評価額の算出方法が異なります。

上場株式 →	金融商品取引所に上場されている株式のこと
取引相場のない株式 →	上場していない非上場株式のこと

上場株式の評価

　相続または遺贈の場合は被相続人の死亡の日、贈与の場合は贈与により財産を取得した日の、金融商品取引所が公表する最終価格を含めて、次の4つのうち最も低い価額により算出します。

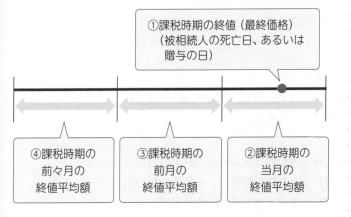

①課税時期の終値（最終価格）
（被相続人の死亡日、あるいは贈与の日）

④課税時期の前々月の終値平均額

③課税時期の前月の終値平均額

②課税時期の当月の終値平均額

2022年9月7日（水）に死亡したAさんが所有していた上場株式Xを相続により取得した場合の1株当たりの相続税評価額は、下記の＜資料＞によれば、（　　　）である。

＜資料＞上場株式Xの価格

2022年7月の毎日の最終価格の月平均額	1,180円
2022年8月の毎日の最終価格の月平均額	1,200円
2022年9月の毎日の最終価格の月平均額	1,200円
2022年9月7日（水）の最終価格	1,190円

1) 1,180円
2) 1,190円
3) 1,200円

［22年9月・学科］

1　相続により取得した上場株式の相続税評価額は、
　・課税時期の最終価格
　・課税時期の月の最終価格の平均
　・課税時期の前月の最終価格の平均
　・課税時期の前々月の最終価格の平均
　のうち最も低い金額となります。

取引相場のない株式の評価

　取引相場のない株式は、**原則的評価方式**または**特例的評価方式**の配当還元方式により評価します。

原則的評価方式：同族株主等が取得する場合、評価する株式を発行した会社の規模によって異なり、原則、**類似業種比準方式**、**純資産価額方式**、**併用方式**によって評価します。

特例的評価方式：同族株主等以外が取得する場合、その株式の発行会社の規模に関わらず、原則、**配当還元方式**で評価します。

取引相場のない株式の評価方法

原則的評価方式		特例的評価方式
類似業種比準方式	純資産価額方式	配当還元方式
類似業種の上場企業の株価をもとに、1株当たりの配当金額、利益金額、純資産価額の3要素を比較して評価する	課税時期の相続税評価額による純資産価額をもとに、法人税額等相当額を差し引いた残りの金額で評価する	配当実績をもとに評価する。過去2年間の配当平均額を一定の利率（10%）で還元して評価する

3 その他財産の評価

重要度 C

定期預金の評価

　定期預金の評価額は、預け入れ残高に相続開始までの経過利息を加えて源泉徴収税額を差し引いた額になります。

生命保険契約に関する権利の評価

　相続開始時において、まだ保険事故が発生していない生命保険契約に関する権利の価額は、**相続開始時**にその契約を解約した場合に支払われる解約返戻金相当額によって評価します。

ゴルフ会員権の評価

　ゴルフ会員権の評価額は、通常の取引価格（時価）の70%に相当する金額として算出されます。

ステップアップ講座

3級レベルの問題で
復習してみよう！

相続では、2級でも宅地の評価は頻出します。
難問ではありませんが、似た用語が多いので
慌てて取りこぼすことがないよう気をつけましょう。

相続では、宅地の評価に関する設問が多く出題されます。

3級であれば評価額を求める問題が多く、「貸宅地」など分類は明確に指定されるため、公式だけ覚えていれば解答できますが、2級になると「この土地の権利はどれに分類されるのだろう」というところから判断しないといけない問題もあります。

「宅地」「借地権」「貸家建付地」「貸家建付借地権」など、似たような名前を頭の中だけで考えようとするとわかりにくいのですが、これは

　①土地は？　　本人の土地 or 借りている土地
　②家屋は？　　土地の所有者の家屋 or 土地を借りている人の家屋
　③家屋に住んでいるのは？　　家屋の所有者 or 借主
　④問われているものは何？　　宅地 or 宅地の上に存する権利

について、ざっと図を書いてみると整理しやすくなります。

①：〇 正しい

Aさんが、賃借している宅地の上にAさん名義の家屋を建て、これを自宅として使用している場合、賃借している宅地の権利は借地権として評価する。

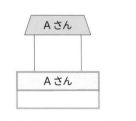

Aさんが、所有する宅地をBさんに賃貸し、Bさんがその宅地の上にBさん名義の家屋を建て、これをBさんの個人事業の事務所として使用している場合、所有している宅地は貸宅地として評価する。

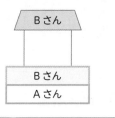

Aさんが、所有する宅地の上にAさん名義の家屋を建て、これを賃貸している場合、所有している宅地は貸家建付地として評価する。

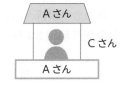

Aさんが、賃借している宅地の上にAさん名義の家屋を建て、これを賃貸している場合、賃借している宅地の権利は転貸借地権として評価する。
この権利は「貸家建付借地権」ですね。

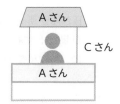

参考

転貸借地権は、
Aさんが、賃借している宅地をさらにBさんに貸して（転貸）、Bさんがこの宅地にBさん名義の家屋を建てる場合、賃借している宅地の権利をいいます。

2級では こう出る・こう解く！

2級の問題に
挑戦して
みよう！

Q 宅地の評価

（21年1月・学科）

宅地および宅地の上に存する権利に係る相続税における評価に関する次の記述のうち、最も不適切なものはどれか。なお、評価の対象となる宅地は、借地権の取引慣行のある地域にあるものとする。また、宅地の上に存する権利は、定期借地権および一時使用目的の借地権等を除くものとする。

1. Aさんが、借地権の設定に際して通常の権利金を支払って賃借した宅地の上にAさん名義の自宅を建築して居住していた場合において、Aさんの相続が開始したときには、相続税額の計算上、その賃借している宅地の上に存するAさんの権利の価額は、借地権として評価する。

2. Bさんが所有する従前宅地であった土地を、車庫などの施設がない青空駐車場として提供していた場合において、Bさんの相続が開始したときには、相続税額の計算上、その土地の価額は、貸宅地として評価する。

3. Cさんが所有する宅地の上にCさん名義のアパートを建築して賃貸していた場合において、Cさんの相続が開始したときには、相続税額の計算上、そのアパートの敷地の用に供されている宅地の価額は、貸家建付地として評価する。

4. Dさんが、借地権の設定に際して通常の権利金を支払って賃借した宅地の上にDさん名義のアパートを建築して賃貸していた場合において、Dさんの相続が開始したときには、相続税額の計算上、その賃借している宅地の上に存するDさんの権利の価額は、貸家建付借地権として評価する。

本問も図を書くと解答しやすくなります。

1.

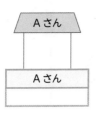

これは借地権です。

2.
青空駐車場の用途で使われていますが、宅地上に家屋などがないので、図を書くとこれだけです。

これは自用地です。

3.

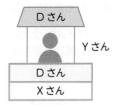

これは貸家建付地です。

4.

これは貸家建付借地権です。

ちょっと難しかったのが2ではなかったでしょうか。
もし2がわからなかったとしても、他の選択肢がわかれば消去法でも解答できますが、このように図を書けばわかりますね。

> 暗記だけではなく
> 本質を理解していくように
> しましょう

6 相続・事業承継
復習のまとめ

しっかり確認しましょう！
出題頻度の高い論点　総ざらい

・法定相続分、遺言、相続放棄などのルールは頻出
　問題です。何度も読み返してしっかりマスターし
　ましょう。

・相続税からは、基礎控除や非課税財産、配偶者の
　税額軽減に加え、申告期限も問われることが多い
　です。

・贈与税では、基礎控除と非課税。また、相続時精
　算課税制度も重点的に押さえましょう。

・財産評価からは、土地と上場株式の評価、それに
　小規模宅地等の特例も大事なポイントです。

索引

KEYWORD

過去問題の掲載（引用）について

過去問題は、概ね実際に出題された試験の問題の通りに掲載していますが、年度表記や法改正などの必要な改訂を行っておりますので、試験実施団体から公開されている試験問題とは記述が異なる場合があります。

一般社団法人金融財政事情研究会　ファイナンシャル・プランニング技能検定

3級FP技能検定実技試験（個人資産相談業務、保険顧客資産相談業務）

2級FP技能検定実技試験（個人資産相談業務、中小事業主資産相談業務、生保顧客資産相談業務、損保顧客資産相談業務）

平成29年9月許諾番号 1709K000001

FP3級 合格のトリセツ 速習テキスト 2024-25年版

2021年8月5日　第1版　第1刷発行
2024年5月30日　第4版　第1刷発行

編著者●株式会社　東京リーガルマインド
LEC FP試験対策研究会

発行所●株式会社　東京リーガルマインド
〒164-0001　東京都中野区中野4-11-10
アーバンネット中野ビル
LECコールセンター　📞 0570-064-464
受付時間　平日9：30〜20：00/土・祝10：00〜19：00/日10：00〜18：00
※このナビダイヤルは通話料お客様ご負担となります。
書店様専用受注センター　TEL 048-999-7581 / FAX 048-999-7591
受付時間　平日9：00〜17：00/土・日・祝休み
www.lec-jp.com/

印刷・製本●情報印刷株式会社

3・2級FPコース・講座 ご案内

LECのお勧めカリキュラム!

3・2級FP・AFP合格コース

3・2級FP・AFP対策パック
全42回【105.5時間】
通学／通信

ゼロから初めて実戦力まで習得!
3級・2級FPを取得するカリキュラム

3級FPスピード合格講座	2級FP・AFP養成講座	2級FP重点マスター講座	2級FP公開模擬試験	2級FP技能検定
全12回【30時間】 通信　INPUT	全21回【52.5時間】 通学／通信　INPUT	全8回【19.5時間】 通信　OUTPUT	全1回【210分】 会場受験／自宅受験　公開模試	

★日本FP協会のAFP認定研修

2級FP・AFP合格コース

2級FP・AFP対策パック
全30回【75.5時間】
通学／通信

2級の基礎知識をバランス良く習得!
しっかりと合格を目指すカリキュラム

2級FP・AFP養成講座	2級FP重点マスター講座	2級FP公開模擬試験	2級FP技能検定
全21回【52.5時間】 通学／通信　INPUT	全8回【19.5時間】 通信　OUTPUT	全1回【210分】 会場受験／自宅受験　公開模試	

★日本FP協会のAFP認定研修

3級FP合格コース

3級FP合格パック
全13回【33時間】
通信

FPの基礎力を学習!
3級のFP合格を目指すカリキュラム

3級FPスピード合格講座	3級FP公開模擬試験	3級FP技能検定
全12回【30時間】 通信　INPUT	全1回【計180分】 自宅受験　公開模試	

各種講座のご案内

インプット講座 通信
3級FPスピード合格講座
全12回／計30時間

FPの基礎知識を身につける

初めて学習する方も、わかりやすい講義とテキストで、無理なく合格レベルに到達することを目標とする講座です。

※実技試験は日本FP協会実施の「資産設計提案業務」、金融財政事情研究会実施の「個人資産相談業務」に対応しています。

公開模試 通信
3級FP公開模擬試験
全1回／3時間

厳選問題で本試験をシミュレーション!

試験前に欠かせない!学習到達度をチェックするための模擬試験です。

※採点、成績表の発行、および、解説講義はございません。

インプット講座 通学/通信
2級FP・AFP養成講座
全21回／52.5時間

基礎知識をバランスよく習得!

出題が広範囲にわたる2級FP（AFP）の知識を、ムダなくバランス良く習得できるLECのメイン・インプット講座です。

※本講座は日本FP協会のAFP認定研修です。

アウトプット講座 通信
2級FP重点マスター講座
全8回／19.5時間

アウトプット対策の決定版!

徹底した過去問分析に基づいた問題演習を行います。アウトプット対策はこれで万全です!

公開模試 通学/通信
2級FP公開模擬試験
全1回／3.5時間

本試験と同レベル問題で実力をチェック!

厳選した問題で本試験シミュレーション&実力診断を!（学科または実技のみの受験申込可能）

※解説講義はございません。

2級FP技能士取得者向け AFP認定研修講座 全2回（1講義：2.5時間）

2級または1級FP技能士取得者を対象に日本FP協会のAFP認定研修に特化した通信講座です。本講座を受講・修了することで、AFP資格を取得することができます。LECのAFP認定研修は「提案書」を分りやすく作成できるようにプログラムされており、安心して講座を受講することができます。また、CFP®の受験資格を取得することができます。

● 対象者
2級以上のFP技能士資格を既にお持ちの方で、AFP資格の取得を目指す方

● 使用教材
・FP総論 ・受講のご案内
・提案書アドバイザー

● 講座の特長
・わかりやすい!「提案書アドバイザー」テキストと充実の講義
・インターネットの質問が無料です! 何回でも利用がOK

● 受講形態【通信】

講義形態	教材
Web+音声DL+スマホ	Webアップ版※
	教材発送
DVD	教材発送

※Webアップ版はインターネットでの質問はできません。

最新情報や講座申込受付はこちらまで

https://www.lec-jp.com/fp/

 検索

合格に導く!熱意あふれる講師陣

コンサルティングをはじめ、実務の第一線で活躍中の現役FPが講義を担当。独立系FPほか、社会保険労務士、行政書士など、各科目のスペシャリストによる講義は、試験対策はもちろん、実生活ですぐに活きるFP知識が身につくと評判です。

伊東 伸一
Ito Shinichi

身近なテーマで記憶に残る講義を!

『わかりやすく、かつ、聴くことで覚えることのできる講義』で受講生のみなさんを合格に導くこと、さらには、合格後も役立てていただけるような印象に残る講義を目指しています。

担当科目 ● タックスプランニング ● 相続・事業承継

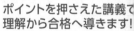

岩田 美貴
Iwata Miki

ポイントを押さえた講義で理解から合格へ導きます!

20余年のLECでの講義経験から、出題ポイントを的確に押さえ、メリハリのついた講義を行い、さらにFPとしての実務経験から、"そうなる理由"をていねいに解説いたします。

担当科目 ● 金融資産運用・提案書

山田 幸次郎
Yamada kojiro

分かりやすく、早く覚え、楽しめる講義!

資格の知識を受講生がイメージして覚えられるよう分かりやすく講義を進め、難しい内容もかみくだいて、理解しやすいように説明していきます。

担当科目 ● リスク管理

熱田 宏幸
Atsuta Hiroyuki

やる気のある方、最短合格へ導きます!

専門学校だからこそできる、無駄や暗記を極力排除した講義を提供いたします。もちろん、試験傾向も網羅していますから、毎回講義に出席して頂き、復習をすれば合格することができます。

担当科目 ● タックスプランニング ● 相続・事業承継

芳川 博一
Yoshikawa Hirokazu

基本が大事です!

FPを初めて学ぶ方が、専門用語につまずいてしまわないように、わかりやすい言葉に言い換えたり、図解を多用して楽しく学んでいただける工夫をしています。過去問分析による大事なポイントをお伝えすることで、合格につながる講義を心がけています。

担当科目 ● 不動産

長沢 憲一
Nagasawa Kenichi

徹底分析こそ合格への近道です!

これまでに出題された過去問を徹底的に分析し、本試験に直結した講義を心がけています。勉強するからには一発合格を意識することはもちろんです。学んだ知識を日常生活のさまざまな面で生かしてもらえれば幸いです。

担当科目 ● ライフプランニングと資金計画

歌代 将也
Utasiro Masanari

「なぜ」を大切に、実生活でも役立つ講義を!

「ライフプランニングと資金計画」の分野は、人生の三大支出への対処やキャッシュフロー表作成などFPとしての基礎となる部分と社会保険全般が範囲となっており、ボリュームがあります。講義で背景も含めて説明することで、覚えやすくなるよう心がけています。

担当科目 ● ライフプランニングと資金計画

長谷川 浩一
Hasegawa Kouichi

合格に導く「分かってもらう講義」を目指します!

FP資格では生活に直接関係のある内容を学びますが、専門用語も多く出ます。私の講義では、「暗記」ではなく「分かってもらう」ことで、難しい専門用語もしっかり理解でき合格に直結します。実生活にも役立つ有意義な講義を目指します!

担当科目 ● リスク管理

3級FP公開模擬試験

（全1回・計180分　自宅受験のみ）

厳選した問題で本試験をシミュレーション!

本試験と同形式・同レベルの公開模擬試験です。
ひと通り学習が終わった後の実力診断に最適!
弱点・苦手分野を把握し、対策を講じて完璧に試験に備えることができます。
「資産設計提案業務」と「個人資産相談業務」「保険顧客資産相談業務」の3つの実技試験問題
をご用意しています。
時間配分など、本試験をシミュレーションすることができます。

使用教材

本試験と同形式・同レベルの問題に、
解説が付いています!

オリジナル問題冊子
解答・解説冊子

学科または実技のみの受験もできます。
自己採点となりますので、解説講義・成績表はございません。

問題冊子

解答・
解説冊子

おためしWeb受講制度

FP講座をおためしで受講してみよう!

\スマホもOK!/

☑講義の様子

☑講師との相性

☑便利な機能

LEC の講義を無料でためせる!

おためしWeb受講制度とは

各種試験対策のさまざまな講座の一部分を、Web講義にて無料
受講していただくことができる、大変おススメの制度です。

FPおためWeb講座 ラインナップ

下記の講座を
ご用意しています。

- 3級FPスピードマスター講座
- CFP®受験対策講座
- 2級FP・AFP養成講座
- 1級FP学科試験対策講座

講義画面

企業様の**FP資格取得**もお手伝いします

LECでは、企業様における人材育成も幅広くお手伝いしております
FP資格の取得に関しても、LECの持つ様々なリソースを活用し、
貴社のニーズに合わせたサービスをご提案いたします。

研修のご提供形式

講師派遣型・オンライン型講義

貴社専用のスケジュールやカリキュラム、会場で、細やかなニーズに合わせた講義をご提供します。講師派遣型のみでなく、ビデオ会議システムを使ったオンライン講義もご提供可能となっており、従業員様の居住地に関わらず、リアルタイム＆双方向の講義をご提供します。

オリジナルWeb通信型講義

受講させたいご参加者様のスケジュール調整が難しいものの、貴社オリジナルのカリキュラムで講義を受けさせたい場合には、弊社内のスタジオでオリジナル収録したWeb動画による講義のご提供が可能です。パソコンのみでなくスマートフォンでも受講ができ、インターネット環境があればいつでもどこでも、受講期間中であれば何度でもご受講いただけます。

法人提携割引

「企業として費用負担はできないが、FP資格取得のための自己啓発の支援はしてあげたいという」場合には、LECのFP講座（通学・通信）を割引価格にてお申込みいただける法人提携割引をご提案いたします。提携の費用は無料となっており、お申込書を一枚ご提出いただくだけで貴社従業者様がLEC講座をお得にお申込みいただけます。

LEC通信/通学講座を割引価格で
受講することができます!

LEC東京リーガルマインド

LEC Webサイト ▷▷▷ **www.lec-jp.com**

情報盛りだくさん！

 資格を選ぶときも，
講座を選ぶときも，
最新情報でサポートします！

≫最新情報
各試験の試験日程や法改正情報，対策講座，模擬試験の最新情報を日々更新しています。

≫資料請求
講座案内など無料でお届けいたします。

≫受講・受験相談
メールでのご質問を随時受付けております。

≫よくある質問
LECのシステムから，資格試験についてまで，よくある質問をまとめました。疑問を今すぐ解決したいなら，まずチェック！

≫書籍・問題集（LEC書籍部）
LECが出版している書籍・問題集・レジュメをこちらで紹介しています。

充実の動画コンテンツ！

 ガイダンスや講演会動画，
講義の無料試聴まで
Webで今すぐCheck！

≫動画視聴OK
パンフレットやWebサイトを見てもわかりづらいところを動画で説明。いつでもすぐに問題解決！

≫Web無料試聴
講座の第1回目を動画で無料試聴！気になる講義内容をすぐに確認できます。

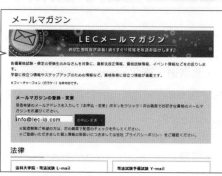

LEC全国学校案内

*講座のお問合せ，受講相談は最寄りのLEC各校へ

LEC本校

■ 北海道・東北 ■

札 幌本校　☎011(210)5002
〒060-0004 北海道札幌市中央区北4条西5-1　アスティ45ビル

仙 台本校　☎022(380)7001
〒980-0022 宮城県仙台市青葉区五橋1-1-10　第二河北ビル

■ 関東 ■

渋谷駅前本校　☎03(3464)5001
〒150-0043 東京都渋谷区道玄坂2-6-17　渋東シネタワー

池 袋本校　☎03(3984)5001
〒171-0022 東京都豊島区南池袋1-25-11　第15野萩ビル

水道橋本校　☎03(3265)5001
〒101-0061 東京都千代田区神田三崎町2-2-15　Daiwa三崎町ビル

新宿エルタワー本校　☎03(5325)6001
〒163-1518 東京都新宿区西新宿1-6-1　新宿エルタワー

早稲田本校　☎03(5155)5501
〒162-0045 東京都新宿区馬場下町62　三朝庵ビル

中 野本校　☎03(5913)6005
〒164-0001 東京都中野区中野4-11-10　アーバンネット中野ビル

立 川本校　☎042(524)5001
〒190-0012 東京都立川市曙町1-14-13　立川MKビル

町 田本校　☎042(709)0581
〒194-0013 東京都町田市原町田4-5-8　MIキューブ町田イースト

横 浜本校　☎045(311)5001
〒220-0004 神奈川県横浜市西区北幸2-4-3　北幸GM21ビル

千 葉本校　☎043(222)5009
〒260-0015 千葉県千葉市中央区富士見2-3-1　塚本大千葉ビル

大 宮本校　☎048(740)5501
〒330-0802 埼玉県さいたま市大宮区宮町1-24　大宮GSビル

■ 東海 ■

名古屋駅前本校　☎052(586)5001
〒450-0002 愛知県名古屋市中村区名駅4-6-23　第三堀内ビル

静 岡本校　☎054(255)5001
〒420-0857 静岡県静岡市葵区御幸町3-21　ペガサート

■ 北陸 ■

富 山本校　☎076(443)5810
〒930-0002 富山県富山市新富町2-4-25　カーニープレイス富山

■ 関西 ■

梅田駅前本校　☎06(6374)500
〒530-0013 大阪府大阪市北区茶屋町1-27　ABC-MART梅田ビル

難波駅前本校　☎06(6646)691
〒556-0017 大阪府大阪市浪速区湊町1-4-1
大阪シティエアターミナルビル

京都駅前本校　☎075(353)953
〒600-8216 京都府京都市下京区東洞院通七条下ル2丁目
東塩小路町680-2　木村食品ビル

四条烏丸本校　☎075(353)253
〒600-8413　京都府京都市下京区烏丸通仏光寺下ル
大政所町680-1　第八長谷ビル

神 戸本校　☎078(325)051
〒650-0021 兵庫県神戸市中央区三宮町1-1-2　三宮セントラルビル

■ 中国・四国 ■

岡 山本校　☎086(227)500
〒700-0901 岡山県岡山市北区本町10-22　本町ビル

広 島本校　☎082(511)700
〒730-0011 広島県広島市中区基町11-13　合人社広島紙屋町アネクス

山 口本校　☎083(921)891
〒753-0814 山口県山口市吉敷下東 3-4-7　リアライズⅢ

高 松本校　☎087(851)341
〒760-0023 香川県高松市寿町2-4-20　高松センタービル

松 山本校　☎089(961)133
〒790-0003 愛媛県松山市三番町7-13-13　ミツネビルディング

■ 九州・沖縄 ■

福 岡本校　☎092(715)500
〒810-0001 福岡県福岡市中央区天神4-4-11　天神ショッパー
福岡

那 覇本校　☎098(867)500
〒902-0067 沖縄県那覇市安里2-9-10　丸姫産業第2ビル

■ EYE関西 ■

EYE 大阪本校　☎06(7222)365
〒530-0013　大阪府大阪市北区茶屋町1-27　ABC-MART梅田ビル

EYE 京都本校　☎075(353)253
〒600-8413　京都府京都市下京区烏丸通仏光寺下ル
大政所町680-1　第八長谷ビル

【LEC公式サイト】www.lec-jp.com/

スマホから簡単アクセス！

LEC提携校

*提携校はLECとは別の経営母体が運営をしております。
*提携校は実施講座およびサービスにおいてLECと異なる部分がございます。

■ 北海道・東北

八戸中央校【提携校】 ☎0178(47)5011
031-0035 青森県八戸市寺横町13 第1朋友ビル 新教育センター内

弘前校【提携校】 ☎0172(55)8831
036-8093 青森県弘前市城東中央1-5-2
なびの森 弘前城東予備校内

秋田校【提携校】 ☎018(863)9341
010-0964 秋田県秋田市八橋鯲沼町1-60
株式会社アキタシステムマネジメント内

■ 関東

水戸校【提携校】 ☎029(297)6611
310-0912 茨城県水戸市見川2-3092-3

所沢校【提携校】 ☎050(6865)6996
359-0037 埼玉県所沢市くすのき台3-18-4 所沢K・Sビル
合同会社LPエデュケーション内

東京駅八重洲口校【提携校】 ☎03(3527)9304
103-0027 東京都中央区日本橋3-7-7 日本橋アーバンビル
ランデスク内

日本橋校【提携校】 ☎03(6661)1188
103-0025 東京都中央区日本橋茅場町2-5-6 日本橋大江戸ビル
株式会社大江戸コンサルタント内

■ 東海

沼津校【提携校】 ☎055(928)4621
410-0048 静岡県沼津市新宿町3-15 萩原ビル
I-netパソコンスクール沼津校内

■ 北陸

新潟校【提携校】 ☎025(240)7781
950-0901 新潟県新潟市中央区弁天3-2-20 弁天501ビル
株式会社大江戸コンサルタント内

金沢校【提携校】 ☎076(237)3925
920-8217 石川県金沢市近岡町845-1 株式会社アイ・アイ・ピー金沢内

福井南校【提携校】 ☎0776(35)8230
918-8114 福井県福井市羽水2-701 株式会社ヒューマン・デザイン内

■ 関西

和歌山駅前校【提携校】 ☎073(402)2888
640-8342 和歌山県和歌山市友田町2-145
KEG教育センタービル 株式会社KEGキャリア・アカデミー内

■ 中国・四国

松江殿町校【提携校】 ☎0852(31)1661
690-0887 島根県松江市殿町517 アルファステイツ殿町
山路イングリッシュスクール内

岩国駅前校【提携校】 ☎0827(23)7424
740-0018 山口県岩国市麻里布町1-3-3 岡村ビル 英光学院内

新居浜駅前校【提携校】 ☎0897(32)5356
792-0812 愛媛県新居浜市坂井町2-3-8 パルティフジ新居浜駅前店内

■ 九州・沖縄

佐世保駅前校【提携校】 ☎0956(22)8623
857-0862 長崎県佐世保市白南風町5-15 智翔館内

日野校【提携校】 ☎0956(48)2239
858-0925 長崎県佐世保市椎木町336-1 智翔館日野校内

長崎駅前校【提携校】 ☎095(895)5917
850-0057 長崎県長崎市大黒町10-10 KoKoRoビル
minatoコワーキングスペース内

高原校【提携校】 ☎098(989)8009
904-2163 沖縄県沖縄市大里2-24-1
有限会社スキップヒューマンワーク内

※上記は2024年4月1日現在のものです。

書籍の訂正情報について

このたびは，弊社発行書籍をご購入いただき，誠にありがとうございます。
万が一誤りの箇所がございましたら，以下の方法にてご確認ください。

1 訂正情報の確認方法

書籍発行後に判明した訂正情報を順次掲載しております。
下記Webサイトよりご確認ください。

www.lec-jp.com/system/correct/

2 ご連絡方法

上記Webサイトに訂正情報の掲載がない場合は，下記Webサイトの
入力フォームよりご連絡ください。

lec.jp/system/soudan/web.html

フォームのご入力にあたりましては，「Web教材・サービスのご利用について」の
最下部の「ご質問内容」に下記事項をご記載ください。

> ・対象書籍名（○○年版，第○版の記載がある書籍は併せてご記載ください）
>
> ・ご指摘箇所（具体的にページ数と内容の記載をお願いいたします）

ご連絡期限は，次の改訂版の発行日までとさせていただきます。

また，改訂版を発行しない書籍は，販売終了日までとさせていただきます。

※上記「2ご連絡方法」のフォームをご利用になれない場合は，①書籍名，②発行年月日，③ご指摘箇所，を記載の上，郵送
にて下記送付先にご送付ください。確認した上で，内容理解の妨げとなる誤りについては，訂正情報として掲載させてい
ただきます。なお，郵送でご連絡いただいた場合は個別に返信しておりません。

送付先：〒164-0001 東京都中野区中野4-11-10 アーバンネット中野ビル
株式会社東京リーガルマインド 出版部 訂正情報係

・誤りの箇所のご連絡以外の書籍の内容に関する質問は受け付けておりません。
また，書籍の内容に関する解説，受験指導等は一切行っておりませんので，あらかじめ
ご了承ください。

・お電話でのお問合せは受け付けておりません。

講座・資料のお問合せ・お申込み

LECコールセンター ☎ 0570-064-464

受付時間：平日9：30〜20：00／土・祝10：00〜19：00／日10：00〜18：00

※このナビダイヤルの通話料はお客様のご負担となります。

※このナビダイヤルは講座のお申込みや資料のご請求に関するお問合せ専用ですので，書籍の正誤に関
するご質問をいただいた場合，上記「2ご連絡方法」のフォームをご案内させていただきます。